2009년 중국주식투자 바이블 ①

차이나 펀드
시황분석 편

중국주식투자 2009년

바이블 ①

중국경제정보분석(CEIA) 지음

차이나 펀드

시황분석 편

 한국학술정보㈜

글을 마무리하는 화룡점정(畵龍點睛)은 마지막 장이 아닌 서문인 것 같다. 짧은 공란에 전체 내용과 구성을 두고 함축적으로 표현해야 되기 때문이다. 언제나 이 작업은 힘들게 다가온다. 본 서는 중국(홍콩) 증시 투자에 필요한 모든 내용을 담을 욕심에서 출발하였다. 조금 거만한 타이틀일 수도 있는 '중국주식투자바이블'이라는 제목을 전면에 세운 것도 이런 이유이다. 제목이 '중국주식투자바이블'이라고 결코 중국 증시만을 다룬 것은 아니다. 중국과 홍콩증시를 쌍두마차로 미국, 한국, 브릭스(BRICs) 증시도 함께 비교·분석하였다. 중국 자본시장이 죽의 장막으로 둘러싸여 있는 것은 아니다. 홍콩증시 수준은 아니지만 해외 개인투자자도 자유롭게 매매를 할 수 있는 B주 시장이 있다. 또한 QFII(적격외국인기관투자자)의 경우 A주 시장 접근도 가능하다.

증시에는 그 사회의 모든 것이 담겨 있다. 만약 그것을 이해하지 못한다면 이상적인 수익을 기대하기 힘들 것이다. 증시는 결국 매도자와 매수자, 수요와 공급의 원리에 따라 움직인다. 동일한 사건도 해당 증시의 구성원이 어떻게 반응하는가에 따라 그 결과는 사뭇 다르게 다가올 수 있다. 또한 경제와 금융요인뿐만 아니라 사회, 정치, 문화적 배경도 증시를 움직이는 주 동력으로 자리잡고 있다. 흔히 중국증시를 '정책시(政策市)'라 부른다. 그 만큼 정책이 중국증시에 미치는 효과가 크기 때문이다. H주와 레드칩 비중이 확대됨에 따라 간혹 홍콩증시도 중국 영향권 하에 들어온다. 특히 2007년은 그 정도가 심하였다. 중국증시가 '정책시(政策市)'특징을 보이는 이유는 사회주의 바탕 위에 자본주의라는 꽃을 피운 결과로 판단된다. 시가총액 대비 약 70% 수준인 국유주, 감독 및 법률체제 미완비, 행정명령이 법률보다는 우선시되는 풍토 등 중국증시만의 독특한 요인들이 자리잡고 있다.

　본 서는 직접투자자보다는 차이나펀드 투자자에 적합하도록 구성되어 있다. 그렇다고 직접투자자를 독자 대상에서 배제한 것은 아니다. 종목도 결국 증시 상황에서 자유로울 수 없기 때문이다. 총 12장으로 구성되어 있으며, 상위 6장은 전략적 안목으로 접근하였다. 반면 하위 6장은 각종 데이터와 분석기법을 이용하여 실무 투자에 적합하도록 설정했다. 국내외 사회, 경제, 금융 상황을 개괄적으로 살펴본 후 중국과 홍콩증시로 넘어가도록 연결시켰다. 또한 7장 이후로는 기본적 분석과 기술적 분석을 넘어 계량적 기법까지 동원하여 중국과 홍콩증시를 파헤쳤다. 이론과 실무가 균형을 이루도록 최대한 배려하였지만 미진한 부문이 여전히 눈에 들어온다. 기회가 된다면 증시와 파생상품, 외환시장, 채권시장 관계를 좀 더 보강한 책을 출판할 생각이다. 9장은 차이나펀드 자체를 대상으로 하였다. 포트폴리오 개념을 도입하여 증시별 투자비중을 살펴보았으며, 현 차이나펀드의 문제점도 공유하였다. 10장에서는 회귀분석과 ARMA모형, 몬테카를로 시뮬레이션, VAR 모형 등을 통하여 2009년 상반기까지 H지수와 상해종합지수 예상치를 한번 추정하였다. 이 수치들을 검토할 때는 예상지수 그 자체보다 상하 범위를 통해 전략적으로 이용하기를 바란다. 마지막 두 장은 정량적, 정성적 분석을 이용하여 차이나펀드 혹은 주식투자자들이 가질 수 있는 의문점과 주요 이슈들을 살펴보았다.

조금은 접근하기 힘든 부문도 존재할 것이다. 하지만 몇 번 정독한다면 그리 어려운 내용은 아닐 것이다. 그 결과물이 노벨 경제학자의 사고에서 도출되었든 혹은 평범한 일반인의 생각이든 본질적 차이는 없다. 사람이 만든 것은 사람이 이해할 수 있도록 되어있다. 어려운 공식과 내용들도 결국은 여러분이 주위에서 흔히 접하는 단순한 사고를 기초로 작성된 것이다. 오랜 기간을 두고 연구하는 학자가 아니라면 대충 그 핵심만 들고 가면 될 것이다. 나무를 너무 파고들면 숲을 보지 못할 수도 있다. 본인의 사고와 판단으로 필요한 부문만 흡수하길 바란다. 사람들은 저마다 처해진 위치와 상황이 다르다. 즉 투자판단 기준 자체가 상이한 것이다. 본서를 저작할 때 최대한 독립적이고 실증적인 자세를 견지하고자 노력하였다. 간혹 감정적 사고와 대응이 잠재되어 있을 수도 있다. 이런 부문은 독자 스스로 제거하면서 탐독하길 바란다.

도움이 되고자 작성한 글인데 괜히 독자 여러분의 귀한 시간과 돈을 낭비하게 하는 것은 아닌지 걱정이 된다. 서로의 생각과 경험을 공유한다는 차원에서 곁에 두길 바란다. 업종과 종목 분석을 중심으로 한 가칭 중국주식투자바이블(Ⅱ)도 현재 준비 중에 있다. 10개 전후로 주요 업종을 선택한 후 우량주 간의 가치분석을 토대로 투자자들이 종목을 선택을 할 수 있도록 배치할 생각이다. 또한 FCF법(장부와 시가기준)과 PER 등을 이용하여 이론주가도 함께 산출할 예정인데, 그 결과가 어떻게 나올지 현재는 미지수이다. 마지막으로 3그룹(우량, 보수, 공격)으로 나누어 10개~15개 종목 내외로 포트폴리오(가상 펀드)도 만들어 볼 생각이다. 자세한 내용은 차후 지면으로 설명할 것이다.

　　본서 출간에 도움을 주신 한국학술정보 임직원 여러분들에게 감사의 마음을 전하며 특히 강태우 팀장님의 배려에 고마움을 전한다. 또한 좋은 파트너 관계를 맺고 있는 리딩투자증권에게도 지면을 빌려 감사의 인사를 전한다. 언제나 묵묵히 지원을 아끼지 않는 부모님, 경희, 그리고 가족에게도 사랑한다는 말을 전하고 싶다. 끝으로 국제금융시장이라는 바다에서 지금 힘겨운 투쟁을 하고 있는 투자자들과 독자 여러분들에게 격려의 인사를 드린다.

차 례

중국주식투자 2009년
바이블 ❶

part_01 국제금융시장 이슈 분석

본 장은 여러분의 투자의사 결정에 영향을 미칠 중요 이슈들을 간략히 살펴본 것이다. '중국주식투자 바이블'이라는 제목 자체에서 알 수 있듯이 본 서의 주 포커스는 중국과 홍콩증시이다. 투자환경에 지면을 할애하는 것이 자칫 논점을 흐릴 가능성이 존재한다. 하지만 국내 경제와 금융상황만으로 역동적인 증시변화를 설명하기는 부족한 면이 있다. 거시적인 관점에서 국제금융시장 내 주요 이슈들을 한번쯤 점검해보는 것도 좋으리라 생각된다. 본 장에서는 크게 국제금융 현황과 그 변화요인, 국제투기자금 성격 등을 살펴보고자 한다.

1. 제국의 몰락과 금융

국제질서가 일극체제(一極體制)에서 다극체제(多極體制)로 전환을 모색하고 있지만 미국 주도의 세계질서는 한동안 유효할 것이다. 유럽은 일사불란한 지위체계를 기대하기 힘들고 중국과 러시아는 강대국 지위 공고화에 만족하고 있다. 다만 미국을 지탱하고 있는 버팀목이 무엇인가는 논란의 여지가 있다. 미국은 20세기 영국으로부터 제국의 지위를 이양받았다. 1945년 영미차관협정을 통하여 대영제국은 공식적으로 붕괴되었다. 제국은 경제적 유대관계를 기반으로 이루어질 때 가장 공고한 법이다. 하지만 영국은 영미차관협정을 계기로 '스털링지역(Stering Area)'이라는 경제적 기반을 포기하였다. 파운드가 떠난 빈자리는 달러가 급속히 대체하였으며 달러화는 세계 기축통화로서의 위치를 확보하였다. 제국의 몰락은 화폐

붕괴로부터 시작되고 그 마지막이 군사력이라고 한다. 자본이라고 통칭되는 상계의 무서운 점이 바로 여기에 있다. 국가, 민족, 문화 등 모든 사회적 공감대 등을 떠나 이익과 손해라는 단 두 가지에만 집착하기 때문이다. 자본 흐름을 현존하는 테두리에 묶어두는 것처럼 어리석은 일은 없다. 본질적으로 자본은 몰락하는 화폐에 다가가기를 거부한다. 예부터 상인들만큼 환경에 민감한 종족은 없다고 한다. 환경변화에 대한 상인들의 반응은 자본 흐름으로 표출된다.

21세기로 접어든 지금 세계 곳곳에서 달러에 반기를 드는 기운이 감지되고 있다. 유로화는 이미 달러 대항마로써 입지를 구축하였다. 중국은 중화사상에 대한 향수를 토대로 아시아 맹주로서의 입지를 다지고 있다. 중국의 경제적 영향력은 20년 이내에 위안화권으로 표면화될 것이다. 한편 러시아는 자원을 무기로 '황금루블' 시대 재현을 꿈꾸고 있다. 이념전쟁에서 패배한 구소련을 대신하여 재반격을 준비하고 있는 셈이다. 그 외 미국의 앞마당인 남미, 인도, 페르시아만 지역에서도 다양한 목소리가 터져 나오고 있다. 달러로 상징되는 제국은 왜 몰락의 징후를 보이고 있는 것일까? 그건 제국의 경제적 구조에 기인한 봐가 크다. 미국은 경제성장률의 2/3 이상을 소비에 의존하고 있다. 과도한 소비는 과잉 통화공급을 유발시킨다. 기업으로 보면 유상증자를 수시로 실시하는 것과 다름없다. 과잉유동성은 기존 보유주주 지분(달러화 자산가치)을 떨어뜨리고 주식가치(달러)를 한층 하라시킨다. 경영실적은 부정적인데 유상증자로 자본만 불리고 있는 셈이다. "헬리콥터에서 돈을 뿌려서라도 디플레이션을 막아야 한다.'라고 주장한 미국연방준비제도이사회(FRB) 의장인 밴 버냉키(ben shalom Bernanke, 헬리콥터 밴이라는 별명을 가지고 있음)의 말이 새삼 떠오르는 대목이다. 소비가 곧 경제인 현 구조를 수정하지 않는다면 제국의 몰락은 정해진 수순일 뿐이다. 다만 제국의 몰락이 강대국 지위 상실로 연결된다고 볼 수는 없다. 독점적 헤게모니를 내어놓는 것에 불과하다. 또한 그 기간은 생각보다 천천히 진행될 것이다.

미국이 소비중심적 경제구조를 끌고 가는 이유는 생산능력 부족보다는 세계를 바라보는 미국의 독특한 시각에 기인된 것으로 판단된다. 즉 "미국은 소비하고 타국은 생산하며, 미국은 투자하고 타국은 저축한다."라는 지극히 단순하고 이분법적인 철학을 고수하고 있는 셈이다. 미국이 소비와 함께 생산과 저축에 관심을 가진다면 세계는 지금보다 훨씬 안정적으로 변할 것이다. 하지만 안정적 구조가 반드시 효율성을 담보하는 것은 아니다.

[그림1] 재할인율 및 연방기금금리 추이

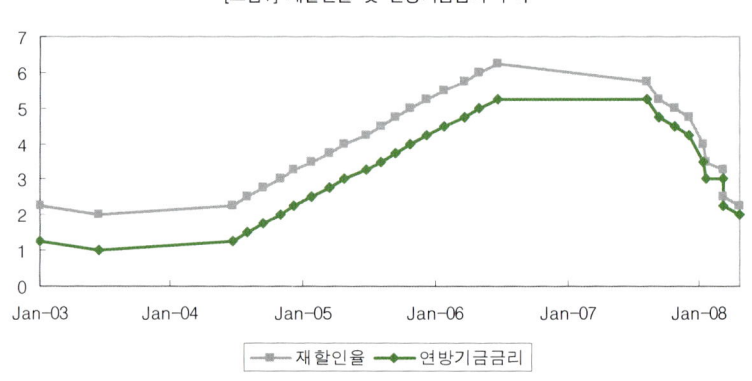

자료제공: 미국연방준비제도이사회(FRB)

[그림1]은 연도별로 미국 재할인율(discount rate)과 연방기금금리 (federal funds rate)를 나타낸 것이다. 재할인율이란 중앙은행이 금 융기관에 빌려주는 자금의 이자율을 의미한다. 중앙은행은 재할인 율 조정을 통하여 통화량을 조절하는데, 재할인율이 높으면 시중통 화량은 감소하고 그 반대의 경우는 증가한다. 연방기금금리는 미국 에서 은행간 자금 거래에 적용되는 대표적인 단기 금리로 한국의 콜금리에 해당된다. 부족한 지불준비금이나 필요자금을 연방기금에 서 조달할 때 상업은행들이 부담하는 금리인 셈이다. 이 금리를 기 준으로 일반은행의 대출금리가 결정된다. 재할인율과 함께 연방준 비제도이사회가 통화량을 조절하는 중요 정책수단으로 활용하고 있 다. 미국 재할인율은 2006년 6월 6.25%를 기점으로 하락세를 거듭 한 끝에 2008년 7월말 현재 2.25% 수준까지 떨어졌다. 즉 2003년 1월 수준으로 회귀한 것이다. 연방기금금리 역시 거의 동일한 행보 를 보이고 있다. 2006년 6월 6.75%에서 2.75%로 금리가 곤두박질 쳤다.

통화승수 이론에 따라 중앙은행이 본원통화 1억 달러를 공급할 때 시중에 유통되는 통화는 2006년 6월 당시보다 현재가 3배 정도 많은 것으로 나타났다. 또한 연방기금금리를 2.75%로 묶어둠으로써 대출 이자부담은 과거보다 경감되고 있다. 미 통화당국은 증시부양 과 소비촉발을 위하여 해줄 수 있는 거의 모든 카드를 제시한 셈이 다. 앞으로 남은 일은 그 카드를 회수하는 작업뿐이다. 통화정책이 효과를 발휘하기 위해서는 상하좌우로 움직일 공간이 마련되어야 한다. 하지만 현재 그 공간은 극히 위축되었으며 정책방향도 쌍방향이 아닌 단일 방향으로 형성되어 있다. 2006년 상반기까지 재할인율과 연방기금금리 상승기조를 고수한 것으로 볼 때 과잉유동성이 가져올 문제점을 미국연방준비제도이사회(FRB)도 충분히 인식한 것 같다. 다만 금리인상과 통화승수 효과를 삼켜버릴 공급 유발요소가 그 노력을 무의미하게 만들었을 뿐이다. 미국 의회조사국(CRS) 발표에 의하면 2008 회계연도까지 대테러전에 미국이 사용한 자금은 7,000억 달러 정도로 추산된다. 2003년부터 현재까지 재할인율 평균값을 4.03%로 추정한다면 17조 4,000억 달러 상당의 추가 유동성 공급효과가 발생한 것이다. 이는 2007년 미국 전체 GDP를 3조 달러 이상 초과한 수치이다. 참고로 미국 국가채무를 일 단위로 공포하는 국채채무시계(National Debt Clock)에 의하면 2008년 9월 8일 현재 미국국가채무는 9조 6750억 달러로 추산된다. 미 국민 한 사람당 31,754달러 정도의 부채를 지고 있는 셈이다. 원화로는 3,000만원을 상회하는 수치이다. 이는 2007년 한국 1인당 국가부채보다 5배 정도 높은 수준이다. 미국이 지향하는 소비와 생산시스템에 문제가 발생한다면 세계는 경제위기 혹은 금융위기에 직면할 가능성이 높으며 그 여파는 우리 모두에게 전이될 것이다.

2. 환율 전쟁

   글로벌 경제시스템을 조절하는 단순하고 직접적인 방법이 바로 환율조정이다. 실(失)보다 득(得)이 많은 방법이며 약방의 감초처럼 간혹 세계경제 전면에 등장한다. 1980년대는 일본이 그 총대를 짊어지었다. 당시 미국은 쌍둥이 적자로 몸살을 앓고 있었으며 그 원인을 일본에서 찾았다. 미국경제 회복의 해결책으로 제시된 것이 인위적인 환율조정이며, 그 결과로 탄생된 것이 플라자합의이다. 플라자합의로 달러 대 엔화 환율은 발표 다음날 235엔에서 210엔대 수준으로 하락하였다. 그 이후 달러 대 엔화 환율은 1년 만에 120엔대까지 급락하였다. 일본은 급속한 엔고 영향으로 수출경쟁력 악화와 자산자산버블 심화라는 이중고에 직면하였다. 플라자합의 여파로 일본은 장기불황의 늪에 빠진 반면 미국은 쌍둥이 적자 탈피와 아울러 1990년대 신경제(New Economy) 기반을 마련하였다.
IT버블 붕괴, 이라크 사태 등으로 경제동력이 많이 소진된 지금 미
국은 또 다른 플라자합의를 모색하고 있으며 그 부작용이 현실화되
고 있다.

[그림2] 타 지역 대비 미 달러화 환율추이

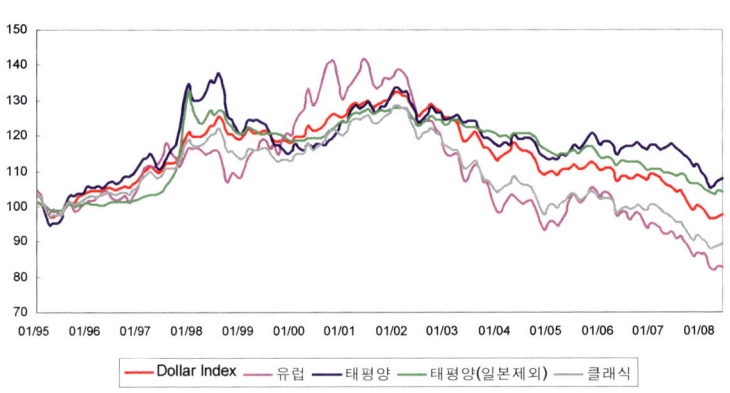

자료제공: The Federal Reserve Bank of Atlanta

　　과거 일본이 짊어진 역할을 중국이 대체할 것이라고 주장하는 사
람이 많다. 하지만 중국은 일본과 다른 일면을 소유하고 있다. 정
치, 군사, 외교적 측면에서 미국 영향권에 상당히 벗어나 있다. 중국
은 일본처럼 단순한 경제대국이 아니다. 환율만 포커스를 둔다면 중
국이 아닌 유럽이 그 총대를 멘 것 같다. 달러 대비 유로통화는 2002
년 최고점 대비 40% 정도 인상된 것으로 조사되었다. 절대치로는 플
라자 합의 당시 엔화와 거의 비슷한 폭을 그리고 있다. 다만 미국과

의 교역규모가 6% 수준에 불과한 점, 동유럽 국가들의 성장세, 역내 교역 확대, 오일달러 유입 등으로 미루어볼 때 일본과는 다른 양상을 보일 것이다. 또한 80년대 플라자합의와 달리 시간을 두고 유로화 인상이 진행됨에 따라 유로경제에 미치는 충격 역시 분산되고 있다.

유럽이 부담을 짊어진다는 말 자체가 상당한 어폐를 함유한 셈이다. 글로벌 경제환경 변화에 따른 자본이동 현상으로 보는 것이 더 적당할 것이다. 1980년 플라자합의가 미국의 의중을 강하게 반영한 결과라면 현재 달러가치 급락은 계획된 마지노선을 상당히 벗어난 것 같다. 실리와 명분 측면에서 유럽이 최대 수혜자일 수도 있다. 현재 태평양 지역 통화는 IMF사태 발생 이전인 1996년 수준을 유지하고 있다. 현수준 이상으로 통화강세가 지속된다면 우리는 제2의 IMF사태를 목도할 수도 있을 것이다. 태평양 지역은 유럽과 달리 수출의존도가 높으며 특히 미국 경기변동에 민감한 모습을 그리고 있다.

한편 환율전쟁의 주 타깃으로 지목된 중국 상황을 간략히 살펴보자. 중국은 21세기 초 본격화된 환율인하 압력에도 경제상황과 내정간섭, 정치적 의도 등을 이유로 거부의 몸짓을 지속하였다. 하지만 국제수지 불균형과 과도한 외환보유고 문제가 본격화되자 2005년 7월 통화바스킷 제도로 변경하였다. 또한 발표 당일 달러당 8.28 위안에서 8.11로 환율 인하를 병행하였다. 2008년 6월말 현재 달러당 6.9 위안 수준을 유지하고 있다. 유럽과 일본에는 못 미치지만 달러화 대비 위안화를 20% 정도 인상한 것은 사실이다. 금번 환율전쟁의 주범으로 공공연히 지목되고 있는 중국입장에서는 상대적으로 선방한 것으로 볼 수 있다.

　유럽과 일본에 훨씬 못 미치는 성적표를 제시했음에도 미국은 왜 이런 사태를 용인하고 있을까? 그 이유는 미국 재무부 발표 자료에서 잘 설명하고 있다. 미국 재무부 자료(TIC 리포트)에 의하면 2008년 5월말 현재 중국이 보유하고 있는 미국 국채규모는 5,065억 달러로 일본(5787억 달러)에 이어 제2위를 자랑하고 있다. 세 번째는 영국으로 총 2,725억 달러를 보유한 것으로 기록되고 있다. 참고로 2008년 5월 한달 장기유가증권 순 증가분은 350억 달러를 초과한 것으로 알려지고 있다. 전통적 미화 자산보유국들이 그 보유 규모를 감소시키는 데 반하여 중국은 오히려 확대 경향을 나타내고 있다. 2008년 5월 중국의 순 Agency Bond 증가액은 149억 달러 정도로 외국투자자 순 증가분의 60% 이상을 차지하고 있다. 또한 정부채권과 기업채권은 114억 달러와 91억 달러로 집계되고 있다. 환율이 아닌 국채와 채권매입 등으로 최대한 성의를 표시하고 있는 셈이다. 2006년 12월 이후 지속되고 있는 중미경제전략대화에서 이런 문제들이 논의되고 있지 않는가하고 생각된다. 최근 그 막을 내린 제4차 중미경제전략대화에서 위안화 절상문제는 한 발짝 뒤처진 쟁점으로 간주되었다. 상호 공감대 형성이라는 모호한 문구로 논쟁을 비켜가고 있으며 그 자리를 에너지와 환경문제가 차지하고 있다. 위안화 절상문제는 당분간 수면위로 떠오르기 힘들 것이다. 이를 의제화함으로써 미국이 얻을 수 있는 대가는 이미 충분히 챙겼기 때문이다. 또한 국제금융시장이 경색국면을 보이는 현 상황에서 미국이 일방적으로 밀어붙이기에는 중국이 가진 패가 부담스러울 수도 있다.

3. 서브프라임 모기지와 증시

환율을 조정하는 가장 쉬운 방법은 무엇일까? 정답은 기존 균형 체계를 무너트리는 것이다. 그 결과 시장은 새로운 균형점으로 이동하게 된다. 그럼 미 달러화 가치를 다운시키는 가장 좋은 방법은 무엇일까? 해답은 아마 과잉공급일 것이다. 때마침 테러와의 전쟁이라는 달러 배출구가 이미 마련된 상황이다. 공급자 입장에서 수요부족을 걱정할 필요는 사라진 셈이다. 반대로 테러와의 전쟁이 달러 공급확대를 불러일으켰을 수도 있다. 두 현상간의 인과관계가 어떠하든지 달러 과잉공급은 화폐자산 가치를 떨어뜨렸으며 실물에 눈 돌리게 하였다. 과잉 유동성은 부동산, 증시, 자원 등지로 스며들었으며 이들 투자자산의 버블을 조장하였다. 그 중 부동산 부문에서 터진 것이 바로 서브프라임 모기지(Sub-prime Mortgage) 사태이다. 금번 서브프라임 모기지 사태는 변태를 거듭하고 있는 금융시장 단면을 폭로하는 한편 그 위험성도 경고하고 있다. 서브프라임 모기지란 신용등급이 낮은 저소득층들을 대상으로 주택자금을 빌려주는 미국의 주택담보대출상품을 의미한다. 직역하자면 비우량 주택담보대출 정도로 생각할 수 있다. 신용도가 낮기 때문에 비교적 높은 금리가 적용된다. 미국의 주택담보대출시장은 그 신용등급에 따라 크게 3종류로 구분된다. 상위가 프라임(prime)이며 최하위 등급은 서브프라임(subprime)이다. 또한 그 중간은 알트에이(Alt-A: Alternative-A) 모기지로 부른다. 부동산 시장 침체로 현재 서브프라임에서 알트에이로 문제가 비화될 조짐을 나타내고 있다.

[표1] 비증권화 부문 잠재손실 추정(2008년 3월 기준)

단위: 10억 달러

구 분	비증권화 미 대출 추정손실		투자자별 미증권화 대출손실				
	규모	추정손실	은행	보험	연금	GSEs/정부	기타
서브프라임	300	45	20~30	<5	<5	10~15	5~10
Alt-A	600	30	15~20	<5	<5	5~10	<5
프라임	3,800	40	15~20	<5	<5	15~20	<5
상업부동산	2,400	30	15~20	<5	<5	<5	<5
소비대출	1,400	20	10~15	<5	<5	-	<5
기업대출	3,700	50	25~30	<5	<5	-	15~20
레버리지대출	170	10	5~10	<5	<5	-	<5
합계	12,370	225	100~130	10~20	10~20	30~50	40~50

자료제공: Goldman Sachs; JPMorgan, Lehman Brothers, Markit.com, Merrill Lynch, IMF 추정치

2008년 3월 현재 서브프라임 부분에만 450억 달러 정도 손실이 발생한 것으로 추정된다. 또한 전체 비증권화(Unsecuritized) 대출로 확장할 경우 그 규모는 2200억 달러를 상회하는 것으로 추산된다. 이 규모는 전체 비증권화 대출의 1.82% 정도로 상당히 보수적인 수치로 볼 수 있다. 기초자산인 부동산 가치가 하락세를 지속하는 한 누적 손실규모는 기하급수적으로 확대될 것이다. 서브프라임 모기지 여파는 미국뿐만 아니라 캐나다, 유럽, 중국 등으로 확대 재생산되고 있다. 일례로 월가 5대 투자회사인 베어스턴스는 주당 2달러에 JP Morgan에 매각되었으며 시티은행, 모건스탠리, 리먼브라더스 등 쟁쟁한 투자은행이 유동성 부족에 휩싸이고 있다. 또한 수많은 헤지 펀드들이 파산 및 환매압력에 직면하고 있으며 중국은행권 역시 상당한 투자손실을 기록한 것으로 보고되고 있다. 문제는 [표1]에 나타난 손실이 전부가 아니라는 점이다. 위 추정 손실액(2,250억 달러)은 비증권화 부문 수치에 불과하다. 각종 대출과 부채가 신용파생상품으로 탈바꿈하여 그 규모를 확장하고 있으며 레버리지 효과 등으로 배보다 배꼽이 더 큰 상황이 나타나고 있다. 전형적인 경제 혹은 금융위기 전조로 볼 수 있다. 위기 수습을 예단하는 인사들도 존재한다. 하지만 현 상태는 표면화 단계이지 그 고름이 터진 것은 아니다.

[표2] 증권화부문 잠재손실 추정(2008년 3월 기준)

단위: 10억 달러

구 분	증권화 관련 시장추정손실		투자자별 증권화 자산손실				
	규모	추정손실	은행	보험	연금	GSEs/정부	기타
ABS	1,100	210	85~100	20~35	35~45	20~35	20~45
ABS CDOs	400	240	145~160	35~50	15~25	0~25	15~50
Prime MBS	3,800	0	-	-	-	-	-
CMBS	940	210	85~95	20~35	30~45	20~35	20~45
소비자 ABS	650	0	-	-	-	-	-
High-grade기업부채	3,000	0	-	-	-	-	-
고수익기업부채	600	30	10~15	<5	5~10	-	<5
CLOS	350	30	15~20	<5	<5	-	0~10
합계	10,840	720	340~380	95~110	70~120	40~90	70~150

자료제공: Goldman Sachs; JPMorgan, Lehman Brothers, Markit.com, Merrill Lynch, IMF 추정치

[표2]는 세부항목별 증권화 시장 추정손실을 집계한 것이다. 2008년 3월 현재 증권화 시장규모는 10조 8,400억 달러 정도로 추정되고 있으며 그 중 6.64%(7,200억 달러) 정도가 손실로 집계된다. 비증권화 부문 손실액(2,250억 달러)보다 3배 이상 높게 추산하고 있는 셈이다. 투자자별로는 은행과 기타투자자(예: 헤지펀드) 손실이 가장 높게 나타났다. 주택가격 하락으로 금융권 손실이 1조 달러를 넘어서 2조 달러까지 확대될 것이라는 비관적 전망도 나오고 있다. 주요 해외투자자들은 자금확보와 투자손실 만회를 위하여 전 세계적으로 유동성 자산, 특히 주식을 대량으로 처분하고 있으

며 한동안 이런 추세는 유지될 것이다. 또한 그 주요 대상은 선진국 내 안전자산이 아닌 높은 수익률을 기록한 브릭스(BRICs), 한국 등 이머징마킷(Emerging Market)이 될 가능성이 높다. 최근 중국은행감독위원회가 심천지역 부동산대출 실태 파악에 나서고 있는 것으로 알려지고 있다. 심천지역 부동산 불량 대출규모가 1,000억 위안에 육박할 것이라는 소문도 흘러나오는 있으며 상황에 따라 광동, 상해, 북경 등 기타 대도시로 조사범위를 확대할 예정이다. 주식과 부동산시장 동반 폭락은 은행권 위험으로 변질될 것이며 이는 중국 경제시스템을 흔들 것이다. 중국, 홍콩증시를 포함한 이머징마킷 증시는 현재 내우외환 상태에 놓여 있다.

4. 모럴해저드와 게임의 룰

　서브프라임 모기지 사태, 원자재와 곡물가격 인상 등 일련의 사태를 지켜보면서 가장 먼저 떠오르는 용어가 바로 모럴해저드 (moral hazard)이다. 흔히 모럴해저드 대상을 금융기관과 투자자만으로 한정하는 경향이 있다. 하지만 이 말은 시장 참여자 모두에게 적용될 수 있는 용어이다. 야누스의 두 얼굴이야말로 진정한 시장의 모습일지도 모른다. 지금은 모럴해저드로 단정한 일들이 그 생성과정을 살펴보면 단순한 실수와 착오일 수도 있다. 하지만 문제해결과정에서 불거진 도덕적 해이는 어떠한 변명도 무색할 것이다. 시장기능을 더욱 혼란에 빠트리고 장기화로 끌고 가기 때문이다.

　본 단락에서는 다루고자 하는 모럴해저드 주체는 투자자가 아닌 감독기관이다. 특히 최근 국제금융시장에서 벌어지고 있는 일련의 사태들은 시장감시 주체가 가진 본연의 역할에 의문점을 제기하게 한다. 투자자 간의 모럴해저드는 시장 자체적으로 흡수, 희석 가능하다. 또한 투자자 본인 역시 모럴해저드 가능성을 충분히 인지하고 투자한다. 요즘은 일반 투자자들도 차트분석을 통하여 세력들의 시세조정을 쉽게 인지한다. 또한 이상변동 현상은 사전에 각종 미디어와 관련 기관에서 경고메시지를 던지는 경우도 흔하다. 도박이 도박인 줄 알고 뛰어든 사람까지 시장이 구제할 필요는 없다. 이는 시장경제 원리에도 어긋난 측면이 존재한다. 카지노장에서 돈을 잃었다고 업주에게 손실 보상을 요구할 수는 없다. 도박의 규칙이 지켜진다면 그 도박장에서의 행위는 본인이 책임지는 것이다. 게임의 규칙과 도박의 규칙 어느 것이 시장을 좌우하든지 일단 정해진 규칙이 유지된다면 그 자체로써 공정한 룰이 된다. 문제는 룰을 만들고 감시하는 주체가 모럴해저드(moral hazard)에 빠지는 경우이다. 비체계적 위험은 포트폴리오 투자 혹은 펀드투자로 상당부문 해소할 수 있다. 반면 감독기관의 도덕적 해이는 시장 전체에 파급을 미치며 어떤 기법으로도 회피할 수 없다. 시장원리자 입장에서는 상당히 불쾌한 노이즈(noise)가 형성되는 셈이다. 미국 헤지펀드 이익단체들이 미 증권거래위원회(SEC)에 항의서한을 보내 공매도 금지 조치를 연장하지 말 것을 요구하는 것도 이와 같은 맥락이다. 미 증권거래위원회는 서브프라임 모기지부실 사태로 불거진 금융관련주의 과도한 하락이 공매도와 연관되었다고 잠성 결론짓고 국책 모기지기관인 패니메이와 프레디맥을 포함한 19개 금융기관(리먼 브러더스, 메릴린치, 모건스탠리, 골드만삭스 등 프라이머리 딜러)주식에 대해 공매도 제한조치를 한시적으로 내렸다. 시장참여자 입장에서는 이익당사자 간의 협의 없이 일방적으로 룰이 바뀐 것이 며 이는 또 다른 투자위험으로 다가온다. 경제회생 혹은 전체 시장 이익 확대를 위한 조치였다면 모럴해저드 문제 제기가 명분을 잃을 수도 있다. 하지만 공매도 금지조치의 이익당사자가 19개 금융기관 에 국한된다면 이는 시장원리 측면에서 고민해볼 점이다. 공매도가 가진 본질적인 문제로 넘어갈 경우 파생상품 필요성까지 확대 해석 될 수 있다.

또한 서브프라임 모기지 사태를 통하여 미국증권거래위원회 (SEC)의 한계와 연방준비제도이사회(FRB)의 문제점을 직시할 수 있었다. 1998년 롱텀캐피털매니지먼트(LTCM) 사태 때 보여준 앨 런그린스펀(Alan Greenspan)과 증시관계자들의 끈끈한 신뢰관계가 현 FRB의장인 밴 버냉키(ben shalom bernanke)에게로 이어진 것 이다. 자본과 감독기관과의 두터운 공감대를 다시 한 번 목격할 수 있다. 글로벌 스탠더드를 수립하고 추진하는 입장이라면 시장원리 의 핵심은 지켜줄 필요가 있다. 손실과 이익은 그 행위 주체로 귀 속된다는 단순한 논리 말이다. 투자실패를 세금을 통하여 국민에게 전이한다면 이는 시장에 대한 국가개입을 정당화할 수 있으며 시장 은 또 다른 거대 플레이어를 맞이하게 된다. 시장 전체를 두고 짜 고 치는 고스톱 판이 형성될 소지가 존재한다. 전(前) 베어스턴스 재무 책임자인 켄윌슨(Ken Wilson)이 최근 헨리폴슨 미 재무장관 에 의해 재무부 전담 고문으로 발탁된 사례 역시 어떤 형태로든지 모양새가 좋지 않다. 중국의 경우 2008년 4월 인화세 인하 발표

며칠 전 왕치산 부총리가 기관투자자들과 비공개 미팅을 가진 것 역시 시장이 쉽게 받아들일 내용은 아니다.

이런 개입이 시장과 국민적 공감대 없이 수시로 반복된다면 시장이 침체될 뿐만 아니라 금융시스템 자체가 붕괴될 수도 있다. 과전불납리 이하부정관(瓜田不納履 李下不正冠)이라는 말이 있다. 시장의 의심을 살 행동은 자제하는 것이 좋다. 시장을 감독, 관리할 독립적인 기구가 본연의 역할을 벗어나 시장친화적 행보를 보인다면 이는 시장기초를 더욱 악화시킬 것이다. 또한 시장구제책이 특정이익집단을 비호하는 형태로 결론 난다면 게임의 룰은 사라질 것이다. 주식투자는 게임이지 도박은 아니다. 게임의 룰이 사라진 증시는 도박장과 진배없다. 투자 전문가들도 도박장에서는 생존확률이 낮다. 만약 도박의 규칙마저 임의로 변경된다면 여러분이 행하고 있는 모든 분석행위는 실효성을 잃게 될 것이다. 글로벌 게임도 버거운 것이 현실이다. 시장규칙이 제자리를 찾을 때까지 잠시 관망하는 것도 좋으리라 생각된다.

5. 투기와 버블

5.1 투기세력이란

　상품투자의 귀재로 불리는 짐 로저스(Jim Rogers)는 "투자는 가능성을 보고하는 것이지 확정된 이후 하는 것은 아니다."라고 말하였다. 그는 대만, 미얀마, 캄보디아, 북한을 미래 중요 투자처로 손꼽고 있다. 상기 언급된 4개국 모두 정치, 경제, 사회적으로 상당한 위험이 존재한다. 투자위험이 상대적으로 높은 지역인 셈이다. 시장은 고 위험에 따른 고 수익을 보장해주는 습성이 있다. 물론 언제나 등가의 법칙이 성립되는 것은 아니다. 하지만 투자위험에 상응하는 적당한 수익성이 담보되지 않는다면 시장 자체가 형성되지 않을 것이다. 투자, 투기, 사기를 명확히 구분하는 습관을 가지길 바란다. 투기는 비이성적인 투자행위이지 사기는 아니다. 반면 사기는 없는 시장 자체를 있다고 가공 및 날조하여 불법적인 이익을 추구하는 것이다. 투기에서는 낮은 확률이지만 천문학적인 이익을 남길 가능성은 존재한다. 하지만 사기는 손실만이 만연할 뿐이다.

흔히 헤지펀드(hedge fund)를 투기세력의 전형으로 일컫는다. 그러나 헤지(hedge)라는 말 자체는 공격적인 면보다는 방어적 측면이 강하다. 가격변동에 따른 불확실성을 적극적 위험투자자(Speculator)에게 이전함으로써 손익을 고정시키는 행위를 헤지라고 한다. 헤지펀드의 모태는 스페큘레이터(Speculator)가 아닌 차익거래자(arbitrager)이다. 차익거래자(arbitrager)는 금융기법 발달과 법규상의 차이로 헤지행위 자체로부터 무위험수익을 얻을 수 있는 길을 발견하고 그 속에서 이익을 추구한다. 흔히 말하는 '떨어진 이삭줍기'가 바로 헤지펀드의 전형적인 투자형태인 셈이다. 하지만 무위험수익을 얻을 수 있는 통로가 좁아짐에 따라 그 투자형태가 점차 공격적으로 변모하였으며 작금에는 스페큘레이터(Speculator)와의 경계도 모호해지고 있다. 그럼 투기세력을 어떻게 정의할 수 있을까? 투기의 사전적 의미는 기회를 틈타 큰 이익을 보려고 하는 것이며 투자는 이익을 보기 위하여 자본을 투입하거나 시간과 정성을 쏟는 것을 말한다. 얼핏 보기에는 동일한 의미로 다가온다. 하지만 그 의미는 미묘한 차이가 존재한다. 투자는 과정과 결과를 함께 역설하고 있는 데 반하여 투기는 결과에 포커스를 둔다. 투기는 전부 아니면 전무(All or Nothing)의 극단적인 상황만이 놓여 있는 것이다.

5.2 투기자금 유입경로

투기자금의 생성원인과 유입경로를 통하여 금융위기가 어떻게 형성되는지 살펴보기로 하자. 대부분의 독자들이 1997년 IMF 외환위기를 경험한 적이 있을 것이다. 본 단락에서 언급하는 내용과 당시 기억을 더듬어 비교한다면 아래에 설명할 내용이 쉽게 다가올 것이다. 금융위기 발생 원인은 크게 두 가지 관점에서 접근할 수 있다. 첫 번째는 경제운영시스템 문제에서 출발하는 것이고, 두 번째는 금융시스템 자체에서 그 원인을 찾는 것이다. 전자는 금융위기를 단지 경제위기의 표면적 현상으로 보고 있으며 실질적인 원인은 생산과잉이라고 결론짓는다. 생산과잉 문제를 해결하는 과정에서 화폐, 신용, 금융시장 혼란이 초래되며 투기는 생산과잉이 절정에 도달했을 때 발생한다고 본다. 투기를 금융위기의 원인으로 보지 않으며 단지 발생시기를 앞당기고 영향력을 확대하는 요인으로 보는 것이다. 반면 후자는 90년대 이후 발행한 금융위기를 설명하는 데 적합하다. 금융시스템적 접근법에 의하면 금융위기는 금융시스템이 심각한 불균형 상태에 있을 때 발생한다고 본다. 금융 혹은 경제지표 악화가 자금 유동성 경색을 초래하고 그 결과 금융시장 자금분배능력이 침체된다고 생각한다. 1994년 멕시코 외환위기, 1997년 동남아 외환위기와 1998년 러시아 디폴트 등이 여기에 속한 사례이다. 최근 언급되고 있는 베트남 경제위기도 후자의 모습을 그리고 있다. 다만 미국뿐만 아니라 전 세계적으로 문제가 되고 있는 부동산 버블의 경우 전자의 모습이 더 강렬한 것으로 판단된다. 서브프라임 모기지 사태는 금융시스템적 접근 방법으로는 그 해결책을 찾기 쉽지 않을 것이다.

[그림3] 국제투기자금 유입경로

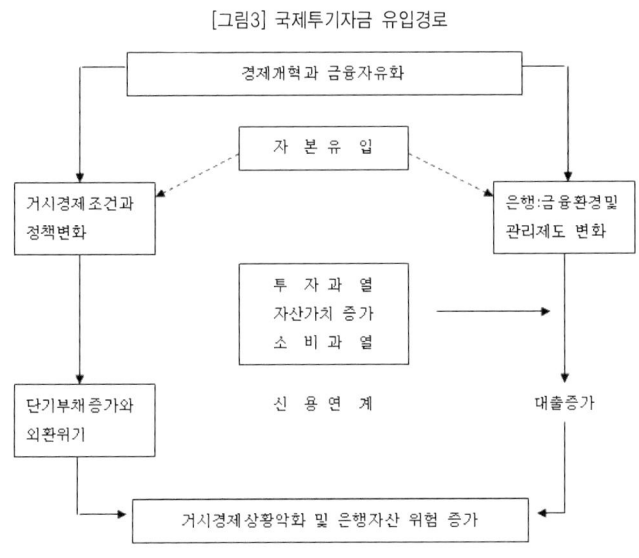

자료제공: Alba et al(1998,p 34)

[그림3]은 투기자본 유입경로를 나타낸 것이다. 투기자본은 보통 봉쇄형 경제에서 개방적 경제로 전환하는 시기 혹은 자산과 화폐가 과도하게 고평가 혹은 저평가 되어 있을 때 유입되는 경향이 강하다. 1997년 동남아 금융위기가 바로 그 좋은 예이다. 경제 체력에 비하여 당시 동남아 지역 통화가치가 과잉 평가되었으며 그에 따른 문제점이 외환시장을 통하여 표출되었다. 중국은 현재 통화가치 재평가 작업과 함께 경제구조 역시 전환기를 맞이하고 있다. 투기자

금 유입의 기초 조건 두 가지가 모두 충족된 셈이다. 만약 중국에서 금융위기가 발생한다면 기본적으로는 [그림3]과 같은 형태로 전개될 가능성이 높다. 다만 막대한 외환보유고를 감안한다면 외환위기보다는 국내 금융위기로 비하될 가능성이 더 높다. 즉 부실은행 파산이 다른 건전은행의 경영악화를 초래하고 그것이 여타 많은 은행으로 파급되는 이른바 '은행공황(bank panic)' 현상이 발생할 수 있다. 중국은 막대한 외환보유고를 무기로 정부가 직접 은행권을 챙길 가능성이 높다. 핵심은 4대 국유상업은행을 제외한 기타 중소형 상업은행, 농촌신용사 등에게 구제의 손길이 미칠 것인가! 라는 문제이다. 또한 금융시장 안정을 위한 긴급조치들이 경제에 미칠 파괴력 역시 적지 않다는 사실이다. 금융위기는 경제와 별개로 발생하지 않는다. 참고로 곡물, 원자재 시장 역시 투기자금 유입 원리는 금융시장과 그 맥을 같이한다. 언제나 수급요인을 밑바탕에 두고 자본이 움직이기 때문이다.

5.3 투기역사와 그 종말

금융시장에서 흔히 접하는 단어 가운데 대표적인 것이 바로 "위험"일 것이다. 국어사전을 살펴보면 위험을 "실패하거나 목숨을 위태롭게 할 만함. 안전하지 못함"이라고 풀이하고 있다. 영어사전에서는 위험을 여러 가지로 세분화 하고 있는데, 예로 데인저(danger)은 "손상, 손실 또는 사고를 당할 기회"를 의미한다. 패럴(peril)은 중대한 위험(serious danger)을 일컫는데, 데인저(danger)보다 좀 더 심각한 손상 및 손실을 당할 기회"를 뜻한다. 또한 금융시장에서 자주 사용하는 해저드(hazard)는 "위험하게 되는 것 또는 위험을 일으키는 것"을 의미하며, 리스크(Risk)는 "위험을 만날 가능성 또는 손실, 손상을 당할 가능성"을 나타낸다. 즉 해저드(hazard)는 위험을 초래하는 환경과 상태에 포커스를 두고 리스크(Risk)는 위험 혹은 손실을 당할 확률에 더 집중한다고 볼 수 있다. 그 내용이 어떠하든지 위험은 손실, 더 나아가서는 재기불능의 상태를 초래할 수 있으며 투자자 여러분이 항상 경계하여야 할 단어이다. 위험의 피해자는 좁게는 개인과 기업, 넓게는 국가를 넘어 글로벌화될 수도 있다. 위험이 최고치에 이를 때를 우리는 흔히 버블이라고 부르며 최악의 손실은 버블붕괴 과정에서 종종 발생한다.

역사상 최초의 버블로 지목되고 있는 네덜란드의 튤립버블(Tulip Mania, 1634년~1637년)은 선물개념이 결합된 형태로 나타났는데, 이전 튤립시장은 전문가와 생산자를 중심으로 거래가 이루어졌으나 투기수요를 동반한 국내외 일반인이 참여함으로써 1개월 만에 가격이 50배나 폭등하기 시작하였다. 그 결과 버블이 붕괴되었으며 튤립가격은 최고치 대비 수천분의 1수준으로 가격이 폭락하게 되었다. 또 다른 사례인 미시시피버블(Mississippi Bubble 1716년~1720년)은 스코틀랜드의 사업가 존로(John Law)에 의하여 촉발되었다. 그는 미시시피 회사를 인수해 당시 프랑스령이던 루이지애나 지역 등의 무역경영권, 조세징수대리권 등을 확보하였다. 그 대가로 프랑스 정부가 발행한 국채를 모두 인수하는 계약을 체결하였다. 그는 소유은행을 통하여 은행어음과 주식을 발행하기 시작하였으며, 이를 국채와 화폐로 태환할 수 있도록 하였다. 엄청난 수익을 낼 것이라는 장밋빛 희망에 부푼 나머지 사람들은 미시시피 회사 주식을 매집하였으며, 주가는 30배 이상 폭등하였다. 하지만 시장 유동성 증가로 인플레이션이 초래되었으며 프랑스 정부는 한시적으로 주식과 은행어음에 대한 평가 가치를 50% 다운시켰다. 그 결과 최초의 주식형 버블은 붕괴되기 시작하였다. 그 외 물리학자인 뉴턴을 주식시장에서 내쫓은 영국의 사우스시버블(south sea Bubble, 1716년~1720년) 역시 근대 대표적 버블로 인식되고 있다.

20세기의 경우 1929년 10월 촉발된 미국증시 붕괴가 대표적인 사례이다. 은행차입을 통한 과도한 주식투자와 M&A가 그 단초를 제공하였다. 주식시장 붕괴는 결국 대공황으로 연결되었으며 1932년 미국 GDP는 1929년의 60% 수준까지 떨어졌다. 1980년대에는 플라자합의에 의하여 촉발된 일본의 자산버블이 있으며, 1990년대에는 IT버블이 존재한다. 1997년 동남아에서 발생한 외환위기 역시 빼놓을 수 없다. 그럼 21세기에는 어떤 형태의 버블이 진행되고 있을까? 아마 유동성 버블일 것이다. 달러약세로 촉발된 글로벌 유동성 확대는 투기수요와 맞물려 자산가격을 대폭 상승시켰다. 과거와 다른 점은 단일 투자대상이 아닌 부동산, 원자재, 증시 등 전방위로 버블이 확산되었다는 사실이다. 이는 금융공학 발달로 모든 자산이 금융상품화로 변모되었으며 자본 자유화가 최대한 보장되고 있기 때문이다. 또한 신속한 정보흐름은 권위적이고 독점적인 주도세력 형성을 힘들게 하고 있다. 그 결과 생산자, 소비자, 투자자 혹은 투기자 사이의 영역구분이 모호해졌으며 상황에 따라 모든 시장

참여자가 일순간 스페큘레이터(Speculator)로 그 역할을 탈바꿈하게 된 것이다. 이제 더 이상 투기세력은 존재하지 않는다고 볼 수 있다. 시장 참여자 모두 스페큘레이터(Speculator)가 될 수 있기 때문이다.

중국주식투자 2009년

바이블 ❶

part_02 국제 원자재 시장 분석

앞 장이 국제금융시장 흐름을 한번 짚어본 것이라면 본 장은 국제상품시장을 살펴본 것이다. 중국과 홍콩증시를 파악함에 있어 상품시장을 언급하는 것이 타당한지 의문이 들 것이다. 본 서에서 국제원자재 시장에 한 장을 할애한 목적은 석유, 곡물 등 주요 원자재의 경제 파급효과와 아울러 시장간 자금 흐름을 살펴보기 위해서이다. 화폐, 자본, 상품 시장은 따로 분리된 것이 아니다. 서로 유기적인 관계를 맺으며 좀 더 높은 수익률이 보장되는 쪽으로 이동한다. 자본시장으로 대표되는 주식시장이 그 매력을 잃는다면 화폐와 상품시장으로 자금의 쏠림 현상이 발생할 것이다. 또한 원자재 시장은 증시와 달리 일반 국민생활에 직접 영향을 미치는 요소이다. 경제와 금융정책 기조를 흔들어놓을 수 있으며 어떤 형태로든지 증시에 반영된다. 그럼 국제 원자재 가격추이를 알아보는 것으로 본 장을 시작하기로 한다.

1. 국제 원자재 가격추이

　　최근 석유와 금 가격 폭등은 수급불균형이라는 경제적 요인 이외에 달러화 약세를 기반으로 한 투기자금 유입이 결정적 단초를 제공하였다. 달러화로 표현되는 화폐가치 하락으로 투자자들은 자연스럽게 실물자산 소유 욕구가 증가하였다. 자산인플레이션 상황하에서 마이너스(-) 수익률을 감내할 투자자는 그리 많지 않을 것이다. 앞 장에서 살펴보았듯이 투기도 결국 투기대상의 수급상황을 기초로 이루어진다. 공급과잉 현상에서는 투기라는 용어 자체가 끼어들 여지가 없다. 과거와 달리 주요 원자재 가격이 급격히 상승하는 이유도 브릭스(BRICs)로 표현되는 글로벌 엔진이 존재하기 때문이다. 세계 원자재 시장이 수요자 시장에서 공급자 시장으로 넘어감에 따라 가격인상은 일정부문 감내할 현실로 변모하였다. 또한 원자재 시장은 금융과 달리 생산기한이라는 제약조건이 존재한다. 일단 중심추가 한 방향으로 기울면 다시 되돌리기는 상당한 기간이 소요된다. 원자재 가격상승이라는 전제조건이 모두 갖추어진 상태에서 투기자금 유입은 피할 수 없는 현상이다.

자본에게 도덕적 요소를 기대하는 것은 어리석은 일이다. 이익이 있는 곳에 돈이 있으며 돈이 흐르면 반드시 더 높은 수익을 요구하게 된다. 이것이 바로 자본시장 효율성이다. 여기서 모럴해저드 문제가 불거진다. 자본에게 도덕성을 기대할 수는 없지만 게임의 룰은 강제할 수 있다. 유동성 부족 해소를 위하여 금융기관에 공급된 중앙은행 자금이 자산건전화가 아닌 원자재시장 투기자금으로 연결된다면 또 다른 시한폭탄을 짊어질 가능성도 존재한다. 세금이 소수 기관투자자들을 위한 투기자금 공급처로 변모되고 그 최종피해는 국민이 짊어지는 불합리한 체계로 사회가 흐른다면 시장 자체도 축소될 것이다. 시장주의는 이익과 손실 모두 투자주체가 책임지는 환경에서 발전하고 성숙된다. 어떤 시장이든지 그 시장이 시장원리에 따라 움직이는 않는다면 투자위험은 급속히 팽창할 것이다.

[그림1] 실질상품가격지수 추이와 예측(1980년~2009년)

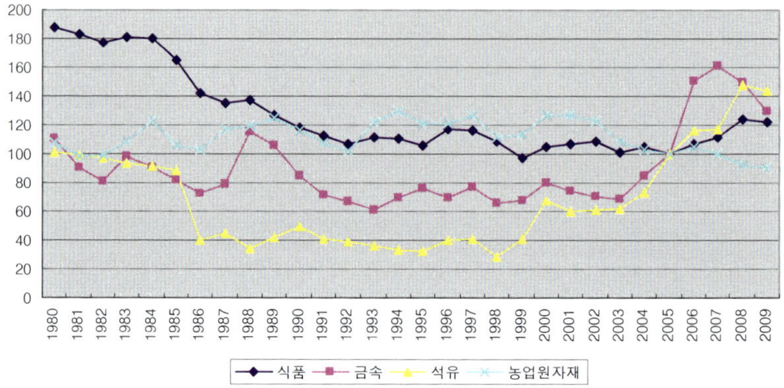

자료제공: IMF, 2005년 지수를 100으로 설정함

　　[그림1]은 1980년부터 2009년까지 식품, 금속, 석유, 농업원자재로 구분하여 실질상품가격지수(Real Commodity Price Indices) 추이를 살펴본 것이다. 2005년 지수를 100으로 설정하였다. 식품부문의 경우 1990년대 이후 최고 수치를 제시하고 있지만 위기라고 불릴 정도로 심각한 수준은 아니다. 근 20년간 지속된 가격안정 기조에 따른 상대적 박탈감 정도로 생각할 수 있다. 절대적 기준으로는 2003년 대비 2008년 1분기 식품가격지수가 1.7배 정도 상승한 것으로 나타났다. 반면 금속과 석유의 경우 조사기간 전체를 통틀어 유래 없는 상승세를 기록하고 있다. 금속의 경우 2007년을 기점으로 하락세가 전망되지만 석유는 올해 최대치를 기록할 것으로 예상된다. 비록 IMF 예측과 동일하게 원자재 가격흐름이 형성된다고 보기 힘들지만 금속과 석유가격이 실제 경제상황을 벗어나 오버슈

팅(overshooting)하고 있는 것은 사실이다. 식품가격의 경우 1990년대 이전으로 회귀될 경우 아직 충분한 상승공간을 가지고 있다. 금속, 석유부문 내 투기자금이 곡물부문으로 전이될 가능성은 충분하며 그런 징조도 이미 표면화되고 있다.

2. 국제유가를 움직이는 요인

2.1 현실은 생각보다 느리게 흐른다

석유수출기구(OECD) 발표자료에 의하면 2005년 세계 에너지 수요의 39% 이상을 석유가 담당한 것으로 집계되었다. 또한 석탄 등과 같은 고형물은 27.6%, 가스는 23%의 비중을 나타내고 있다. 반면 수력, 원자력, 재생에너지 부문은 10% 내외로 조사되었다. 2010년으로 시점을 연장할 경우 석유비중은 2005년 대비 1% 내외 하락할 것으로 전망되며 고형물과 가스부문은 소폭 성장세를 기록할 것으로 예상된다. 수력, 원자력, 재생에너지는 그 비중이 오히려 하락할 것으로 판단된다. 지금 20대인 사람이 40대로 바뀔 2030년에도 상기 추세는 변동이 없을 것이다. 현실은 생각만큼 빠르게 흐르지 않으며 과학기술 진보도 상업성이 담보되지 않는 한 무용지물에 불과하다는 냉엄한 현실을 새삼 느끼게 하는 대목이다. 현실적 사고 부재는 종종 막대한 투자손실을 불러일으킨다. 코스닥 시장에서 간혹 신기술 테마주 혹은 환경 테마주가 등장하곤 한다. 투자자들의 귀를 솔깃하게 하는 내용으로 가득 차 있으며 지금 매입하지 않으면 차후에 기회가 없을 것이라는 강박관념을 심어준다. 물론 고 수익을 현실적으로 창출하는 기업들도 있다. 본 서에서 말하고자 하는 내용은 미래에 수익성 있는 사업은 현재에도 수익성을 담보하고 있다는 점이다. 5년 후 일순간 경영실적이 향상될 것이라는 말은 5년 후 일순간 경영실적이 악화될 것이라는 뜻과 동일하다. 투자를 결정할 때 두 다리는 항상 땅을 딛고 시야는 좀 길게 보길 바란다. 그럼 글로벌 에너지 수요구조로 다시 돌아가 보기로 하자.

[표1] 세계에너지 수요현황

구 분	2005		2010		2020		2030	
	소비량	비율	소비량	비율	소비량	비율	소비량	비율
석유	4,002	39.2	4,319	38.4	4,996	37.5	5,689	36.5
고형물	2,822	27.6	3,144	28.0	3,703	27.8	4,181	26.8
가스	2,346	23.0	2,655	23.6	3,352	25.1	4,276	27.4
수력/원자력/재생	1,041	10.2	1,117	9.9	1,283	9.6	1,434	9.2
합계	10,212	100.0	11,236	100.0	13,335	100.0	15,580	100.0

자료제공: OPEC (2030년 석유 수요와 공급전망, oil supply and demand outlook to 2030)

상기 [표1]과 같은 통계치는 석유와 가스의 중요성이 21세기 중반까지는 변하지 않을 것이라는 점을 우리에게 알려준다. 재생에너지만이 미래자원이 아니라 석유와 가스 역시 미래자원인 셈이다. 이미 투자가치가 없는 것으로 판명된 석탄 탄광이 고유가 기조와 맞물려 새롭게 주목받고 있다. 원자재 가격인상 여파로 폐광의 경제성이 향상됨에 따라 제2의 전성기를 구가하고 있다. 중국만 하더라도 1차 에너지 자원의 70% 이상을 석탄이 담당하고 있다. 여기서 1차 에너지란 가공되지 않는 상태에서 공급되는 에너지를 말하여 석유, 석탄, 원자력, 수력 등이 이에 해당한다. 참고로 1차 에너지를 변환, 가공한 것을 2차 에너지라 부르며 전기, 도시가스 등을 일컫는다. OPEC 자료에 의하면 2030년경 석유소비량은 2005년보다 42% 이상 확대될 것으로 전망된다. 고형물과 가스보다는 신장률이 낮지만 그 외 에너지보다는 높은 수치이다. 에너지구조가 획기적으로 변모되지 않는 한 세계는 장기간 고유가에 허덕일 것이다.

2.2 유가상승 요인 분석

국제유가 흐름을 좌우하는 요소는 크게 두 가지로 구분된다. 하나는 시장수급상황이며 다른 하나는 투기적 수요이다. 투기적 수요는 석유라는 현물의 효용성보다 차익거래를 통한 수익실현에 포커스를 둔 행위이다. 실수요자가 가격변동 회피를 목적으로 옵션과 선물시장을 이용하는 행위를 투기적 행위로 보기는 힘들다. 다만 현물포지션 회피 이상으로 적극적인 행보를 보인다면 투기적 수요로 편입될 수 있을 것이다. 본 단락에서는 석유시장 수급상황보다는 투기적 수요 존재유무를 먼저 밝히고자 한다. 차킵켈릴 OPEC

의장처럼 현 유가수준이 수급불균형에 의하여 초래되었다고 굳게 믿는 인사들도 다수 있기 때문이다.

  국제투기 자금과 고유가의 인과관계를 규명하는 보도 자료를 간혹 접해보았을 것이다. 일부 세력의 경우 수요와 공급법칙, 즉 시장원리만으로 이 문제를 끌고 가려는 경향이 강한데, 이는 조금 위험한 발상이다. 투기적 수요 자체를 시장 요소로 받아들인다면 그들이 주장하는 시장원리도 인정받을 수 있을 것이다. 하지만 투기적 수요는 대체로 축소되는 경향이 강하다.

[그림2] 뉴욕상업거래소(NYMEX) 원유 파생상품시장 투자자 포지션

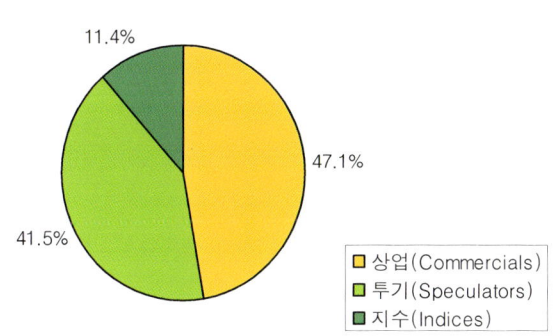

11.4%

47.1%

41.5%

□ 상업(Commercials)
□ 투기(Speculators)
□ 지수(Indices)

자료제공: CFTC and Goldman Sachs Commodities Research

  [그림2]는 골드만삭스(Goldman Sachs)가 2008년 6월 발표한 상품시장 분석보고서 데이터를 참고한 것이다. 뉴욕상업거래소(NYMEX) 원유 선물·옵션시장 투자자별 포지션을 살펴봄으로써 유가에 존재하는 거품을 확인할 수 있다. 엄밀한 의미의 실제수요

는 과반수에 조금 못 미치는 47.1% 정도에 불과한 것으로 나타났으며 가격위험 헤지를 위한 방어적 수요가 11.4%를 점하고 있다. 한편 시세 차이를 목적으로 한 투기적 수요는 41.5%로 조사되었다. 극단적으로 말하자면 배럴당 140달러에 이르는 국제유가는 40% 이상 하락 요인이 잠재하고 있는 셈이다. 투기적 요인의 필요성을 인정하더라도 실제 수요에 맞먹는 투기수요는 과도한 면이 존재한다.

[표2] 지역별 석유수급현황

단위: 백만 배럴/일

구분		2004년		2005년		2006년		2007년	
		석유량	증감률	석유량	증감률	석유량	증감률	석유량	증감률
공급	미국	8.70	(1.14)	8.32	(4.37)	8.33	0.12	7.50	(9.96)
	서유럽	6.20	(3.13)	5.80	(6.45)	5.40	(6.90)	5.23	(3.15)
	중국	3.50	2.94	3.60	2.86	3.70	2.78	3.77	1.89
	세계	83.12	4.40	84.63	1.82	84.60	(0.04)	84.80	0.24
수요	미국	20.73	3.49	20.80	0.34	20.69	(0.53)	20.80	0.53
	서유럽	15.50	0.65	15.60	0.65	15.60	0.00	15.28	(2.05)
	중국	6.50	16.07	6.50	0.00	7.10	9.23	7.59	6.90
	세계	82.33	3.42	83.65	1.60	84.73	1.29	85.78	1.24

자료원천: OPEC 자료

[표2]는 국제 석유시장 수요와 공급 현황을 지역별로 나타낸 것이다. 2006년 처음으로 석유수요량이 공급량을 초과한 이후 고유가 추세가 급속히 확산되고 있다. [표2] 증감률 수치를 한번 살펴보면

다음과 같다. 2007년 공급증가율은 0.53%에 그친 반면 수요증가율은 1.19%로 확대된 것으로 나타났다. 그 결과 공급부족분은 2006년 '13만 배럴/일'에서 2007년 '69만 배럴/일'로 확대되었다. 지역별 수요현황을 살펴보면 2004년 이후 미국의 석유수요 증가율은 세계평균 이하에 머문 것으로 조사되었으며 서유럽은 오히려 감소세를 나타내고 있다. 이에 반하여 중국은 경제규모 확대로 석유 수요량이 급격히 증가하고 있으며 2006년에는 9.2% 증가세를 기록하였다. 2007년 역시 유가상승 압력에도 불구하고 7% 수준의 증가세를 보이고 있다. 이는 세계평균치를 5배 이상 초과하는 수치이다. 수요증가율 공헌도 면에서 국제유가 상승 주범으로 중국을 지목할 만하다. 참고로 중국은 해외석유자원 확보를 위하여 "락업(lock-up)" 전략을 구사하고 있다. 락업전략 이란 국제석유시장을 통하여 석유수요를 충당하려는 미국과 달리 해외유전시설 지분인수 혹은 개발권 확보를 통하여 미리 확보 가능한 석유자원을 고정화시킨다는 의미이다. 현 단계에서 중국이 획득한 석유자원은 전세계 매장량의 0.3% 정도로 추정되고 있다. 참고로 중국은 전하이(鎭海), 황다오(黃島), 따이산(岱山), 따리엔(大連)에 국가석유전략비축기지를 건설하고 있으며, 이들을 통합 관리할 국가석유비축센터를 정식으로 가동할 예정이다. 비축능력 향상은 더 많은 수요를 의미한다. 공급부문으로 논의를 옮겨보도록 하자. 서유럽과 미국 모두 석유공급량이 꾸준히 감소하고 있다. 다만 서유럽의 경우 공급과 수요 모두 감소세를 보이는 반면 미국은 수요 감소분을 훨씬 초과하는 공급감소가 이루어지고 있다. 수급측면만 살펴보면 금번 국제유가 상승 주범은 중국이 아닌 미국인 셈이다. 2007년 한 해 미국의 석유공급량은 2006년 대비 10% 정도 감소한 것으로 나타났다. 미국을 제외한 지역합계는 1.4% 증가세로 나타났으며 중국도 평균치 이상인 공급량 증대가 이루어졌다. 국제석유시장 수급구조가 변화하지 않는 한 2006년 이전(以前) 유가를 당분간 기대하기 힘들 것이다.

[그림3] 전세계 주간 FOB 현물가격 추이
(2000년~2008년 7월 둘째주)

자료제공: EIA

[그림3]은 2000년부터 2007년 7월말까지 글로벌 FOB 현물가격 추이를 나타낸 것이다. 석유수급상황이 악화된 2005년부터 유가가 가파르게 급등한 점을 확인할 수 있다. 2006년 공급부족분이 일 13만 배럴로 축소됨에 따라 급상승하던 국제유가가 약간 주춤하는 모습을 보였지만 2007년 공급부족분이 일 69만 배럴로 확대됨에 따라 1, 2차 오일쇼크에 필적할 만한 충격을 글로벌 경제에 던져주

고 있다. 2007년 석유수급 불균형 현상은 2008년에도 이어질 가능성이 높으며 석유공급 주도권을 쥐고 있는 석유수출기구(OPEC) 회원국들이 최대한 공급을 확대한다고 하더라도 1분기와 4분기의 석유부족 사태는 피할 수 없을 것으로 보인다. 또한 3분기 역시 낙관적인 것만은 아니다. 겨울이 마무리 단계인 2분기를 제외하고는 거의 모든 분기에서 석유부족 사태는 피할 수 없을 것 같다.

[표3] 2008년 국제석유 수요와 공급 예측

년 도	세계 수요량	비OPEC 공급량	OPEC균 형공급량	OPEC 최대공급량	OPEC 최소공급량	부족(여유)분	
						최소	최대
08년1분기	87.36	55.40	31.96	31.60	30.61	0.36	1.35
08년2분기	85.62	55.13	30.49	31.60	31.05	(1.11)	(0.56)
08년3분기	86.54	55.31	31.23	31.60	31.32	(0.37)	(0.09)
08년4분기	88.70	56.77	31.93	31.60	31.51	0.33	0.42
전 체	87.06	55.65	31.40	31.60	31.12	(0.20)	0.28

자료제공: OPEC, 중국경제정보분석(CEIA)

OPEC도 고유가 종식보다는 현수준 유지에 방점을 찍는 것 같다. 이는 OPEC이 제출한 보고서들의 면면을 살펴보아도 알 수 있다. OPEC의 기본 방침은 석유 공급확대보다는 비OPEC 회원국의 산출량을 기준으로 석유 공급량을 조절하려는 의도가 강하다. 즉 유가 통제에 대한 강한 의욕을 발산하고 있으며 이를 최고의 가치로 두고 있는 것 같다. 자킵켈릴 OPEC 의장은 "2008년 여름 유가가 배럴당 150~170달러에 달할 수 있고 이란의 정정 불안이 원유 생산 중단으로 이어진다면 유가가 배럴당 200~400달러까지 상승할 수 있다" 라고 공공연하게 고유가 지속 속내를 내보이고 있다. 결론적으로 전 세계 경기둔화로 수요부문이 크게 위축되지 않는 한 2008년에도 고유가를 벗어나기는 힘들 것이며 2009년 역시 낙관하기 힘들다. 글로벌 경기둔화 시그널이 표면화되지 않는다면 투기자금도 석유시장에서 자금회수를 본격화하지는 않을 것이다.

3. 황금전성시대

3.1 세계 황금 수급상황

브레튼우즈(Bretton Woods) 체제 붕괴로 닉슨대통령이 미국달러를 기축통화로 하는 금환본위제를 중지하였지만, 금이 화폐와 대체재적 성격을 가지고 있다는 사실을 부인할 수 없다. 사실 반짝이는 것 이외에 아무런 효용도 없는 광물이 인류역사의 중심에서 아직도 우리를 내려다보고 있는 점은 이성적으로 이해하기 힘들다. 특권의식과 자아도취적 만족감이 그 광물 본연의 가치보다 더 큰 의미를 부여하고 있는 셈이다. 여러분도 한번쯤 들어보았을 이름인 국제통화기금(IMF)과 국제부흥개발은행(IBRD) 역시 브레튼우즈 협정으로 설립된 기구이다. 참고로 대체재(substitute good)란 한 재화가 다른 재화와 비슷한 유용성을 가지고 있어 한 재화의 수요가 늘면 다른 재화의 수요가 줄어드는 경우를 일컫는다. 현재 달러로 대표되는 통화가치 하락으로 그 대체재인 금 가격은 상승곡선을 그리고 있다. 우선 세계황금시장 수급현황을 간략히 살펴보기로 하자.

[그림4] 분기별 황금수급현황

단위: 톤

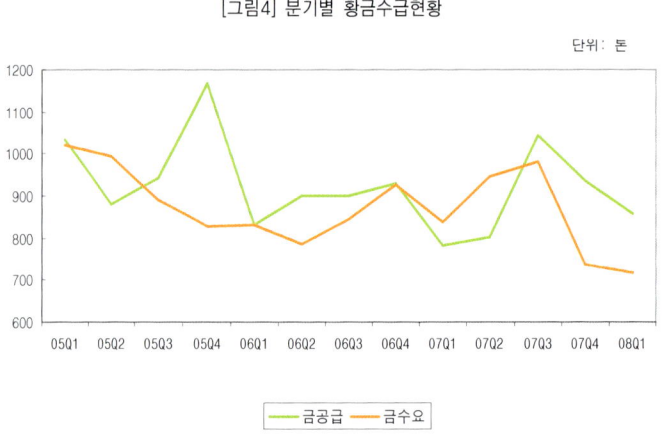

자료제공: 세계황금협회(World Gold Council)

[그림4]는 2005년부터 2008년 상반기까지 세계황금 수급현황을 나타낸 것이다. 2005년 2분기 111톤의 금 공급부족 사태가 발생하였다. 그 결과 공급업체들이 금 생산량을 대폭 확대하기 시작하였으며 2005년 4분기에는 339톤의 초과공급 현상이 초래되었다. 2007년으로 접어들면서 황금수급 상황은 다시 악화되기 시작하였는데, 2분기에만 144톤 정도의 공급부족 현상이 일어났다. 2007년 3분기부터 국제황금시장은 다시 공급과잉 국면을 기록하였으며 2008년 1분기

까지 그 추세는 유지되고 있다. [그림4]는 현재 국제 금 가격추이를 단순히 수급측면만으로 접근하기 힘들다는 사실을 알려주고 있다. 2007년 기준 세계황금소비 구조를 살펴보면 주얼리 부문이 67.4%로 가장 높고, 그 다음은 투자(19.1%), 산업과 치과(13.4%) 순인 것으로 조사되었다. 주얼리 부문은 2000년 83%를 기점으로 매년 하향화 추세를 보이고 있다. 반면 투자부문은 뚜렷한 상승기조를 이어가고 있다. 투자부문은 크게 순 투자와 ETF로 나누어진다. 2005년 이전 ETF가 전체 황금소비에서 차지하는 비중은 5% 이내로 조사되었다. 2006년에는 7.7% 내외로 2포인트 이상 비중이 향상되었으며 2007년 3분기에는 최대 14.6%로 까지 확대되었다. 최근 국제 금 가격상승으로 주얼리 수요가 둔화양상을 보이고 있으며 투자수요(순투자, ETF) 역시 이전처럼 활발하지는 않다. 이는 자산포트폴리오 내 황금보유 비중을 상당부문 만족시킨 결과로 판단된다.

3.2 금 가격으로 살펴본 국제금융상황

앞 단락에는 수요와 공급이라는 관점에서 세계 황금 시장 현황을 간략히 살펴보았다. 본 단락에서는 가격 측면에서 분석하기로 한다. 금 시세에 영향을 미치는 주요 변수로는 금리, 환율, 증시 상황 등을 들 수 있다. 참고로 석유는 금과 비슷한 가격흐름을 보이는 것으로 알려져 있다. 앞 장 환율전쟁 부분에서 언급했듯이 과잉 유동성은 인플레이션을 촉발시킨다. 인플레이션은 보유화폐의 가치를 떨어뜨리며 실물자산 소유욕구를 증대시킨다. 즉 투자자들은 화폐보유로 인한 실질소득 감소분을 실물 자산에서 보충하려고 시도한다.

[그림5] 금, 달러 그리고 오일 가격비교

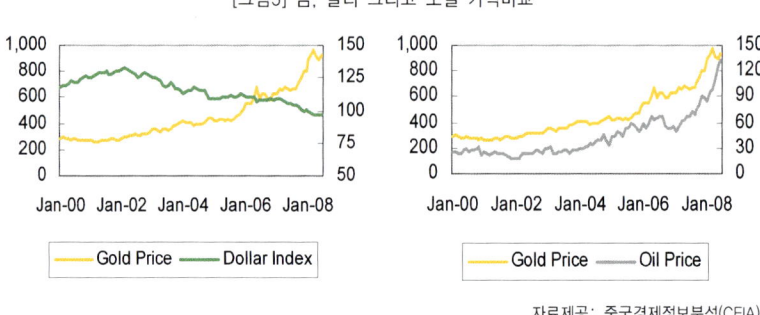

자료제공: 중국경제정보분석(CEIA)

글로벌 과잉유동성에 기초한 실물자산 투자열기는 부동산, 증권, 원자재 등 다양한 분야로 번져나갔다. 그중 부동산과 증권부문은 이미 붕괴를 시작한 반면 금과 석유는 높은 가격대를 여전히 유지하고 있다. 그 이유를 우리는 금과 석유가 가진 독특한 위치에서 찾아볼 수 있다. 석유는 부동산과 달리 경제활동에 기반을 둔 고정된 소비가 존재한다. 일상생활뿐만 아니라 산업전반에 걸쳐 다양한 구매층이 형성되어 있는 것이다. 투기적 수요가 분명히 존재함에도 일시에 붕괴되지 않는 것도 이런 완충장치가 존재하기 때문이다. 한편 금은 석유와 부동산에 없는 유동성이라는 강점을 보유하고 있다. 필요에 따라 언제든지 현금화할 수 있는 자산이다. 2006년 미 부동산 시장 붕괴에도 아랑곳하지 않고 금 시세는 상승세를 유지하고 있다.

한편 자금흐름 관점에서 이 문제를 접근한다면 다음과 같은 결론을 얻을 수 있다. 부동산 시장 붕괴로 투기세력이 금, 석유, 곡물시장으로 투자 대상을 이동한 것으로 판단된다. 기존 금 시장에 존재하던 투기자금에 타 시장, 특히 부동산 시장 유동자금이 신규로 유입된 것으로 볼 수 있으며 이들이 금 가격을 한층 업그레이드 시키고 있는 셈이다. 달러는 여전히 약세를 보이고 있으며 증시 역시 미덥지 못한 상황에서 유동자금이 배출될 곳은 원자재 그 중 수익성, 안정성 그리고 유동성이 보장된 금 시장에 몰리는 것은 인지상정일 것이다. 금리인상을 통한 유동성 흡수와 인플레이션 압력 둔화가 선행되지 않는다면 2007년 하반기 수준(700달러~800달러) 이하로 돌아설 가능성은 높지 않다는 사실을 반증한다.

[그림6] 다우존스/ 금 가격 추이 (2000년 1월~2008년 6월)

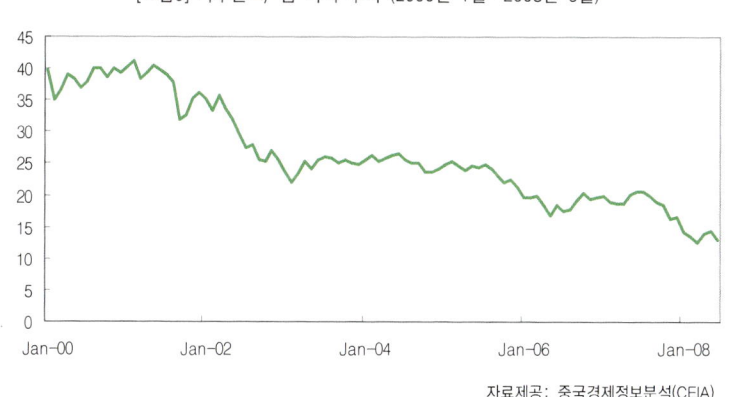

자료제공: 중국경제정보분석(CEIA)

[그림6]은 2000년 1월부터 2008년 6월말까지 월별 금 가격 내비 다우존스 비율을 나타낸 것이다. 2001년 1월 41배를 최고치를 기점으로 현재까지 하락세를 고착화시키고 있다. 과잉유동성의 진정

한 혜택은 증시보다는 금, 유가와 같은 실물자산 쪽으로 편중된 것 같다. 2008년 6월말 현재 금 가격 대비 다우존스 비율은 13배 정도로 최고점 대비 3배 이상, 기간평균보다는 2배 정도 하락한 수치를 제시하고 있다. 투기적 수요를 감안하더라도 금 가격이 2007년처럼 급등할 확률은 상당히 감소된 셈이다. 금 가격 대비 다우존스 비율이 샘플기간 평균으로 회귀할지를 우선 점검할 필요가 있다. 만약 회귀한다면 그 영향이 금 가격 하락에 따른 효과인지 아니면 다우존스 상승에 따른 결과인지도 판단하여야 할 것이다. 홍콩증시와 미국증시의 연관성을 고려할 때 금 가격 하락보다는 다우존스 상승에 따른 평균회귀가 더 반가울 것이다.

4. 곡물과 정치

4.1 곡물가격 동향

중국증시에 관심이 있다면 유가와 금 시세보다 곡물가격 변동에 더 주의를 기울일 필요가 있다. 중국 경제정책의 우선순위가 인플레이션 억제에 있다면 곡물가격 변동이 바로 경제정책 전환의 바로미터가 될 수 있기 때문이다. 2008년 상반기 중국 소비자물가지수 (CPI)는 전년대비 7.9% 상승한 것으로 나타났다. 그중 식품가격 상승률은 20.4%로 금년 상반기 소비자물가지수 상승분의 80% 이상을 점한 것으로 조사되었다. 전 세계적으로 물가는 정책적 지표로 관리되고 있는데, 물가통제 실패는 종종 정권교체로 이어진다. 국제곡물가격이 현수준을 유지하고 있는 한 기존 성장중심 경제정책으로 회귀하기는 힘들다. 이는 곧 중국 증시를 짓누르는 요인으로 작용할 것이다.

[표4] 곡물가격지수 (2004년 가격을 100으로 설정)

	2007년	2008년	2009년	2010년	2015년
옥수수	138	182	197	194	148
밀	144	201	179	156	131
쌀	128	231	208	155	160
콩	119	156	149	142	115
설탕	133	157	167	176	182

자료제공: 세계은행(World Bank)

[표4]는 2008년 6월 세계은행이 발표한 식량위기 보고서 수치 일부를 인용한 것이다. 2004년 곡물가격을 100으로 두고 2015년까지 곡물가격 추이를 전망하였다. [표4] 예측수치가 현실화된다면 올해뿐만 아니라 2009년에도 곡물가격 안정화를 기대하기는 힘들 것 같다. 옥수수와 설탕은 2008년보다 내년 가격이 더 상승할 것으로 예측되고 있으며 밀, 쌀, 콩 등도 여전히 높은 가격대를 유지할 것으로 추정된다. 경제문제가 일생생활로 파급되기까지 일정 기간이 소요된다는 사실을 감안할 때 올해보다는 2009년이 더 힘겨운 한 해가 될 것이다. 정부가 완충작용 역할을 떠맡을 수도 있지만 그 비용을 전부 부담할 수는 없을 것이다. 설혹 2008년은 버티더라도 내년에는 그 비용을 시장으로 넘길 가능성이 높다. 이는 중국뿐만 아니라 한국, 미국 등 모든 지역에서 공통적으로 관찰될 경제상황이다.

[표5] 세계 곡물수요와 공급 추정

단위 백만 톤

구 분	2005년/ 2006년	2006년/07년		2007/08 추정		2008/09 전망치	
		물량	증감률	물량	증감률	6월	7월
생산량	2,016.4	2,004.9	(0.57%)	2,113.3	5.41%	2,161.9	2,165.0
공급량	2,420.1	2,393.3	(1.11%)	2,455.1	2.58%	2,500.9	2,509.8
소비량	2,031.4	2,051.4	(0.99%)	2,110.3	2.87%	2,156.1	2,161.6
교역량	253.4	259.2	(2.26%)	267.8	3.35%	264.5	267.3
재고량	388.7	341.8	(12.06%)	344.8	0.87%	344.9	348.2

자료제공: 미국 농무부(USDA) WASDA Report

[표5]는 6월 미국 농부부가 발표한 세계 곡물 수요와 공급추정 자료이다. 2004/05년에는 생산량이 소비량을 초과하였지만 2005/06 년부터 그 관계가 역전되었다. 2006/07년에는 생산부족분이 4,600 만 톤 이상 확대되었다. 현재 진행되고 있는 곡물가 폭등이 이 시기 이미 잉태되고 있었던 것이다. 2007/08년 곡물 생산량은 소비량을 300만 톤 정도 앞설 것으로 전망되고 있다. 하지만 여전히 소비 증가율이 공급증가율을 0.3포인트 정도 상회할 것으로 예측된다. 참고로 2007/08년도 곡물 생산량은 5.4% 확대된 21조1,325만 톤 으로 추정되고 있다. 2008년 7월 기준 2008/09년 전망치를 살펴보 아도 곡물 생산량이 소비량을 압도하지 못하는 형국이다. 자연재해 등과 같은 돌발변수로 주 생산지역 작황이 좋지 못하다면 곡물가격 은 언제든지 출렁일 것이다. 세계은행이 2009년 곡물가격지수를 좀 더 낙관적으로 제시하지 못한 이유도 여기에 있다.

4.2 곡물과 정치

세계은행(WB)과 국제통화기금(IMF)은 4월 '세계 식량 뉴딜정책'을 추진하기로 결정했다. 반기문 총장도 2008년 4월 유엔무역개발협의회 개회식에서 곡물폭등이 세계안보를 위협하고 있다고 천명하였다. 또한 국제무역을 왜곡하고 식량부족 사태를 심화시키는 수출제한 조치를 철회할 것을 요구했다. 1970년대 이전까지 농업정책은 국내가격 안정에 바탕을 둔 무상원조를 기반으로 이루어졌다. 하지만 1970년대 이후 나라별로 농업을 주요 수출산업으로 인식하면서 가격안정보다는 이익확대로 정책이 급선회하였다. 국제 농업시장 확대에도 불구하고 비교우위를 확보하지 못한 지역 농업은 쇠퇴의 길로 접어든 셈이다. 각국이 효율성에 포커스를 둔 나머지 곡물의 전략적 가치가 외면되었으며 그 결과 수급상의 균형점이 외부충격에 극심하게 변동되는 구조를 초래하였다. 즉 기후변화, 수출정책, 바이오 에너지 확대 등으로 세계 농산물 공급불안정이 확대되었으며 이는 국제곡물시장을 수요자 중심에서 공급자 시장으로 변질시켰다. 더군다나 세계 5대 곡물메이저가 전 세계 곡물유통량의 80% 이상을 점하고 있는 상황하에서 투기세력 가세는 설상가상의 형국으로 곡물시장을 몰고 가고 있다.

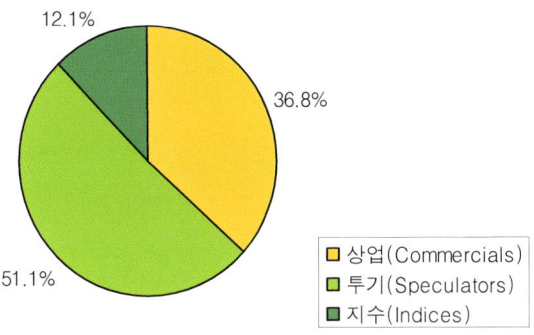

[그림7] 뉴욕상업거래소(NYMEX) 옥수수 파생상품시장 투자자 포지션

12.1%

36.8%

51.1%

■ 상업(Commercials)
■ 투기(Speculators)
■ 지수(Indices)

자료제공: CFTC and Goldman Sachs Commodities Research

　[그림7]는 뉴욕상업거래소 옥수수 선물 및 옵션시장 내 투자자별 포지션을 나타낸 것이다. 곡물투기세력이 과반수의 포지션을 차지하고 있으며 기관투자가나 연기금 등도 인덱스펀드를 통하여 투기 대열에 동참하고 있다. 금융화 진전으로 '곡물' 그 자체가 금융투기 대상으로 떠오른 것이다. 국제곡물시장에 의존한 수급상황이 곡물가격 폭등의 구조적인 원인이라면 바이오 연료, 곡물 투기는 그 구조 속에서 발생한 촉매제이다. 그 외 중국과 인도로 대표되는 신흥공업국의 경제성장으로 곡물수요가 증가한 것 역시 주원인으로 작용하고 있다. 실제로 중국 1인당 육류 소비는 20년 전 20kg에서 현재 50kg 수준으로 증가하였다. 다만 미국 1인당 육류소비가 120kg 이상인 점을 고려할 때 곡물가격 폭등 주범으로 중국과 인도를 지목하는 것은 불평등한 면이 존재한다. 유가와 같이 절대적인 면은 미국, 공헌도는 중국이 문제인 셈이다. 한편 이론적으로는

인구는 기하급수적으로 증가하는 데 반하여 식량은 산술급수적으로 확대된다는 맬서스주의가 금번 곡물가격 폭등에 면죄부를 부여하는 것 같다. 지구온난화 대책으로 제시된 바이오 연료가 인간생존을 위협하고 있는 현실은 정말 시니컬한 측면이 존재한다. 나아가 그 피해대상이 지구 온난화 유발과 거의 상관없는 빈곤국이라는 점 역시 냉소적인 시각을 가지게 한다. 참고로 바이오 연료 정책의 가장 큰 후원자는 세계 5대 곡물메이저인 것으로 알려지고 있다.

part_03 중국을 알아야
증시가 보인다

사회 문화적 배경은 넓게는 경제와 금융, 좁게는 증시에 대한 관점을 다르게 할 수 있다. 모든 행위는 그 자신을 둘러싼 사회, 문화적 배경으로부터 자유로울 수 없으며 이는 개인뿐만 아니라 조직과 국가 역시 동일하다. 그 차이가 경제와 금융정책에 스며들기도 하고 개별 투자자의 투자형태로 표면화되기도 한다. 세계화 혹은 글로벌 스탠더드라는 슬로건하에 자본과 정보의 유·출입이 최대한 보장되는 시스템이 형성되고 있다. 그 결과 주식시장 간의 동조화 현상이 갈수록 심화되고 있으며 개별 국가에 대한 분석 의미도 많이 퇴색되고 있다.

　그러나 중국증시의 경우 외부적 요인보다 내부적 요인이 더 강하게 작용하고 있으며 해외투자자 비중도 기타 주요증시보다 낮다.

그 결과 홍콩, 한국증시와 달리 중국증시 자체 동력에 의하여 추세가 형성되는 모습을 자주 보인다. 특히 증시규모가 대폭 확대됨에 따라 과거와 같이 단일세력이 증시를 지배하는 모습을 더 이상 기대하기도 힘들다. 시장에 참여하는 다양한 이해집단 간의 힘겨루기가 치열히 전개되고 있으며 중국정부 역시 그 속의 한 부분으로 자리잡고 있다. 중국사회에 대한 충분한 이해 없이 중국 증시에 접근하기는 쉽지 않으며 홍콩증시 역시 중국적 색채가 점점 부각되고 있는 것이 현실이다.

최근 미국과 중국의 경제운용기조를 비교 분석하면 사회적 환경이 어떤 형태로 경제정책에 영향을 미치는지 알 수 있다. 중국은 물가통제와 거시경제조절을 위하여 금리인상 카드를 지속적으로 제시하고 있는 데 반하여 미국은 오히려 금리인하를 지속하고 있다. 2008년 8월 미 연방준비제도이사회(FRB)는 인플레이션 압력이 상존함에도 또 다시 금리를 동결시켰다. 서브프라임 모기지 부실사태로 초래된 금융혼란을 제거를 위하여 인플레이션 유발이라는 제스처를 보내고 있다. 유가하락에 따른 인플레이션 압력 둔화를 금리동결 이유로 설명하고 있지만 경제현상은 시차를 두고 반응한다는 측면에서 그 설명력은 그리 높지 않다. 미국은 달러화로 표시된 부채감소와 소비진작을 위하여 인플레이션이 필요한 상태이다.

미국경제는 소비를 매개로 움직이는 구조를 가지고 있다. 반면 중국은 생산중심이며, 사회안정을 위하여 물가불안을 억제할 필요성이 존재한다. 중국이 금리를 인상할수록 달러화 유입은 더욱 탄력을 받을 것이고 그 결과 화폐 유동성 증가, 투기과열 같은 악순

환이 반복될 것이다. 두 경제 모두 인플레이션 압력이 존재하지만 미국은 금리인하, 중국은 금리인상을 실시하고 있다. 그 차이를 도출시키는 근본적인 원인은 사회가 소비 혹은 생산 어느 곳에 방점을 두는가! 일 것이다. 또한 사회보장 체계, 계층간 소득격차, 정치적 환경 역시 상기와 같은 정책 차이를 도출하는 데 상당한 공헌을 하였을 것이다. 그럼 중국 사회를 다양한 각도로 조명해보고 이를 중국증시와 연결시켜보기로 하자.

1. 중국사회 현황 이해

　본 단락에서는 4가지 주요 이슈를 중심으로 중국사회가 안고 있는 내부적 모순과 갈등을 살펴보고자 한다. 경제와 금융 모두 사회라는 큰 테두리에서 움직이고 있으며 그 안에서 성장하고 쇠퇴한다. 사회현상에 대한 고찰 없이 경제와 금융을 논하기는 어려우며 사회적 문제가 종종 경제와 금융문제로 비화되기도 한다. 흔히 '증시는 경제의 바로미터'라고 불린다. 이 말을 좀 더 확대하면 '증시는 경제의 바로미터이고, 경제는 사회의 척도'라고 할 수 있다. 사회는 경제를 포함한 넓은 개념이며 수많은 경제상황은 주가지수라는 형태로 수치화되고 평가되는 것이다.

1.1 인플레이션 문제

현재 중국이 겪고 있는 인플레이션은 과거 2차례 발생한 사례와 사뭇 다른 방향으로 전개되고 있다. 80년대 중국이 겪은 최초의 인플레이션은 천안문 사태라는 정치적 비극을 초래하였으며 그 시기는 대략 1988년~1989년경이다. 당시 소비자물가 상승률은 18.8%와 18.0%를 기록하였다. 90년대로 접어들면서 중국은 1993년부터 1995년까지 3년 동안 제2차 인플레이션을 경험하였다. 당시 소비자물가 상승률은 각각 14.7%, 24.1%, 17.1%로 조사되었다. 2차 인플레이션은 천안문 사태 이후 중국 경제가 개혁·개방으로 넘어서는 과도기적 상황에서 발생하였다. 2차 인플레이션은 과도한 고정자산투자가 주도하였다. 제8차 5개년 계획기간(1991년~1995년) 동안 중국의 고정자산투자는 연 17.9% 증가율을 기록하였으며 중대형 프로젝트에 자원을 집중 투자하였다. 그 결과 전체산업에서 2차 산업이 차지하는 비중은 47.7%로 제7차 5개년 계획기간(1985년~1990년)보다 6포인트 이상 상승하였다. 2차 인플레이션은 1차 인플레이션 당시와 달리 중국 자체적으로 큰 혼란은 제기되지는 않았다. 다만 이웃한 동남아시아에 어떤 경로로든지 상당한 파급효과를 미쳤으며 1997년 IMF 외환위기에 일부 공헌한 것으로 알려지고 있다. 현재 중국은 제3차 인플레이션이 진행되고 있으며 그 동력은 앞서와 달리 좀 복합적인 양상을 띠고 있다. 본 단락에서 그 원인을 간략히 살펴보기로 한다.

중국 인플레이션 원인을 세 가지 요인으로 분석하면 다음과 같다. 첫째 농축산물 주도로 이루어진다는 점이다. 중국 소비지물가지수는 오랫동안 상당히 안정적인 기조를 보였다. 1997년부터 2006년까지 누적 CPI 상승률은 9.5%로 매년 1%에도 못 미치는 수준을 유지하였다. 반면 공업화와 도시화 가속으로 경작지는 대폭 감소하였으며 농촌인구는 매년 2,000만 명씩 도시로 추가 유입되고 있다. 생산자원은 축소되는 데 반하여 도시주민 생활수준 향상으로 곡물과 육류에 대한 소비는 증가하는 시스템적 문제가 발생한 것이다. 그 와중에 가격통제와 수입물량 조절로 시장 균형점으로 농축산물 가격이 이동하는 것을 억제하였다. 문제는 곡물파동과 원자재 상승 기조로 생산단가뿐만 아니라 수입단가 역시 상승곡선을 그리고 있다는 사실이다. 수입물량 투하로 가격조정 능력이 재 기능을 발휘하지 못하고 있다. 그 결과 균형가격(혹은 관리가격) 유지를 위하여 투입되는 재정부담은 갈수록 확대되고 있으며 이는 시장가격 자유화를 촉진시키고 있다. 시장충격을 감안하더라도 인상요인을 시장에 떠넘기는 것은 피할 수 없는 대세이다.

둘째는 외부적 요인이 주도하고 있다는 사실이다. 앞서 첫 번째 요인과 일부 그 맥락을 같이하는데 생산단계부터 비용상승 유발효과가 큰 폭으로 증대되고 있다. 특히 원유, 곡물, 철강석 등과 같이 해외의존도가 높은 자원은 유통망 통제로 가격상승을 묶어둘 수 없다. 과거와 달리 중국 경제가 한층 대외개방적으로 변함에 따라 국유기업 통제만으로 시장수급을 조절하기는 힘든 면도 존재한다. 국유기업 스스로도 공식, 비공식적으로 시장가격 적용을 요구하며 보이콧 양상을 띠기도 한다. 최근 중국에 발생한 '석유파동'이 그 좋은 예이다. 또한 중국 대외무역의 과반수를 가공무역이 점하고 있다는 사실과 외자기업 존재는 일률적인 정책집행을 어렵게 하고 있다.

　셋째로 과잉유동성과 투자문제이다. 화폐가 넘쳐나면 자연적으로 실물자산의 가치는 올라가게 된다. 손쉽게 획득한 투자자금은 필요 이상의 과잉 생산을 유발하게 된다. 또한 자원가격을 한층 더 위쪽으로 밀어 올린다. 악의 축처럼 과잉유동성이 과잉투자를 촉진하고 그 여파로 과잉생산이 발생하게 된다. 중국은 미국과 달리 생산중심 체계가 전 사회를 컨트롤함에 따라 소비가 능력을 발휘할 공간이 제한적이라는 문제점을 안고 있다. 단일 업종이든지 혹은 산업 전체이든지 버블 자체가 붕괴되지 않는 한 끝을 향하여 내달리는 구조를 보유한 셈이다. 또한 앞서 2차 인플레이션과 달리 유동성을 공급할 핫머니들이 외부로부터 지속적으로 유입되는 것 역시 중국 정부의 발걸음을 한층 무겁게 하고 있다.

[그림1] 브릭스(Brics) 4개국과 베트남 소비자물가지수 추이

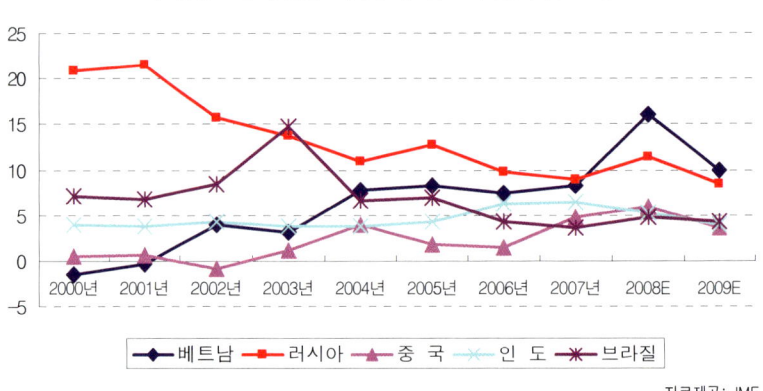

자료제공: IMF

[그림1]은 2000년부터 2009년까지 브릭스(Brics) 4개국과 베트남의 소비자물가상승률을 나타낸 것이다. 2008년과 2009년 수치는 실제 자료가 아닌 IMF 추정치를 나타낸 것이다. 중국국가통계국 발표자료에 의하면 2008년 상반기 중국 소비자물가상승률은 7.9%로 조사되었는데, IMF 추정치 5.9%보다 높은 수치이다. 다만 2분기 소비자물가상승률이 1분기보다 낮게 형성되고 있어 2008년 전체 소비자물가상승률은 7.9% 보다는 하향화될 것으로 판단된다. 우선 중국과 기타 브릭스 3개국, 베트남의 소비자물가 상승률 추이를 비교하여 보자. 2007년 이전 중국 소비자물가상승률은 상당히 안정적인 흐름을 나타내었다. 러시아의 경우 최근 9% 수준으로 떨어졌지만 2006년 이전에는 10%~20% 사이의 높은 인플레이션을 기록하였다. 인도와 브라질 역시 중국보다 물가상승률이 높은 것은 매한가지이다. 하지만 2007년 수치를 살펴본다면 현재 중국이 안고 있는 문제점을 파악할 수 있을 것이다. 브라질과 러시아는 물가상승률이 하향 추세를 보이는 데 반하여 중국은 3배 이상 상승하였다. 인도 역시 상승세를 나타내고 있지만 2006년 6.2%에서 2007년 6.4%로 소폭 인상되었을 뿐이다. 물가가 경제와 사회에 미치는 충격은 브릭스 4개국 가운데 중국이 가장 크다. 다른 나라와 달리 장기간 낮은 물가수준을 유지하고 있었기 때문이다. 물가 자체만 본다면 중국보다는 기타 브릭스 지역 증시가 매력적으로 다가온다. 실제 2008년 상반기 차이나 증시 폭락에도 불구하고 러시아와 브라질 증시는 상승 혹은 선방하는 모습을 보였다.

  그럼 차이나펀드의 대안으로 새롭게 주목 받았던 베트남의 경우는 어떠할까? 2003년 이후 베트남은 8% 전후의 소비자물가상승률을 기록하였으며 2008년에는 기존의 2배 수치인 16%를 나타낼 것으로 전망된다. 중국과 베트남 모두 자원소모형 산업을 유지하고 있으며 내수보다는 수출중심의 경제구조를 가지고 있다. 이런 차이점이 중국을 제외한 브릭스 3개국보다 국제원자재와 곡물가격 상승에 중국과 베트남이 민감하게 반응하도록 하는 것이다. 본 서 제2장에서 살펴보았듯이 국제원자재와 곡물가격은 상당기간 높은 수준을 유지할 것으로 전망된다. 물가안정을 위한 외부적 요인은 그리 긍정적이지 않은 셈이다. 현재 꺼낼 수 있는 카드는 과잉유동성, 고정자산투자와 같은 내부적 요인을 적절히 통제하는 방법뿐이다. 이는 이래저래 중국증시의 부담으로 작용할 것이다. 중국사회가 고비용 구조, 즉 과거보다는 높은 인플레이션 사회로 진입하는 것은 피할 수 없는 현실이다. 만약 사회가 감당할 수 없을 정도의 고 비용구조가 고착화된다면 중국은 제2의 천안문 사태를 맞이할지도 모른다. 하지만 현재 진행되고 있는 제3차 인플레이션 위기를 무사히 넘긴다면 중국은 아마 진정한 경제대국으로 탈바꿈할 것이다.

1.2 실업문제

중국경제는 소비와 투자라는 좌우 양 날개를 함께 한 채 비상하는 구조는 아니다. 투자와 수출을 극단으로 몰고 가 내수부족을 보충하는 기형적 형태를 유지하고 있다. 현 산업구조상 고용창출이 그만큼 힘든 상태이며 잉여노동력 해소라는 사회적 문제는 나날이 심화되고 있다. 투자와 생산부문을 강조한 나머지 산업구조가 2차 산업 중심으로 재편된 결과이다. 더 심각한 점은 노동시장의 버팀목인 제조업 부문도 추가 인력을 흡수할 동력을 잃고 있다는 사실이다. 기업 효율성 측면에서 현 보유인력도 감원을 하여야 될 입장이다. 숙련된 기능공은 부족한 반면 단순 노무직은 넘쳐나는 인력구조를 가지고 있다. 노동력이 넘쳐나는 가운데 정작 필요한 인력은 없는 셈이다.

흔히 증시향방을 예측하는 지표로 미국 실업률 수치를 자주 언급한다. 실업률 수치는 소비에 영향을 미치며 경제성장률에 직접적인 타격을 미친다. 이는 미국뿐만 아니라 중국에서도 동일하게 관찰될 수 있는 현상이다. 다만 중국의 경우 경제보다는 정치적 문제로 비화될 소지가 더 높다는 차이점은 존재한다. 특히 여론조성 능력이 있는 고학력 실업문제는 중국정부가 중점적으로 관리하는 항목이다. 사회보장 체계가 취약한 중국입장에서는 취업문제 심화는 사회혼란을 야기시킬 수 있다. 긴축경제 필요성에도 불구하고 부동산 부문에 대하여 좀더 과감한 정책을 몇 년 동안 시행하지 못한 배경도 바로 여기에 있다. 농민공(農民工, 농촌에서 도시로 일자리를 찾아 이주한 농촌인력)이 스며들고 있는 통로가 바로 건설부문이기 때문이다. 미국의 경우 실업문제가 경제문제로 귀결되지만 사회 안정망이 불충분한 중국은 사회·정치문제로 비화될 소지가 다분하며, 이는 증시에 부정적인 영향을 미칠 것이다. 다른 나라와 달리 중국증시에 있어 최상의 호재는 바로 안정이다. 중국사회 안정이 일단 위협받게 되면 모든 경제, 금융정책은 보수적으로 회귀할 것이며 이는 증시에 직격탄을 날릴 것이다.

중국사회과학원 보고서에 의하면 80~90년대 GDP 1% 추가 상승시 창출된 취업인구수는 200만 명 정도로 나타났다. 하지만 21세기로 접어들면서 그 수치는 80~90만 명 정도로 과반수가 감소된 것으로 조사되고 있다. 도시화가 진척됨에 따라 도시환경 개선사업 일환으로 중국은 노점상들에 대한 단속을 강화하고 있다. 그 결과 개인사업자 수가 1999년 3,160만 명에서 2005년 2,464만 명으로 대폭 하락하였다. 중국정부 역시 취업문제의 중요성을 인식하고 있으며 서비스업 육성을 통하여 고용창출 능력을 극대화하고자 한다. 하지만 생산중심 체계와 사회보장 미비로 서비스 산업 진척은 상당히 더디게 진행되고 있다. 소비주도세력인 중산층이 사회 중심으로 자리잡지 않는 한 실업문제의 근본적 해결은 힘들며 이는 경제발전 단계와 그 맥을 함께하는 사항이다.

1.3 노령화 문제

노령화 문제는 취업문제와 함께 중국사회 발목을 잡는 또 다른 요소이다. 선진국과 개발도상국을 떠나 노령화 문제는 이미 공통 이슈로 부각되고 있으며 정부의 재정부담을 가중시키고 있다. 중국 측 용어를 빌리자면 '사회적 부를 미처 충족시키기 전에 노령화라는 악재가 먼저 온 형국'으로 중국의 현 상황을 요약할 수 있다. 현재 중국 내 60세 이상 노인인구는 1.4억 명 정도로 그 중 60% 이상이 농촌에 거주하고 있다. 노인인구는 전체 인구의 11% 정도로 2020년에는 17% 이상 확대될 전망이다. 양로보험을 확대실시하고 있지만 현재 전체 취업인구의 25% 정도만이 가입된 상태이다. 도시노동자의 50% 정도가 양로보험에 가입한 사실을 감안한다면 농촌 취업인구와 농민공 가입비율은 평균수치를 상당히 하회할 것으로 추산된다. 또한 양로기금 부족 사태가 수천억 위안에 이르는 현실 역시 쉽게 넘길 주제는 아니다. 국유주 유통화 문제의 단초를 양로기금 부족사태가 제공하였다는 점에서 단순한 사회적 문제로 치부하기에는 그 사안의 중요성이 크다. 여러분의 수익률과도 직간접적으로 얽힌 문제이다. 증시폭락에도 국유주 유통화 조치를 잠정 중단할 수 없는 이유 가운데 양로기금 문제도 일부 자리잡고 있다.

국유주 유통문제의 밑거름은 현(現) 원자바오 총리가 아닌 주룽지 전(前) 총리가 마련하였다. 중국의 사회보장제도는 1993년 기초를 세웠지만 아직 전면화 단계는 아니다. 중국정부는 2000년 초 전국사회보장기금이사회를 설립하여 국유주 감소를 통하여 재원을 마련하고자 하였다. 당시 국유주 감소방안 출시로 중국증시는 대폭락하였으며 광범위한 투자계층의 반발을 불러일으켰다. 또한 학계 역시 정책시(政策市)에 대한 거부감을 강하게 표시하였다. 제1차 국유주 유통화 방안은 잠정중단 발표와 함께 상처만 안고 그 막을 내렸다. 2005년부터 본격화된 제2차 국유주 유통화 방안은 과거 실패를 교훈 삼아 산업구조 조정을 전면에 두면서 유통주 주주에 대한 보상도 함께 실시하였다. 1차 국유주 유통화 방안이 단순한 자금모집 성격이라면 금번 방안은 주식제 전환, 자금모집, 보상적 측면이 혼재된 것이다. 조금 투박하게 설명하자면 시장과 투자자들이 조삼모사(朝三暮四) 법칙을 받아들인 것으로 볼 수 있다. 결과론적으로 보면 1차 국유주 유통화 조치보다 2차 방안이 투자손실을 더욱 확대시켰지만 비난의 강도는 예전보다 크지 않다. 과거와 달리 선택의 권한을 투자자에게 이양하였으며, 비록 잠재된 함정이 존재하지만 욕망을 쫓아 그 함정에 빠진 것은 투자자 본인이기 때문이다. 노령화와 사회보장 문제는 앞으로 더욱 심화될 것이며 그 책임은 국가가 아닌 증시의 몫으로 남을 가능성이 높다.

1.4 환경문제

환경문제는 일개 국가의 문제가 아닌 전 세계적인 관심 사안이다. 중국의 경우 환경 자체도 중요하지만 자원 효율성을 환경문제와 연결시키는 경향이 강하다. 석유소비국 모임인 국제에너지기구(IEA)는 중국이 올해 미국을 제치고 세계 최대 이산화탄소(CO_2) 배출국이 될 것으로 예상하고 있다. 중국의 온실가스 배출량은 2030년 420억 톤으로 2005년(270억 톤)보다 56% 증가할 전망이다. 유엔개발계획 (UNDP)은 최근 인간개발보고서에서 지구온난화 문제에 대처하기 위해서는 2050년까지 선진국은 1990년보다 80%를 줄이고, 개발도 상국은 20% 감축할 것을 제안하였다. 중국은 이 제안을 강력 반대하고 있다. '선진국은 산업혁명이 일어났던 18세기부터 1950년까지 세계 온실가스의 95%, 그 이후 50년간 77%를 배출하였다.'고 주장하면서 오히려 선진국의 책임을 추궁하고 있다. 사실 중국의 1인당

CO_2 배출량은 미국의 5분의 1에 지나지 않는다.

중국은 2010년까지 에너지 효율을 20% 높여 온실가스 배출을 줄이는 계획을 추진하고 있다. 문제접근 측면에서 상당히 현실적인 감각을 보유하고 있으며 경제적인 논리도 충분하다. 자원효율성이 떨어지는 소규모 전력시설과 산화알루미늄 업종에 대한 구조적 퇴출을 유도한 것 역시 이런 맥락이다. 경제논리가 환경자체 논리를 압도하고 있는 상태에서 당장 급격한 환경정책 변화를 기대하기는 힘들 것이다. 환경문제가 설득력을 얻고 있는 주 이유는 환경자체보다도 국제 원자재와 곡물가격 상승으로 지속성장에 필요한 전략자원 확보가 그만큼 더 중요하기 때문이다. 환경문제에 대한 중국 정부의 실제 접근방법은 환경친화적이 아닌 자원소모형에서 자원효율화 구조로의 전환에 있는 것 같다. 그 본질이 무엇이든지 이전보다 기업부담은 증대될 것이며 중소형 규모의 환경유발, 자원소모형 생산시설은 폐업 혹은 합병시킬 것이다. 대마불사(大馬不死) 논리도 금번 산업구조 조정을 통하여 본격화될 전망이다. 중·장기투자자라면 이런 점도 고려해 둘 필요가 있다.

2. 대국의 깃발 아래에서

    중국의 대국화 유무가 왜 중요한 것일까? 그건 바로 대형주와 중
·소형주 개념으로 확대 해석할 수 있기 때문이다. 세계를 주식시장
으로, 개별 국가를 하나의 기업으로 비유하여 보자. 동일한 수익률
을 보장한다면 여러분은 대형주를 더 선호할 것이다. 시장지배력,
안정성, 유동성 측면에서 소형주보다는 더 많은 장점을 보유하고
있기 때문이다. 중국이 중·소형주에 불과하다면 2007년 여러분이
홍콩과 중국증시에서 목격하였던 그 수준이 아마 최대치일 것이다.
그릇 크기를 넘어서 물을 가득 채운다면 그 물은 넘치기 마련이다.
반면 그릇 크기를 계속 확대해간다면 여러분은 더 많은 물을 채울
수 있을 것이며 그 속에서 다양한 이익을 추구할 수 있을 것이다.
움직일 공간이 넓어지면 그 만큼 선택범위도 확대되는 법이다.

50년 이상의 역사를 보유한 한국증시가 2,000포인트 문턱을 간신히 밟고 주저 않는 이유도 그릇 크기는 넓히지 않고 기교만 난무하였기 때문이다. 2007년 중국증시 폭등 이유가 투기이든지 혹은 투자이든지 일단 논외에 두자. 우리 눈앞에 펼쳐진 사실은 현대 증시역사가 20년도 채 되지 못한 중국이 6,000포인트 고지를 경험하였다는 점이다. 한국증시가 중국증시보다 월등히 투명하다고 누구도 장담할 수 없다. 이런 관점에서 본다면 중국은 대형주가 될 충분한 요건을 갖추고 있다. 중국 개혁개방의 선구자인 등소평이 "냉정관찰(冷靜觀察) 온주진각(穩住陣脚) 침착응부(沉着應付), 도광양회(韜光養晦), 선우수졸(善于守拙), 절부당두(絶不当頭), 요소작위(有所作爲)"라는 28자를 남긴 지 어느덧 20년이라는 세월이 흘렀다. 중국은 이미 명실상부한 세계 강국으로 인정받고 있으며 대형주 그것도 성장주로 발돋움하고 있다.

대외수출을 사례로 중국의 신장된 면모를 한번 살펴보기로 하자. [표1]는 1960년~1973년, 1996년~2006년 두 시기로 나누어 지역별 수출의존도를 나타낸 것이다. 1960년~1973년 선진국의 중국수출의존도는 0.05 정도에 불과하였다. 하지만 1996년~2006년 사이 그 수치는 0.14로 확대되었다. 라틴아메리카와 이머징(Emerging) 아시아의 경우 중국수출의존도가 0.43와 0.25로 과거 0.13와 0.16 대비 상당한 격차를 나타내고 있다. 아프리카 역시 1960년~1973년 0.03에 불과하던 수출의존도가 0.16까지 확대되었다. 선진국을 제외한 전 지역에서 중국의 영향력이 강화되고 있는 단면을 [표1]을 통하여 우리는 다시 한 번 확인할 수 있다. 경제적 연관성만을 볼 때 중

[표1] 지역별 수출의존도

구 분		미국	독일	일본	인도	중국
세계	1960년~1973년	0.00	0.07	0.03	0.03	0.07
	1996년~2006년	0.24	0.23	0.23	0.06	0.20
선진국	1960년~1973년	0.07	0.35	0.25	0.08	0.05
	1996년~2006년	0.54	0.74	0.03	0.04	0.14
라틴아메리카	1960년~1973년	0.02	0.09	0.05	0.02	0.13
	1996년~2006년	0.26	0.28	0.44	0.15	0.43
이머징아시아	1960년~1973년	(0.04)	0.08	0.05	(0.07)	0.16
	1996년~2006년	0.17	0.06	0.49	0.06	0.25
아프리카	1960년~1973년	(0.05)	0.04	(0.02)	0.05	0.03
	1996년~2006년	0.11	0.03	0.16	0.05	0.16

자료원천: IMF

국은 이미 미국을 넘어서고 있는 셈이다. 그 외 안보리 상임이사국 지위를 이용하여 자국의 다양한 이해관계를 실현하고 있다. 등소평은 1980년대 천안문사태와 소련해체 등의 격동기에 중국지도층에게 당황하지 말 것을 주문하며, 중국은 누가 뭐라고 하여도 세계를 지탱하는 일극(一極)이라고 역설하였다. 당시가 다극(多極)을 전제로 한 일극(一極)이었다면 지금은 양극(兩極)속의 일극(一極)을 꿈꾸고 있을지 모른다. 그런 점에서 베이징올림픽은 경제적 효과보다는 과거의 영광을 공식화하는 자리로 탈바꿈할 가능성이 높다. 세계의 중심에서 주위 제후들의 하례를 받는 대관식 정도로 생각할 수도 있다. 또한 그렇게 진행되어 왔다. 그 과정이야 어떠하든지 중국이 버블을 일으킬 만한 능력을 보유한 사실을 2007년 목격하였다. 세계 각국의 기관투자가들이 중국 증시에 운집하고 있는 것 역시 그들 모두 이런 점을 느끼고 있기 때문이다. 중국은 미국과 같이 다양한 인종과 문화를 함께 아우를 수 있는 능력을 가지고 있다. 일본이 추구한 기러기형 발전전략이 실패한 원인은 그 폐쇄성에 있다. 미국이 자본주의적 가치를 통하여 다양성을 실현하였다면 중국은 역사를 통하여 이를 관철해 나갈 것이다. 여러분 앞에 한계를 절실히 표출한 중·소형주와 아직은 불안한 대형 성장주가 놓여있다면 여러분은 어느 것을 택할 것인가? 그 선택이 바로 여러분의 투자성과를 좌우할 것이다.

3. 다양성이 요동치는 중국

우리는 중국 사회를 크게 시간, 민족, 지역, 계층이라는 4가지 개념으로 나누어 볼 수 있다. 개념적 내용이지만 그 본질을 파악한다면 여러분의 투자수익은 한층 향상될 것이다. 그럼 중국이 가진 다양성을 상기 4가지 개념을 통하여 간략히 살펴보도록 하자.

첫째 시간적 개념으로는 살펴본 중국 사회는 과거와 현재가 공존하는 모습을 나타내고 있다. 20세기 중반부터 21세기까지 다양한 사회, 문화 양식이 녹아 있으며 생활상 역시 그 맥을 같이하고 있다. 자전거를 이용하는 사람이 있는 반면 지하철과 자동차 등 현대적 교통수단을 사용하는 사람 역시 존재한다. 여기서 말하고자 하는 점은 취미가 아닌 생활이다. 이 점을 유의하길 바란다. 또한 주류 시장은 백주 중심에서 맥주와 포도주로 다양화되고 있으며 유선

전화에서 무선전화로 통신수단 역시 변화하고 있다. 상해, 베이징, 심천 같은 대형도시는 21세기가 보여줄 수 있는 거의 모든 부문을 가지고 있다. 하지만 주요 도시를 한 발짝만 벗어난다면 여전히 20세기 중후반의 생활수준을 유지하고 있는 많은 지역들을 발견할 수 있을 것이다.

둘째 다양한 민족을 들 수 있다. 한족이 인구의 92% 이상을 차지하고 있지만 다양한 소수민족 역시 중국이라는 테두리 속에서 생활하고 있다. 신장과 티베트 지역에서 끊임없는 분리독립 움직임이 발생하더라도 중국정부가 대화 자체를 거부하는 이유도 협상의 대상으로 인정하지 않기 때문이다. 자국 국민과 영토와 자치권을 두고 협상하는 모습을 보인다면 다른 소수민족도 동일한 시도를 할 수 있기 때문이다. 소수민족 거주지역은 군사, 전략적 가치를 떠나 막대한 지하자원을 보유한 곳이기도 하다. 경제적 면에서도 결코 포기할 수 없는 지역인 셈이다. 한족이 세운 명나라보다 만주족이 세운 청나라를 더 높게 보는 이면 역시 영토적 지배권과 연관이 있다. 현 중국 영토의 기본골격은 청나라 때 확정되었다.

셋째 지역주의가 도처에 팽배하여 있다는 사실이다. 중국은 넓은 토지와 인구, 다양한 민족구성 등으로 국가라는 개념보다는 가족과 지역이라는 관념이 강하게 자리잡고 있다. 이런 관념은 사회 곳곳에서 감지될 수 있다. 중국의 행정집행도 중앙과 지방으로 이원화되어 있으며 한국과 달리 지방을 하나의 정부로 인정하고 있다. 기업들의 경영범위도 특정 지역에 편중되는 경향이 강하게 나타난다.

크게는 북방과 남방으로 구분되어 있으며, 작게는 도시 혹은 성단 위로 나누어진다. 그 결과 지역기업의 진입장벽 상당히 높으며 중앙정부 보다는 지방정부 입김이 강하게 나타난다.

마지막으로 계층간의 사회불균형 심화를 들 수 있다. 하루 1달러 미만의 생활비로 유지되고 있는 극빈자 계층이 3억 명에 이르는 반면 해외 고급명품을 부담 없이 구입할 수 있는 상위층 역시 상당수 존재한다. 세계사치품협회(WLA, The World Luxury Association) 자료에 의하면 세계 사치품시장에서 중국이 차지하는 비중은 2008년 20%에서 2015년 32%로 확대될 것으로 전망된다. 2007년 말 현재 주식계좌 개설수가 1.4억 개(중복계좌 포함) 정도에 이른다는 사실에서도 이런 사회구조는 충분히 감지될 수 있다. 주택, 자동차, 귀금속이 이미 중국 3대 소비 트렌드로 자리잡고 있으며 물질만능주의가 판치고 있다.

4. 문제는 소비다

2005년 도시주민 평균소비성향은 75.7%로 2000년보다 3.9포인트 하락한 것으로 나타났다. 10단계로 소득계층을 분리 조사한 결과에 의하면 하위 10%의 소비성향은 99.3%로 집계되었다. 반면 상위 10%는 66.6%로 2000년보다 2.9포인트 감소한 것으로 나타났다. 대다수의 저 소득층은 강한 소비욕구를 실현시킬 여유자금이 부족한 반면 최상위 10%는 소비보다는 투자와 저축에 더 관심을 기울이고 있는 형국이다. 최상위층의 자금능력이 확대됨에 따라 최근 자산관리분야가 급격히 팽창하고 있다. 2004년 이후 부동산 광풍과 증시활황 이면에는 이런 소비구조도 일정한 몫을 담당하였다. 일반적인 통념상 1인당 GDP가 1,000달러 수준에 근접할 경우 개별 국가의 주민 소비율은 60% 선을 유지한 것으로 조사되고 있다.

하지만 중국은 1978년도 이래로 53% 이하를 지속하고 있으며 2005년도에는 38% 수준까지 하락하였다. 반면 투자율은 상승세를 거듭하고 있으며 2006년에는 50%를 초과한 것으로 집계된다. 그럼 중국의 투자효율성은 어떠할까? 1990년 45%대에서 2006년 30% 전후로 대폭 하락한 것으로 나타났다. 이는 소비로 전환될 자금이 투자부문에서 낭비되고 있다는 사실을 암시한다.

소비문제는 단순한 사회문제를 넘어서 경제시스템 자체를 흔들고 있다. 중국 소비구조에 대한 명확한 이해를 없이 큰 투자수익을 기대하기 힘들다. 현재와 같은 소득격차에서는 주류, 유통, 여행, 항공 등과 같은 내수업종은 높은 성장성과 수익성을 달성하기 어렵다. 상위 1% 이내가 전체 소득의 대부분을 점하고 있더라도 품목에 따라 1인당 소비량은 고정된 경우가 많다. 부유하다고 하루에 수십 번 식사를 할 수도 없으며 매일 여행을 다닐 수도 없다. 일상생활용품 소비는 소득 수준에 관계없이 고정되어 있으며 자동차, 핸드폰 수요 역시 중산층이 지탱하지 않는 한 그 성장 잠재력이 그리 깊지는 않다. 중국 경제가 외부적으로는 강력한 파워를 발휘하는 데 반하여 내부적으로는 취약한 구조를 보이는 이유도 바로 여기에 있다. 그럼 본 단락에서는 중국이 직면하고 있는 소비문제 간략히 살펴보도록 하자.

4.1 계층별 소득격차

2005년 현재 도시와 농촌 주민 소득격차는 3.2배 이상인 것으로 조사되고 있다. 만일 도시주민에게 부여되는 각종 사회보장제도를 감안한다면 그 격차는 더욱 더 벌어질 것으로 전망된다. 최근 양식과 생활필수품 가격이 대폭 상승함에 따라 저 소득층의 생활고는 한층 심각해졌을 것으로 판단된다. 돼지고기 가격 폭등으로 몇 달째 고기 구경을 제대로 못하고 있다는 푸념이 중국사회 곳곳에서 들리고 있다. 본 단락에서는 중국과 함께 같은 신흥경제대국으로 불리고 있는 브릭스 지역을 대상으로 계층별 소득격차를 살펴보기로 한다. 차이나펀드 투자자들 가운데 친디아, 브릭스 펀드로 불리는 상품들에 중복 가입한 경우도 적지 않을 것이다. 본 단락을 통하여 중국뿐만 아니라 브라질, 러시아, 인도 사회상황도 함께 점검해보는 것도 좋을 것으로 생각된다.

[그림2]는 브릭스 4개국의 경제성장률과 계층별 소득수준 차이를 비교한 것이다. 계층은 크게 5계층으로 구분하였으며 기준통화는 달러화로 통일시켰다. 참고로 기초 데이터는 IMF 자료를 인용하였다. [그림2]에서 보듯이 중국 최상위 계층의 소득수준은 96년 대비 2.1배 정도 확대된 것을 확인할 수 있다. 하지만 최하층 두 계층은 그리 큰 변화를 보이지 않았다. 중간 레벨인 3,4위 계층은 경제성장 혜택을 일부 누린 것으로 판단된다. 한편 러시아와 브라질의 경우 최상위 계층 소득수준에 별 차이가 없으며 인도는 계층별로 비교적 고른 증가세를 보이고 있다. 또한 최상위 계층의 소득증가도 1.7배 정도에 머물러 있

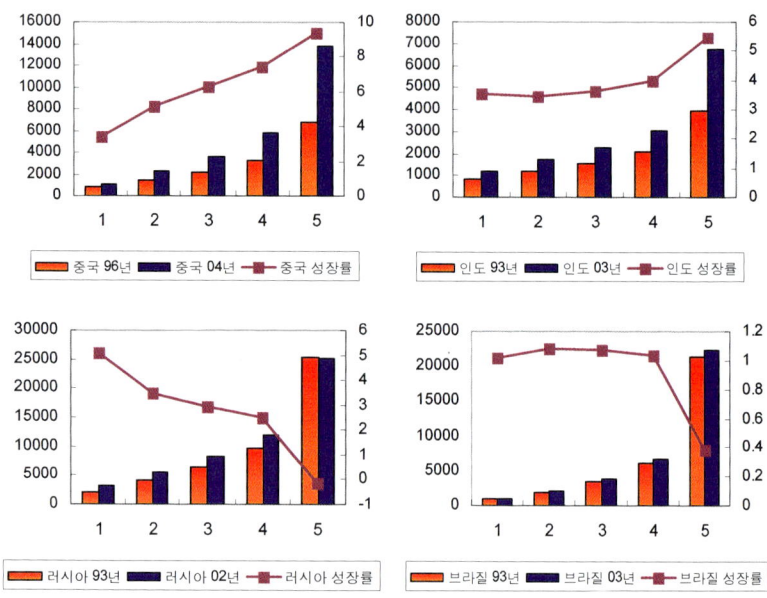

[그림2] 브릭스 4개국 계층별 소득분포 추이

자료원천: IMF

다. 특히러시아는 경제성장률이 하락기조에도 불구하고 최상위계층을 제외하고는 모든 계층에서 소득수준 확대현상을 목격할 수 있다.

이상의 그래프를 통하여 우리는 중국과 기타 브릭스 국가간의 차이를 일부 알 수 있다. 중국의 경우 경제성장 과실이 우선 상위계층을 중심으로 퍼져있는 것을 알 수 있다. 이는 동부연안 지역이 먼저 발전한 후 내륙으로 확대한다는 선부론(先富論) 개념이 계층으로 까지 연결된 결과로 판단된다. 절대적인 면에서는 러시아보다 중국이 더 옳을 수 있다. 하지만 사회는 절대적 기준으로 움직이는 것은 아니다. 상대적 박탈감이 종종 사회문제를 야기시킨다. 선부론(先富論)의 결과 전체 인구의 57% 정도를 차지하는 농촌 시장이 매몰되었으며 소비확대와 서비스 산업발전이 더디게 나타나는 것이다. 공산당 지배하의 사회주의 국가에서 가장 자본주의적 색채를 농후하게 풍기고 있는 셈이다. 의료, 보험, 교육 등과 같은 사회보장 시스템을 자체 비용으로 처리하는 구조가 개선되지 않는 한 농촌지역 소비시장 확대는 요원할 것이다. 또한 중간 레벨인 3,4위 계층이 지금보다 한층 탄탄하게 성장하지 않는 한 안정적 경제발전은 힘들 것이다.

4.2 소비성 지출구조 변화

교육, 주거, 의료비 상승은 중국 주민들의 소비범위와 욕구를 상당히 제한하고 있다. 불안정한 사회보장시스템 아래에서 중국 주민은 소비보다는 저축욕구가 더 강렬할 수밖에 없다. [표2]는 중국주민의 소비성 지출구조를 5년 단위로 살펴본 것이다. 1990년부터 2000년까지는 지불가능수입 대부분을 소비성 지출로 소진하였지만 2005년에는 70% 정도만 소비지출로 사용되었다. 지불가능 수입 절대치 확대에 따른 결과로도 판단할 수 있다. 한편 소비지출 구조도 상당한 변화를 맞이하였는데 1995년 이전에는 과반수가 식료품부문에 사용되었다. 하지만 21세기로 접어들면서 그 비중이 하향세로 접어들기 시작했으며 2005년에는 36% 수준으로 떨어졌다.

[표2] 소비성 지출구조 변화

구 분	1990년		1995년		2000년		2005년	
	금액	비중	금액	비중	금액	비중	금액	비중
지불가능수입	1,516		4,279		6,296		11,321	
소비지출	1,510		4,283		6,280		7,943	
식료품	1,279	54.3	3,538	50.1	4,998	39.4	2,914	36.7
의복	694	13.4	1,772	13.6	1,971	10.0	801	10.1
가정용품	171	10.1	479	7.4	500	7.5	447	5.6
의료 및 건강	108	2.0	263	3.1	374	6.4	601	7.6
교통통신	26	1.2	110	5.2	318	8.5	997	12.5
교육,문화,오락	41	11.1	183	9.4	427	13.4	1,097	13.8
주택	112	7.0	331	8.0	670	11.3	809	10.2
기타상품, 서비스	61	0.9	284	3.2	565	3.4	278	3.5

자료원천: 중국국가통계국

반면 중국사회가 발전함에 따라 교통통신비 비중은 1990년 1.2%에서 2005년 12.5%로 대폭 확대되었다. 추세적 흐름을 감안할 때 교통통신비 비중은 앞으로도 상승곡선을 그릴 것으로 판단된다. 참고로 2007년 한국의 교통통신비 비중은 17.2%로 조사되었다. 노령화가 진척됨에 따라 의료와 건강부문에 사용되는 비중도 상승곡선을 이어가고 있다. 1995년 3.1%에서 2005년 7.6%로 2배 이상 확대된 것으로 나타났다. 다만 교통통신비와 달리 2000년 이후 성장률이 둔화양상을 보이고 있다. 가정용품 부문은 2000년 7.5%에서 5.6%로 하락한 것으로 나타났다. 중국 주요 가전업체들이 고전을 면치 못하는 이유도 중국사회 내부의 소비형태 변화와 연결된다.

의복부문 역시 1995년 13.6%를 기점으로 하락침체 국면을 나타내고 있다. 방직업이 침체를 보이는 것은 EU와 미국의 반덤핑제소 이외에 중국 소비시장 자체가 위축되고 있기 때문이다. 가전과 방직, 식료품 부문 상장사 경영실적을 한번 살펴보길 바란다. 소비지출 구조에서 나타난 사회환경이 그대로 경영실적에 투사된 점을 발견할 수 있을 것이다. 중장기적으로 접근하는 차이나펀드 투자자라면 상기와 같은 중국 소비구조 변화를 반드시 점검할 필요가 있다. 펀드매니저들이 설혹 인지하지 못한다고 여러분도 함께 두 손을 놓을 필요는 없다. 투자자와 공감대를 형성하지 못하는 상품은 선택하지 않으면 된다. 절이 싫다면 중이 떠나면 된다. 현실적으로 절이 떠나는 경우는 거의 없지 않은가!

5. 도시화의 물결 속으로

    중국사회가 농촌중심에서 도시 중심으로 급격히 전환하고 있다. 도시화는 단순한 사회적 문제가 아니다. 넓게는 정치, 경제, 외교적인 문제로 확대될 수 있다. 역사적으로 중국은 상업보다는 농업중심 사회를 유지하였다. 그 결과 국가 운영전략도 공격보다는 방어형 정책을 유지하였다. 만리장성으로 울타리를 둘러싸고 그 속에서 고립주의적 행보를 보였다. 전제조건으로 주변국가와 민족이 중국을 대국으로 인정하는 단서가 붙었지만 이는 명목상의 의미가 더 강하였다. 조공무역 역시 표면적으로는 사대주의적 색채가 강하였지만 그 내실은 중국보다 조공국이 더 많이 취하였다. 조공을 바치면 중국은 사여(賜與)를 내리는 것이 원칙이었으며 조공품보다 사여품이 많은 것이 국가간의 암묵적 약속이었다. 중국은 가급적 조공무역의 횟수를 줄이려는 입장을 보였으며 그 반대로 조공국은 횟수를 확대하려고 하였다. 중국 입장에서는 조공무역 자체가 타민족이 중국을 침입을 하지 않는 대가였던 셈이다. 로마가 전쟁과 약탈경제로 제국을 이룩한 것과 대비되는 모습이다. 백성들의 기본관념도 주어진 토지에서 먹고살 만큼 곡식을 확보하면 안분지족(安分知足)하는 성향이 강하였다. 유교, 도교, 불교 등 각종 종교들이 성행한 이유도 여기에 있다. 또한 타국과의 전쟁보다는 내란이 더 빈번하게 나타났으며 이는 종종 왕조의 멸망으로 이어졌다. 춘추전국시대와 같은 먼 옛날에서 사례를 찾을 필요도 없다. 20세기 중일전쟁 와중에 발생한 국공내전만으로도 내전으로 얼룩진 중국 역사의 단면을 잘 보여준다.

하지만 현 중국은 과거와 다른 모습을 보일 것으로 판단된다. 공업화가 진척됨에 따라 농촌, 즉 농업중심의 사회구조에서 도시중심으로 변화하고 있기 때문이다. 도시화 진척은 그에 합당한 자원투입을 요구한다. 즉 이전과 같은 방어적 관념으로는 더 이상 중국사회를 유지할 수 없게 된 것이다. 자원 확보를 위한 중국의 적극적인 행보도 이런 사회적 배경에 기인한다. 더군다나 '세계 공장'이라는 역할을 떠맡게 됨으로써 자원소모는 더욱 가속화되고 있다. 중국사회의 도시화는 경제와 정치체제 역시 변화시켰다. 중국최고의 사결정기구인 전국인민대표자대회 구성원의 절대 다수가 도시에 근간을 둔 사람이라는 점은 이를 잘 대변하여 준다. 또한 도시화는 관련 산업의 생산능력 확대를 불러왔으며 그 과정에서 인플레이션을 초래되었다. 도시가 발달할수록 농촌사회는 한층 더 피폐하게 되었으며 '농민공'이라는 신조어도 생겨났다. 도시와 농촌 모두 소속되지 못한 유랑자 계층이 양산된 것이다.

도시화 자체가 부정적인 것은 아니다. 중국 사회는 도시화 물결을 바탕으로 한 단계 도약을 시도하고 있다. 도시화가 공업화를 야기했든지 혹은 공업화가 도시화를 촉진시켰든지 그 인과관계를 떠나 전반적인 경제규모와 사회범위가 확장되고 있는 것은 현실이다. 중국의 도시화는 선택의 문제가 아닌 필연적 대세로 인식되고 있다. 한국의 도시화 정도는 2000년 이미 90%를 넘어선 것으로 알려지고 있다. 선진국은 2007년경 74% 정도의 수준인 것으로 추정되고 있다. 반면 중국은 2010년경 50% 수준에 근접할 것으로 전망되고 있다. 국토면적 등을 고려하더라도 아직 가야 할 길은 먼 셈이다. 도시화 40%대의 소비만으로도 힘겹다는 신호가 세계 도처에서 흘러나오고 있는데 만약 중국의 도시화가 50%를 넘어 70%로 진입한다면 자원전쟁이 무엇인지 우리는 정말 목도할 수 있을 것이다.

6. 중국사회를 움직이는 파워그룹

    중국을 움직이는 파워그룹과 그들의 기본 성향을 알 수 있다면 대부분의 체계적 위험을 큰 손실 없이 헤쳐나갈 수 있을 것이다. 중국사회가 성숙됨에 따라 해외변수의 영향력이 확대될 것으로 판단된다. 하지만 앞으로 상당기간 국내변수가 미치는 파괴력을 넘어서지 못할 것이다. 중국투자자가 가장 유심히 살펴볼 내용은 바로 정책변화이다. 중국사회의 특수성을 감안할 때 정책은 곧 파워그룹 간이 힘겨루기 산물일 수 있다. 정책변화는 파워그룹 간으로 이해관계 조정결과로 해석될 수 있다. 현재 이해그룹간의 힘겨루기가 가장 첨예하게 부딪치는 곳은 증시이다. 중국 투자자들도 중국증시를 "정책시(政策市)"라 부르며 폄하하고 있다. 정책이 중국증시에 미치는 효과가 그 만큼 큰 것이다. 그럼 중국사회를 움직이는 5대

파워그룹과 그들의 자본시장에 대한 기조를 간략히 추론하여 보자.

6.1 공산당과 사회주의 노선

현재 중국을 지배하는 정치세력과 이념은 공산당과 사회주의이다. 물권법(物權法) 통과과정에서 보듯이 중국 공산당은 현재 좌파와 우파로 나뉘어져 치열한 이념 논쟁을 벌이고 있다. 80년대 말이후 지속된 개혁 개방정책 노선을 변경할 가능성은 거의 없으며 자본시장 육성방향 역시 확고하다. 자본시장의 꽃이라는 주식시장이 사회주의 체제하에서 봉우리를 맺고 있는 것이 역설적으로 보일수 있지만 그것이 바로 중국식 사회주의 체제이다. 주식시장의 역할이 국유기업의 자금통로 혹은 산업구조 개편의 윤활유에 머무는한 심각한 이념 충돌은 없을 것이다. 다만 자본이 경제를 넘어서지배하는 단계로 바뀐다면 정권을 두고 정말 심각한 이념논쟁이 불거질 가능성도 존재한다. 그 결과에 따라 중국 증시는 전혀 새로운국면을 맞이할지도 모른다.

6.2 실무 관료층

실무 관료계층의 경우 안정보다는 성장에 무게중심을 두고 있는데, 이는 성장을 통하여 정치, 경제적 이익을 극대화시킬 수 있기때문이다. 중국의 거시경제조절 정책이 뚜렷한 성과를 보이지 않는이유 역시 실무 관료층이 움직이지 않기 때문이다. 전통적으로 주식시장은 안정보다는 성장에 더 친화적인 면모를 보이고 있다. 대외적인 경제 혹은 금융위기가 도래하지 않는 한 실무 관료층이 자발적으로 증시 안정화를 추진할 가능성은 높지 않다. 2007년 이후 경제, 금융권 실무관료층에서 '안정'이라는 용어를 자주 언급하고 있다. 또한 시장감독 강화라는 말도 종종 등장한다. 2007년 중국증시가 버블 양상을 보였을 때보다 2008년 버블 붕괴장에서 증시안정화라는 용어를 더 자주 듣는다. 여기서 언급된 안정은 폭락에 대한 완충적 의미인 것 같다.

6.3 인터넷과 여론

인터넷 발달과 PC보급 증가로 중국 사회에서도 여론의 힘이 작용하고 있다. 중국 주식시장에 대한 안정화 조치가 추진될 때마다 중앙정부는 여론의 압력에 직면하고 있으며 정책수립 역시 일정한 제한을 받고 있다. 정부 정책 검색순위에서 주식관련 사항이 매년 1위를 차지하고 있으며 중국 최고위층도 이 사실을 중요시 여기고 있다. 2007년 재무부가 주식안정화 조치로 인화세를 인상하였을 때 재무부 홈페이지가 다운된 사례는 그냥 웃어넘길 만한 사항은 아니다. 여론의 파워가 아직은 정치분야로 스며들지는 않았지만 자본시장에서는 상당한 발언권을 행사하고 있다. 중국정부도 중요 정책을 정식으로 공포하기 전 인터넷, 방송 등 각종 미디어를 통하여 사진여론동향을 파악하고 있다. 2008년 6월 후진타오(胡錦濤) 주석이 인터넷에서 네티즌과 처음으로 교류한 사실은 인터넷의 달라진 위상을 실감나게 한다. "인터넷으로 무엇을 하느냐"는 한 네티즌의 질문에 그는 "중국 안팎의 주요 뉴스를 체크하고 네티즌들 사이에 어떤 이슈가 관심을 끄는지, 주민들의 고민이 무엇인지 살핀다"고 대답하였다. 그는 또한 당정치국 회의에서 '인터넷에 대한 효과적인 통제가 국가 안전과 사회주의 문화발전에 심대한 영향을 미친다.'라고 주장하기도 하였다.

6.4 금권주의자

중국 경제, 금융발전의 직접적인 수혜자로 신흥 주도세력으로 부상하고 있다. 이 계층은 공산주의자, 정부관료, 민영기업인 등을 모두 아우를 뿐만 아니라 일반대중 역시 포함한다. 소속 구성원 자체는 모호하지만 그 만큼 중국사회에 광범위하게 퍼져있다. 중국인은 전통적으로 집안마다 재물신을 모시고 있다. 돈은 시대를 불문하고 가치판단의 최우선 순위를 점하고 있다. 한국에 한 동안 유행했던 '부자 되세요'라는 인사말을 중국은 예부터 새해인사로 사용하고 있다. '궁시파차이(恭禧發財)'라는 말이 바로 그것이다. 금권주의는 개혁개방의 부산물이 아닌 오래 전부터 중국사회를 지배하는 근본 이념인 셈이다. 공산주의라는 제약적 요인으로 수면 밑에 잠재된 본능이 개혁, 개방을 계기로 물 만난 물고기처럼 활개를 치고 있다. 자본시장에 가장 친화적인 행보를 하고 있으며 단일 세력으로는 유일하게 공산당에 대항할 파워를 보유하고 있다. 경제, 금융정책 역시 이들에게 유리한 방향으로 수립될 가능성이 높다.

6.5 외부 세력

이상의 파워그룹들이 중국 내부에서 그 영향력을 발휘하고 있다면 해외정부, 학계와 언론계, 외국문화, 해외 기관투자자 등은 중국 외부에서 중국사회를 변화시키고 있다. 직접적인 파괴력은 떨어지지만 그 침투효과는 장기간 지속되며 사회 지도층을 주 대상으로 하고 있다. 자본시장을 사례로 든다면 이들은 제도수립, 금융상품 개발, 투자 트렌드 창출 등에 직간접적으로 영향력을 발휘한다. 금융관련 법규와 제도 상당 부분은 미국 법률을 거의 인용한 수준으로 볼 수 있다. 또한 중국 투자자들은 QFII 보유종목을 수시로 체크하면서 종목선택의 참고 지표로 이용한다. 한류열풍처럼 젊은이의 생활패턴을 변경시키기도 한다. 현실적인 파워는 미약하지만 체계적으로 중국사회를 변모시킨다는 점에서 그 영향력을 폄하할 수는 없을 것이다.

중국주식투자 2009년

바이블 ❶

part_04 경제로 본 중국증시 잠재력

본 장에서는 중국이 글로벌 경제에서 차지하는 비중과 함께 중국 자체 경제상황을 분석하여 보았다. 또한 경제정책이 증시에 미칠 영향을 가늠해보고 경제규모 대비 중국증시 적정수준 역시 살펴보았다. 브릭스(Brics) 경제를 함께 묶어 소개함으로써 브릭스 펀드 혹은 친디아 펀드에 대한 이해도 추구하였다. 중국경제 부문은 그 발전과정과 최근 정책변화, 고정자산투자 추이, 산업구조와 소비와의 관계 등을 집중 조명하였다. 그럼 '세계 속의 중국경제'로부터 본 장을 시작하도록 한다.

1. 세계 속의 중국경제

1.1 중국이 세계경제에 미치는 영향력

2007년 중국 GDP규모는 3.3조 달러 정도로 독일에 이어 세계 4위의 경제대국으로 부상하였다. 중국 경제성장률을 감안한다면 올해에는 독일을 제치고 세계3위의 경제대국으로 발돋움할 것이다. 미국과는 여전히 4배 이상의 차이를 보이고 있다. 하지만 구매력평가로 산출한다면 중국은 일본을 제치고 미국에 이어 세계2위의 경제력을 보유한 것으로 세계은행은 말하고 있다. 다만 1인당 명목국민총소득(GNI)은 2,360달러로 세계 132위에 해당하는 것으로 조사되었다. 참고로 홍콩은 31,610달러로 33위를 차지하고 있다. 개개인의 경제력은 상당히 낮은 수준이지만 중국이라는 국가로 통칭될 경우 세계경제를 뒤흔들 파워를 보유하고 있는 셈이다. IMF는 매년 세계경제 성장률에 대한 나라별 공헌도를 산출 발표하였다. [그림1]은 세계 7위권 이내 국가와 지역을 2006년과 2007년으로 나누어 비교 분석한 것이다. 참고로 유럽은 단일 지역으로 표시하였다.

[그림1] 지역별 세계경제성장률 기여도(시가평가법)

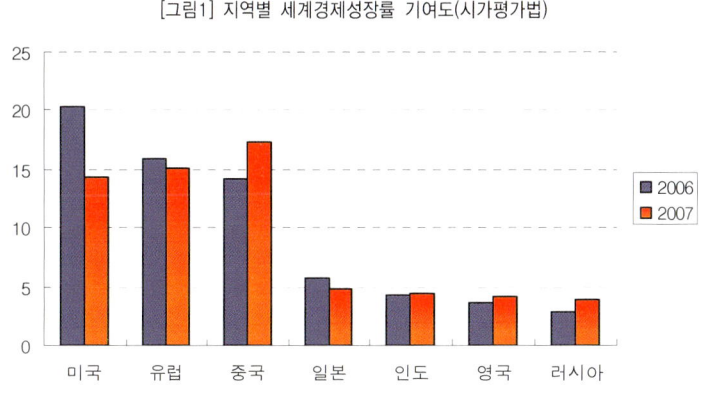

자료제공: IMF

분석결과는 시가법과 구매력평가 방법 가운데 어느 것을 택하는지에 따라 사뭇 다른 결론을 제시하고 있다. 먼저 시가법으로 산출한다면 2007년 중국은 미국을 제치고 17.3% 공헌도로 1위에 올라섰지만 미국 공헌도 14.3%와 큰 차이는 나타내지 않는다. 하지만 구매력 평가방법을 따른나면 중국의 세계경제성장률 기여도는 33.7%로 미국보다 5배 정도 높게 나타났다. 시가법 혹은 구매력평가법 어느 것을 택하든지 미국경제가 예전만 못하다는 사실은 변함

없는 것 같다. 한편 인도는 구매력 평가기준 세계 2위의 기여도를 보이고 있지만 시가법으로 산출할 경우 일본에 이어 5위를 점하고 있다. 참고로 미국, 유럽, 일본의 공헌도가 2006년 대비 감소한 반면 중국, 인도, 영국 및 러시아는 상승세를 나타내고 있다.

[표1] 수출지역 구분

구 분		미국	독일	일본	인도	중국
세계	1973년	17.5	7.4	6.1	0.5	0.8
	2006년	16.0	5.3	3.8	2.3	6.0
선진국	1973년	12.5	11.6	4.3	0.3	0.5
	2006년	11.9	12.6	2.9	0.8	2.9
라틴아메리카	1973년	37.8	7.4	4.0	0.1	0.3
	2006년	27.6	1.7	1.6	0.4	2.6
Emerging아시아	1973년	15.1	3.5	15.0	0.7	1.3
	2006년	11.9	4.1	6.9	5.9	8.6
아프리카	1973년	11.1	7.1	3.5	0.6	1.1
	2006년	10.3	3.4	2.7	3.3	8.7

자료제공: IMF

[표1]는 수출지역 비중을 나타낸 것이다. 1973년과 2006년을 비교 검토함으로써 세계경제의 패러다임이 어떻게 변모하고 있는 지 살펴볼 수 있다. 1973년이나 그 후 30여 년이 지난 2006년이나 미국의 소비욕구는 왕성한 것 같다. 비록 소폭 하락세를 기록하고 있지만 30여 년이 흐른 지금에도 전 세계 수출의 16%를 흡수하고 있다. 다만 지역별로는 그 내용을 살펴보면 흥미로운 사실을 발견

할 수 있다. 선진국의 경우 미국 수출비중이 과거와 거의 유사한 반면 미국의 안방이라는 라틴 아메리카와 아시아는 뚜렷한 감소세를 나타내고 있다. 중국의 경우 1973년도에는 전 세계 수출물량의 0.8% 정도밖에 흡수하지 못하였다. 하지만 2006년에는 6%까지 확대된 것을 알 수 있다. 단일 국가로는 미국을 제외한 제2대 수입국으로 부상한 것이다. 특히 아시아와 아프리카 지역에서의 경제적 위상이 대폭 강화되었다. [표1]을 보면 알겠지만 과거 아시아 국가의 중국 수출비중은 1.3%에 불과하였다. 하지만 2006년 현재 8.6%로 일본을 제치고 아시아 제2대 수출교역국으로 발돋움하였다. 아프리카 역시 1.1%에서 8.7%로 대폭 확대된 것을 관찰할 수 있다.

[표1]는 최근 라틴아메리카와 아시아 지역에서 미국의 영향력이 이전만 못한 이유를 경제적 관점에서 설명해주는 사례로 볼 수 있다. 정치는 선후의 차이는 있지만 언제나 경제와 함께 움직이는 습성이 있다. 글로벌적 관점에서 중국이 미국의 영향력을 넘어서기는 쉽지 않을 것이다. 하지만 지역적으로는 미국을 위협하고 있는 것은 사실이다. 또한 아시아 지역만을 놓고 본다면 중국의 지위강화, 인도 부상, 일본 퇴조하는 시대적 흐름을 감지할 수 있다.

1.2 누가 브릭스를 이끌고 있는가?

브릭스란(BRICs)란 2003년 미국의 신용평가회사 골드먼삭스 보고서에서 처음 등장한 말로 브라질(Brazil) 러시아(Russia) 인도

(India) 중국(China) 영문 첫 글자를 딴 신조어이다. 이들 국가는 1990년대 말부터 신흥 경제대국으로 주목받고 있는데, 브릭스 투자펀드 열기가 고조됨에 따라 이제는 한국에서도 일상 생활화된 용어이다. 브릭스 4개국 가운데 세인의 관심을 끄는 국가는 단연 중국일 것이다. 앞 단락에서 살펴본 것처럼 경제규모는 미국의 1/4 정도에 불과하지만 세계경제성장률 공헌도는 미국을 제치고 1위를 달리고 있다. 또한 아시아 지역을 아우르는 문화적 영향력은 기업뿐만 아니라 일반인들의 관심을 고조시킨다. 중국을 흔히 "세계의 공장"이라고 부른다. 이 말은 전 세계 생필품 수요를 책임지는 생산기지라는 의미이다. 글로벌 수요를 책임질만한 생산시설과 그에 부합하는 광대한 소비시장을 가진 중국을 외면하고선 미래를 논하기 힘들 것이다. 중국제품을 사용하지 않고 이 시대를 살아가기는 거의 불가능하다.

반면 인도, 러시아, 브라질은 그 중요성은 인정하면서 그리 친숙하게 다가오지는 않는다. 인도는 중국에 이어 제2위의 인구대국, IT 강대국 정도로 알려져 있다. 하지만 월 스트리트를 뒷받침하는 것이 인도인이라는 사실을 잘 알고 있는 이는 드물다. 런던 금융가에서도 인도출신을 자주 목격할 수 있을 것이다. 중국과 달리 인도는 내수중심의 경제구조를 가지고 있다. 세계수출에서 차지하는 비중도 1% 전후에 불과하다. 하지만 세계최대의 금 소비국이기도 하다. 막대한 철광석과 석탄자원을 보유하고 있으며 값싼 인력자원도 풍부하다. 다만 현실적인 투자매력은 중국보다 상당히 약하다. 비록 인도 그 자체는 세계를 주도할 역량이 있을지라도 지리적으로 남부

아시아에 위치하고 있다는 단점이 존재한다. 중국이 매력적인 것은 그 자체의 강점뿐만 아니라 주위에 대만, 홍콩, 일본, 한국, 러시아 등 주요 경제권이 포진되어 있기 때문이다. 한편 러시아와 브라질은 현 글로벌 경제위기에서 유일하게 웃고 있는 경제대국일 것이다. 러시아는 광활한 국토와 풍부한 천연자원을 바탕으로 경제규모가 급속히 확대되고 있다. 1992년 소련 붕괴 후 중앙계획경제에서 자유시장경제로 전환하였는데, 그 부작용이 서서히 안정되는 모습을 그리고 있다. 2007년 기준 러시아는 일본에 이어 세계 3위 외환보유고를 자랑한다. 참고로 2000년 러시아 외환보유고는 240억 달러에 불과하였지만 2007년에는 4,640억 달러로 19배 이상 확대되었다. 1998년 러시아의 디폴트 선언이 무색해지는 순간이다. 러시아가 준비하는 '황금루블'시대가 꿈만은 아닌 것이다. 브라질 역시 러시아에 못지않은 성적표를 제출하고 있다. 2007년 경제성장률은 5.4%로 2005년 이후 꾸준한 성장세를 기록하고 있다. 국제신용평가사인 피치와 스탠더드 앤 푸어스(S&P)는 브라질 국채를 정크등급에서 투자등급으로 상향조정하였다. 또한 2007년에는 350억 달러 상당의 외국인 직접투자를 유치하였다. 한번 풍부한 지하자원과 곡물생산량을 바탕으로 인플레이션 위험에서도 한 발짝 떨어져 있다. 원자재와 곡물가격 폭등 모두 브라질 입장에서는 호재인 셈이다. 그럼 국제통화기금과 세계은행에서 추정하는 경제성장률을 바탕으로 논의를 이어가도록 하자.

[표2] 주요 지역 경제성장률 예측

구분	지역명	2003년	2004년	2005년	2006년	2007	2008E		2009E	
							IMF	W.B	IMF	W.B
경제성장률	세 계	4.0	5.3	4.8	5.4	4.9	3.7	2.7	3.8	3.0
	유 럽	-	-	-	2.8	2.6	1.4	1.7	1.2	1.5
	미 국	2.7	4.2	3.1	2.9	2.2	0.5	1.1	0.6	1.9
	일 본	1.4	2.3	1.9	2.2	2.1	1.4	1.4	1.5	1.6
	러시아	7.3	7.2	6.4	6.7	8.1	6.8	7.1	6.3	6.3
	중 국	9.5	10.1	10.4	11.1	11.9	9.3	9.4	9.5	9.2
	인 도	7.4	8.1	9.0	9.7	9.2	7.9	7.0	8.0	7.5
	브라질	0.5	4.9	2.9	3.8	5.4	4.8	4.6	3.7	4.4

자료제공: IMF, World Bank

[표2]는 국제통화기금과 세계은행이 추정한 2008년과 2009년 경제성장률 예측수치를 나열한 것이다. 국제통화기금은 2008과 2009년 예상 세계경제성장률을 각각 3.7%와 3.8%로 추정한 반면 세계은행은 2.7%와 3.0%로 전망하고 있다. 세계은행이 국제통화기금보다 상당히 보수적인 입장을 취하고 있다. 물론 두 기관의 추정수치들은 차후 상향 혹은 하향 조정될 소지가 많다. 우선 중국 경제성장률 수치만 검토하여도 상반기 10.4%와 상당한 거리를 두고 있다. 두 기관 모두 2008년 중국 경제성장률을 9.5% 이하로 전망하고 있다. 2008년 7월 국제통화기금은 세계경제성장률 추정수치를 3.7%에서 4.1%로 재조정한 것으로 알려지고 있다. [표2]에 나타난 국가들의 경제성장률도 소폭 상향기조를 나타낼 것으로 생각된다. 본 단락에서 다루고자 하는 것은 개별국가의 추정치가 아닌 국가간

의 상대비교와 추세흐름이다. 따라서 [표2]에 나타난 추정수치의 변화가능성은 논외에 두도록 한다. 절대적 수치로 볼 때 중국은 독보적 위치를 점하고 있는 것 같다. 2007년 중국 경제성장률은 브라질의 2배 이상, 세계평균보다는 2.4배 높게 나타났다. 또한 미국보다는 5배 이상 높다. 신흥 경제대국인 브릭스를 통틀어 매년 가장 높은 경제성장률을 유지하고 있으며 올해와 내년에도 그 기조를 유지할 것으로 전망된다. 인도의 경우 2007년 경제성장률이 2006년보다 0.5포인트 하락한 것으로 조사되었다. 브릭스 4개국 가운데 2007년 유일하게 성장률이 하락한 국가인 셈이다. 2008년 상반기 친디아 펀드가 맥을 추지 못한 데 반하여 러시아, 브라질 증시가 편입된 자원펀드는 긍정적인 수치를 제시한 것도 이런 경제적 배경을 바탕으로 한 것이다. 노동력이 자원에 압도된 것으로 볼 수 있다. 다만 러시아와 브라질 역시 올해와 내년 모두 2007년보다는 못할 것이라는 점을 명심하길 바란다. 중국과 인도보다 상대적으로 선방할 뿐 전년보다 경제상황이 호전될 것으로 전망하는 것은 아니다. 그럼 신흥경제대국인 브릭스와 신흥 5마리 용인 ASEAN-5를 비교 분석하여 보자.

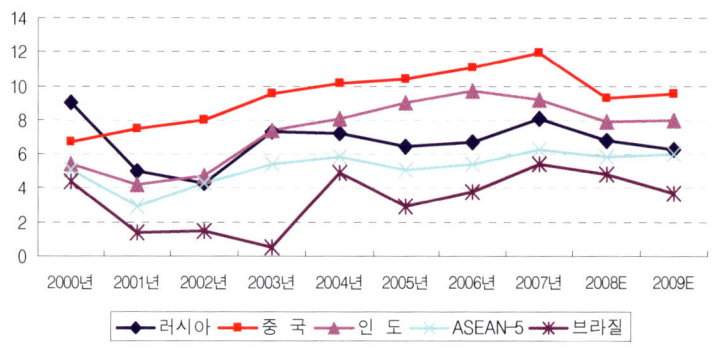

[그림2] 브릭스와 ASEAN-5 경제성장률 예측

자료제공: IMF

ASEAN-5는 신흥 5마리 용으로 불리고 있는 인도네시아, 말레이시아, 태국, 필리핀, 싱가포르를 일컫는 말이다. [그림2]는 2000년부터 2009년까지 브릭스와 ASEAN-5의 경제성장률을 나타낸 것이다. 2008년과 2009년 수치는 국제통화기금 추정수치를 이용하였다. [그림2]에서 보듯이 중국은 브릭스(BRICs)와 ASEAN-5를 통틀어 가장 높은 경제성장률을 기록하고 있으며 2008년에도 그 기조는 유지될 것으로 보인다. IMF 전망치에 의하면 중국의 하락폭이 1.5 포인트로 가장 높게 나타났는데 이는 IMF가 중국 긴축정책 강도를 과도하게 평가한 측면이 있기 때문이다. 중국 경제는 수치화할 수 없는 정치적 요인이 강하게 작용한다. 과도한 성장률 둔화는 실업문제를 야기시킬 수 있으며 이는 정치위기로 비화될 수 있다는 점을 앞 장에서 살펴보았다. 또한 지방권력자에 대한 정치적 평가항목에 경제성장률이 포함된다는 사실을 기억하길 바란다. 중국 지방

경제성장률 합계가 중앙정부 집계치를 훨씬 상회하는 것도 정치적 배경을 제외하고는 설명할 길이 없다.

베이징 올림픽 이후 2009년 중국경제성장률이 8%, 심지어 7%대로 하락할 것이라는 전망 사례도 최근에 흘러나오고 있다. 과거 올림픽 개최국 사례로 함께 언급되면서 포스트올림픽신드롬을 우려하는 목소리도 존재한다. 2008년 8월 올림픽이 다가오면서 이런 가십성 보도들이 흘러나오고 있다. 단순 사례로 보면 이런 분석이 옳을 수도 있다. 다만 과거 올림픽을 개최한 곳은 대부분 선진국이었다는 점을 기억하길 바란다. 1960년대 선진국은 이미 60% 수준의 도시화 정도를 기록하였다. 또한 한국의 경우 역시 1990년 이미 80% 상당의 도시화 진척을 보였다. 반면 2007년 현재 중국은 40%를 약간 상회하는 수준에 머물러 있다. 사회전체의 발전단계 자체가 다른 것이다. 베이징 올림픽이 고정자산투자를 촉진시킨 면은 분명히 존재한다. 하지만 올림픽은 중국이라는 경제권에 있어서 불씨는 되어도 용광로는 될 수 없다. 주요 도시를 조금만 벗어나 중국을 보길 바란다. 중국은 넓고 할 일은 많다. 중국을 더 이상 브릭스에 편입시키는 것이 적합하지 않을지도 모른다. 다음 단락에서 중국경제 현황을 자세히 분석하면서 이 문제를 다시 점검해보도록 한다.

2. 중국 경제현황 이해

2.1 중국 경제심층 분석

90대 중반까지 중국은 높은 경제성장률을 기록하였다. 당시 중국은 폐쇄적 경제시스템에서 개방형 경제시스템으로 전환하는 구조적 전환기를 맞이하였다. 다만 러시아가 계획경제체제를 버리고 시장경제체제로 돌아선 것과 달리 계획경제와 시장경제를 혼합하는 형태를 택하였다. 소위 중국식 사회주의 시장경제가 바로 그것이다. 당시 중국경제의 주 특징은 고정자산투자 과열과 재정지출 확대로 요약할 수 있다. 중국 명목 국내총생산 증가율은 1994년 최고점을 찍은 후 1999년까지 하락세를 거듭하였다. 특히 1997년 외환위기 이후 중국경제는 침체 기미를 나타내었다. 경제동력 둔화에도 투자와 재정지출 등을 확대하였는데, 이는 중국 은행권 불량대출 문제를 가일층 심화시켰다. 중국 4대 상업은행이 2005년 주식제로 소유구조를 전환하기 이전 이들의 불량대출 비율은 20%를 넘어섰던 것으로 알려지고 있다. 중국경제는 2000년부터 본격적인 회복국면에 접어들었으며 2003년 현 중국 지도부가 등장하면서 과열기미가 나타내었다. 90년대와 다른 점은 투자와 수출이 주도적인 역할을 담당하였다는 사실이다. 재정은 사라지고 수출이 그 자리를 꿰찼다. 거시경제정책 수행이 그 만큼 복잡다단해지고 있다.

[그림3] 중국 국내총생산과 명목성장률 추이

자료제공: 중국국가통계국

한편 중국 GDP규모는 2,000년 99,215억 위안에서 2005년 182,321억 위안으로 매년 9.5% 성장한 것으로 집계되었다. 2006년 11.4%에서 2007년도는 11.9%로 GDP 증가율이 가속화되고 있다.

다만 2008년은 글로벌 스태그플레이션(Stagflation) 위기로 성장률이 둔화될 것으로 전망되고 있다. 스태그플레이션은 스태그네이션(stagnation)과 인플레이션(inflation)의 합성어로 고물가와 경기침체가 동시에 발생하는 경우를 말한다. 경제적으로는 최악의 시나리오인 셈이다. 글로벌 경제위기 여파로 2008년 상반기 중국 GDP 증가율은 전년동기 대비 1.8 포인트 하락한 10.4%를 기록하였다. 미국이 년 초 전망치 2.7%에서 1.1%로 대폭 수정한 것에 비하면 중국은 고성장 기조를 여전히 유지하고 있다.

중국 경제의 두 축인 대외무역과 고정자산 투자 부문을 한번 살펴보자. 2007년 중국 대외무역 증가율은 23.5%로 그 중 수출은 25.7%, 수입은 20.8%로 집계되었다. 수출증가율보다 수입증가율이 5포인트 정도 높게 나타났다. 그러나 2008년으로 접어들면서 그 관계는 역전현상을 나타내고 있다. 중국국가통계국 발표에 의하면 올해 상반기 중국 대외무역 규모는 1조 2,342억 달러로 전년동기 대비 25.7% 확대된 것으로 조사되었다. 그 중 수출과 수입규모는 6,666억 달러와 5,676억 달러로 각각 21.9%와 30.6% 신장세를 기록하였다. 전년 상반기 대비 수출증가율은 5.7포인트 감소한 반면 수입증가율은 12.4 포인트 증가한 것이다. 참고로 10차 5개년 계획(2001년~2005년)기간 중국의 평균 대외무역 성장률은 24.6%로 집계되고 있다. 2001년부터 2005년까지 중국은 고정자산투자에 29.5조 위안을 사용하였다. 하지만 2006년 11조 위안, 2007년에는 13.7조 위안을 투입하여 10차 5개년 계획기간 전체 투자액의 과반수를 한 해에 소진하였다. 2008년 상반기 중국 고정자산투자 규모는 6.8

조 위안으로 전년동기 대비 26.3% 증가하였다.

　소비자물가지수는 2006년 1.5%에서 2007년 4.8%로 대폭 확대되었으며 2008년 상반기에는 7.9%를 기록하고 있다. 2008년 2분기 들어 소비자물가 상승률이 소폭 둔화되고 있지만 중국사회로 보면 상당히 부담되는 수치이다. 중국 지도부는 연초 발생한 폭설, 티베트 사태, 사천 대지진 등으로 한동안 미루어둔 지방순회를 올림픽 개최 전에 부쩍 강화하고 있다. 경제와 사회상황에 대한 점검이 그 주요 목적인 것 같다. 2008년 7월 중국 후진타오 주석은 하반기 경제운용정책에 관한 6가지 지침을 발표하였다. 6가지 지침의 핵심은 바로 "이바오이콩(一保一控)"으로 불리는 경제기조 변화이다. 경기과열 억제와 물가안정이라는 기본 방침에서 벗어나 경제부문은 "안정적이고 비교적 빠른 성장"으로 정책노선을 변경한 것이다. 억제에서 성장 혹은 중립으로 무게추를 이동한 것으로 해석될 수 있다.

　그럼 중국정부가 반년 만에 경제기조를 변경시킨 이유는 무엇일까? 그 이유는 중국 정부가 굳이 인위적인 억제정책을 택하지 않더라도 현 글로벌 경제상황에 비추어 경기과열 국면은 진정될 것으로 판단하였기 때문이다. 오히려 기존의 긴축정책을 고수할 경우 베이징올림픽 이후 2009년 필요 이상의 경기침체로 역효과가 나타나지 않을까 우려하였을 수도 있다. 중국정부 입장에서는 그만큼 정책선택의 폭이 확대된 것이다. 사실 대외환경 변화에 취약한 수출중소형 기업의 경우 이미 그 한계치를 보이고 있다. 긴축 통화정책의 여파는 국유중점기입과 상장회사보다는 민영기업이 더 심한 편이다. 국유중점기업은 국유은행이라는 자금통로를 확보하고 있으며 상장회사는 자본시장에서 상당한 자금을 이미 확보하였다. 반면 민영기업은 자체 자금 혹은 민간통로를 제외하고는 뚜렷한 자금출처가 없다. 참고로 기업대출에서 민영기업이 차지하는 비율은 25% 전후로 알려지고 있다. 중국취업인구의 70% 이상을 민영기업이 담당하는 현실에서 민영기업의 몰락은 곧 중국사회의 붕괴로 이어질 가능성이 높다. 화폐와 경제 두 부문에서 긴축이라는 말을 제외한 것은 민영기업의 숨통을 틔워주기 위한 조치로 판단된다.

또한 부동산시장 붕괴조짐 역시 상당한 영향력을 미친 것으로 생각된다. 중국 부동산시장 붕괴는 미국 서브프라임 사태와는 다른 형태의 금융위기를 초래할 것이다. 투자은행이 아닌 국유 상업은행이 직격탄을 맞을 가능성이 높다. 일단 부동산시장 붕괴가 본격화된다면 기업과 개인대출 모두에서 불량채권이 발생할 것이다. 이는 정부 구제금융을 의미하며 외국투자자 지분확대로 연결될 공산이 크다. 외국투자자 입장에서는 그리 비관적인 시나리오는 아니다. 물론 기존 소액주주는 상당한 투자손실을 기록할 것이다. 하지만 중장기적으로 접근한다면 이 역시도 긍정적인 눈길로 볼 수 있다.

국제 원자재, 곡물 및 석유가격 하락 조짐 역시 2008년 하반기 중국정부 정책변경에 불씨를 제공한 것 같다. 소비자 물가상승률의 최고점은 이미 지났다고 자체 판단하는 것으로 생각된다. 하반기 중국정부의 경제정책 기조변경은 증시에 일정한 영향력을 미칠 것으로 추정된다. 현재 경제에서 진행되어 온 '억제와 성장' 논란이 증권시장에서는 정부의 '시장구제와 시장자율'로 표면화되고 있다.

전문가들 사이에서는 정부의 시장개입, 즉 시장구제에 관한 찬반 양론이 격렬히 벌어지고 있다. 그 결론이 어떠하든지 증시 자체에 마이너스(-) 요인으로 작용하지는 않을 것이다. 올해 상반기까지 지속된 시장자율 기조에서 수정론 즉 시장개입 요구가 거의 대등한 목소리를 내고 있는 것 자체가 혹시 증시를 한층 억누를 수 있는 정책발표를 막고 있기 때문이다. IPO, 증자 제한 기미가 바로 그것이다. 다만 정부가 증시구제로 돌아서더라도 그 의도가 무엇인지는 살펴볼 필요가 있다. 증시부양이 아닌 추가 하락을 막기 위한 방어선 구축으로도 볼 수 있다. 현재 진행되고 있는 논의가 이미 무너진 정책 방어선 3,000~3,500포인트 회복인지 혹은 추가 마지노선인 2,000~2,500포인트 방어를 위한 명분 쌓기인지는 현재로썬 미지수이다. 향후 주가지수 흐름을 통하여 유추해 볼 뿐이며 그 판단 결과는 2009년 중국 전체 증시흐름과도 연결될 것이다. 다음 단락에서는 고정자산투자 부문을 집중 살펴보도록 한다.

2.2 고정자산 투자 현황

중국은 소비보다는 투자에 의해 경제가 돌아가는 구조이다. 투자가 경제를 끌고 가는 중국경제 구조는 정치, 경제, 사회 현상이 복합적으로 작용한 결과이다. 따라서 단기처방으로는 구조적 전환을 이끌어내기 힘들다. 소비가 담당할 부문을 투자와 수출이 과도하게 부담함으로써 다른 경제대국 대비 경제가 안고 있는 구조적 위험이 상대석으로 높은 편이다. 특히 투자가 수출과 상호 연계되어 있어

일단 대외경제환경이 급속히 악화된다면 중국 경제에 미치는 파급
효과는 배가(倍加)될 것이다.

[그림4] 주요 경제지표 성장률 추이

자료제공: 중국국가통계국, 상무부

[그림4]는 1995년부터 2007년까지 명목GDP, 고정자산투자, 수출
세 변수를 증가율을 각각 나타낸 것이다. 2000년까지는 고정자산투
자와 명목GDP 증가율 사이 격차가 그리 심하게 나타나지 않는다.
　IMF 외환위기 다음해인 1998년만 유독 그 격차가 높게 나타났
다. 2001년부터 두 변수간의 격차는 확대되었으며 2007년 현재 8
포인트 정도를 유지하고 있다. 한편 수출과 고정자산투자 증가율은
2005년을 기점으로 급격히 수렴하고 있다. 2007년에는 수출증가율
이 고정자산투자 증가율을 소폭 하회하고 있다. 이는 2001년 이후
처음으로 발생한 현상이다. 수출증가율이 둔화양상을 보임에도 명
목GDP 증가율은 상승세를 기록하고 있다. 경제성장 기조가 투자와

재정에서 투자와 수출로 전이된 후 이제는 투자집중화 현상이 나타나는 것이다. 2008년 상반기 수출증가율은 21.9%, 고정자산투자 증가율은 26.3%로 두 변수 간의 역전현상은 한층 심화되고 있다. 중국경제로 보면 결코 좋은 그림은 아니다. 왜 이런 그림이 나오는지 [표3]을 통하여 그 원인을 분석하여 보자.

[표3] 전 세계 무역량 예측

구분	지역명		01년	02년	03년	04년	05년	06년	07년	08E	09E
무역량	세 계		0.1	3.2	5.4	10.4	7.5	9.2	6.8	5.6	5.8
	수입	선진국	(1.0)	2.2	4.1	8.9	6.1	7.4	4.2	3.1	3.7
		그 외	1.6	6.0	11.1	15.8	12.1	14.9	12.8	11.8	10.7
	수출	선진국	(0.8)	2.2	3.1	8.5	5.8	8.2	5.8	4.5	4.2
		그 외	2.7	6.5	10.8	14.6	11.1	11.0	8.9	7.1	8.7

자료제공: IMF

[표3]은 전세계 무역량을 수입과 수출로 나누어 살펴본 것이다. 지역별로는 선진국과 그 외 지역으로 구분하였다. 2007년 세계 무역량은 2006년보다 상당히 감소한 것으로 나타났으며 올해 역시 감소추세를 이어갈 것으로 전망되고 있다. 2009년 역시 낙관적인 수치를 제시하지 않고 있다. 중국의 주요 수출지역이 선진국(EU, 미국 그리고 일본)인 사실을 고려한다면 그 외 지역보다 선진국 수입 감소세가 높게 전망된 사실은 결코 반갑지 않을 것이다. 홍콩과 대만으로의 우회수출물량까지 포함한다면 중국수출에서 선진국이 차지하는 비중이 훨씬 높을 것이다. 중국경제를 이끌던 수출의 이

상 징후는 [표3]을 통하여 추측하지 않더라도 앞서 살펴본 [그림4]와 2008년 상반기 중국 경제수치에서도 충분히 감지할 수 있다. 중국이 다시 매력적인 투자대상으로 부상하려면 수출감소로 인한 공백을 투자가 아닌 소비가 짊어질 필요가 있다.

2.3 산업구조

2007년 국민총생산(GDP)에서 2차 산업이 차지하는 비중은 48.6%로 중국경제에 있어 주도적 위치를 점하고 있다. 1차 산업은 2000년 14.8%에서 2007년 11.3%로 거의 3.5포인트 정도 하락한 것으로 조사되었다. 3차 산업은 40% 전후를 반복하고 있으며 2007년에는 40.1%의 비중을 나타내었다. 산업구조 추이만 본다면 농촌지원, 서비스업 육성이라는 중국 정부의 정책과 상당히 거리감이 있는 수치이다. 개별 산업이 경제에서 차지하는 비중은 피상적인 수치만을 의미하지는 않는다. 해당 경제의 지속성장과 밀접한 연관성이 있다. 또한 인구대국인 중국의 경우 사회안정과도 밀접한 관련이 있다. 2006년 기준 산업별 인구비율은 1차 산업과 3차 산업이 각각 42.6%와 32.2%로 조사되었으며 2차 산업은 25.2%로 집계되었다. 생산규모 대비 1차 산업인구가 3배 정도 많은 셈이다. 한편 도시와 농촌노동력 인구 비중은 각각 37%와 63%로 조사되었다.

[그림5] 연도별 산업구조 추이

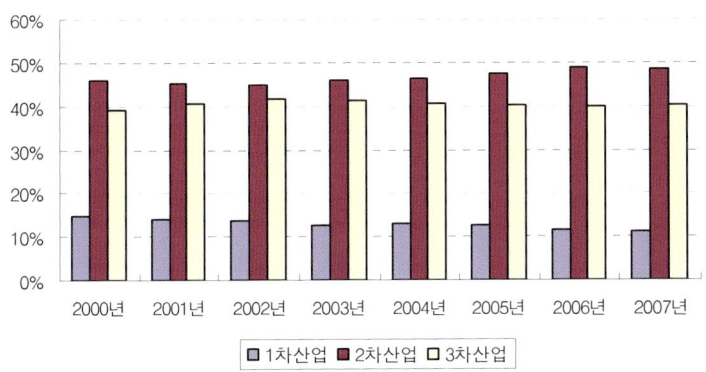

원천: 중국국가통계국

　이상의 자료만으로도 우리는 중국 산업구조의 문제점을 파악할
수 있다. 노동인구의 43% 정도인 1차 산업비중이 전체 GDP의
11.3% 수준에 머물러 있음으로 산업간 소득격차는 필연적으로 발
생할 수 밖에 없다. 또한 생산시설 기반이 미약한 농촌지역 노동력
이 63%를 점함에 따라 농민공 문제는 앞으로도 더욱 심화될 수밖
에 없다. 실제 2000년 이후 농촌지역 노동력은 감소추세를 그리고
있다. 농촌에서 도시로 이탈하는 인구가 그만큼 증가하고 있는 셈
이며 이는 중앙정부 혹은 지방정부의 부담으로 자리잡고 있다. 일
자리 창출을 위하여 정부는 인위적인 경기부양책을 유발하게 되며
자원 효율성은 전반적으로 하락하게 된다. 간혹 중국 정부의 농촌
지원 혹은 서비스업 육성 정책을 과신하는 투자자들도 존재한다.
하지만 산업구조 조정은 단기 테마가 아닌 정책이 현실화되는 과정
속에서 이루어진다. 취업인구의 63% 정도가 저부가가치 산업에 매

몰됨에 따라 소비가 중국경제 전면에 부상하기는 상당한 기간이 소요될 것이다. 소비둔화는 3차 산업 발전에 상당한 제약으로 떠오를 것이다. 3차 산업 비중이 하향화되고 있는 것도 결국은 소비가 촉진될 여건을 마련하지 못했기 때문이다. 제조업 중심의 2차 산업은 투자를 통하여 지탱되며 이는 결국 과잉투자와 투자효율성 하락으로 연결된다. 악의 사슬처럼 돌고 도는 경기사이클을 지속한다면 중국은 결국 성장동력을 소진하고 말 것이다. 중국경제의 미래는 3차 산업이 얼마나 빨리 그리고 탄탄히 성장하는가에 달려 있다.

3. 경제정책과 주식투자

　본 단락에서는 경제정책이 어떤 형태로 투자에 영향을 미칠 수 있는지 간략히 살펴보기로 한다. 중국은 매년 경제기조를 상황에 맞게 다듬고 있지만 기본 골격은 5년 동안 유지되고 있다. 하기 내용은 11차 5개년 규획 내 주요 경제정책을 간추려 놓은 것이다. 미시적으로 접근한다면 경제정책 골격과 증시 간의 인과관계를 잘 파악할 수 없다. 하지만 중국증시의 긴 추세는 결국 경제정책과 보조를 맞추고 있다는 사실을 명심하길 바란다.

3.1 과학발전관

중국 경제정책은 경제성장방식 전환과 경제 자주성 확보로 요약될 수 있을 것이다. 상기 정책 밑바탕에는 '과학 발전관'이라는 현 지도부의 정책이념이 존재한다. 과학발전관 이란 과학기술을 통하여 중국 사회의 지속 발전을 이룩한다는 포괄적인 개념이다. 이런 논리에 따라 자원소비형, 저부가가치형, 환경 오염형 산업은 성장 억제책을 구사할 것으로 전망된다. 이 개념은 산업구조 조정, 기업 간 M&A, 가공무역 통제 등으로 표면화될 수 있다. 사실 이 개념은 정책 보다는 지도사상에 가깝다. 이 개념에 부합되지 않는 업종과 종목은 상당히 신중한 접근법을 택하길 바란다.

3.2 산업구조 조정

산업구조 조정은 앞서 언급된 '과학 발전관' 개념이 좀 더 구체화된 것이다. 산업구조 조정은 기술진보와 하이테크(High-Tech) 산업 육성이라는 두 방향으로 나아갈 것이며 기계장비산업, 신 성장산업(정보, 생물, 신재료, 항공우주 등의 부문)과 정보화 산업이 그 중심에 설 것으로 판단된다. 산업구조 조정과정에서 중국주식시장은 증시흐름과 더불어 업종별로 그 실적이 이원화될 가능성이 높다. 그 외 서비스업도 정책적 수혜가 예상된다. 기술진보와 하이테크(High-Tech) 산업 육성이라는 정책 목표를 달성하기 위해서는 고용창출 효과가 큰 서비스업의 지지가 필수적이다.

3.3 지역균형발전

경제 발전이 동부연안지역 중심으로 이루어짐에 따라 지역별 경제수준 격차가 심화되고 있다. 중국 정부는 현재 4개 단위로 지역을 구분하여 경제발전 전략을 추진하고 있는데, 그 주요 타이틀은 서부대개발(西部大開發), 진흥동북(振興東北), 굴기중부(崛起中部), 동부지역율선발전(東部地區率先發展)이다. 여러분도 상기의 문구들은 한번쯤 들어보았을 것이다. 타이틀 순서가 바로 정책 우선순위이다. 중국은 전통적으로 언급 순위로써 그 중요성을 표시하곤 한다. 따라서 경제, 금융정책이 발표될 때 처음 언급되는 내용이 핵심이라고 간주하여도 무리는 없다. 서부대개발은 낙후된 서부지역을 집중 개발한다는 의미이다. 진흥동북은 과거 중국경제를 선도하였던 동북지방의 재도약을 추진한다는 의미이다. 굴기중부는 큰 정책적 의미가 있다기보다 서부와 동북지방 지원에 따른 상대적 소외감 해소차원에서 인용된 문구이다. 참고로 '동부지역율선발전'은 경제가 발전된 동부연안지역이 다른 지역 발전을 선도한다는 의미이다. 지역균형발전이라는 큰 밑거름에서 보면 최대 수혜주는 부동산, 고속도로, 물류 등과 같은 인프라 개발 산업이다.

3.4 자원절약 및 환경친화적

자원 소모율이 높거나 오염유발 산업은 점차 강제 퇴출될 것으로 전망된다. 철강, 금속, 석유화학, 방직, 석탄 부문 내 중소형 상장회사들이 불리한 입장에 처할 가능성이 높다. 또한 환경보호 시설건립 의무화 등으로 경영비용이 상승할 것으로 전망된다. 무분별한 토지 개발 규제로 이용 가능한 토지자원이 감소할 것으로 전망되며, 이는 토지 사용료 상승을 유발시킬 것이다. 실제로 중국정부는 경작지 보호와 토지관리 강화를 위하여 2007년 1월 1일 이후로 새로 확장된 건설용지에 한하여 그 사용료를 100% 인상하는 조치를 취하였다. 부동산 개발업자들 사이에서는 빵보다 밀가루가 더 비싸다는 우스갯소리가 유행하고 있다. 정책의 우선순위가 환경보다는 자원절약에 있다는 사실은 유념하길 바란다. 환경 관련주가 테마로 떠오를 가능성은 있지만 수익성 확보는 미지수이다.

3.5 수출 정책변화

수출정책변화는 크게 대외무역 성장방식 전환과 세수체제 정비로 요약될 수 있다. 세수 체제는 기업소득세 단일화와 수출 환급세율 인하로 요약될 수 있다. 기업소득세 단일화는 중국기업에 대한 역차별 문제로 몇 년 전부터 꾸준히 제기된 문제이다. 수출 환급세율 인하는 통상마찰뿐만 아니라 재정문제와 직접적으로 연결된다. 현재 중국 중앙정부는 수출환급에 따른 재정압박을 상당히 받고 있다. 저 마진 수출중심의 유리, 방직, 시멘트, 전자업종 상장기업의 실적악화를 가늠해볼 수 있는 대목이다. 기존에는 저 마진 수출에 따른 수익성 악화를 수출환급세로 보전하는 경우가 종종 있었지만 수출환급세 인하 혹은 폐지가 대세로 굳혀짐에 따라 경영구조 개선이 필요한 시점이다. 대외무역 성장방식 변경 역시 상기의 맥락과 그 흐름을 같이 한다. 자원소모형, 환경파괴형 산업의 경우 시장도태를 통하여 수출을 축소시킬 것이다. 한편 가공무역 부문은 통상마찰심화와 국제수지 불균형 등의 문제로 보세구역 내에서 관리감독을 한층 강화할 것으로 전망된다.

3.6 노동계약법

2008년 1월부터 시행되는 노동계약법에 따라 기업 인건비는 향후 20%~40% 정도 상승할 것으로 전망된다. 다만 유예기간과 미등록 노동자 등을 감안한다면 우리가 피부로 느끼기에는 일정기간이 소요될 것이다. 글로벌 인플레이션 유발효과가 잠재하고 있는 셈이다. 중국입장에서는 개인소득 향상을 통한 내수활성화라는 긍정적 효과도 존재한다. 하지만 단기 기업활동은 상당히 위축될 것이다. 중국에 진출한 상당수 한국기업이 비용상승 압력으로 이미 철수를 실시하고 있다. 생산원가 상승과 위안화 가치인상이라는 악재를 커버할 만큼 중국 수출경쟁력이 충분한 것인지 여전히 의문시된다. 그럼 2008년 새로 시행될 노동계약법에 대하여 간략히 살펴보기로 하자. 금번 노동계약법의 핵심은 3가지로 귀결될 수 있다. 첫째 단기 고용계약의 횟수와 기간 제한을 통한 종신고용 유도이다. 고정계약 연속 2회 체결, 혹은 10년 이상 근무시 정년을 보장하는 무기한의 장기계약을 강제로 체결하여야 한다는 것이다. 사실상의 종신계약을 기업들에게 강요하고 있는 것이다. 둘째로 노동자에 대한 보상금 적용범위 확대이다. 기업은 계약기간 만료 이후에는 노동자에게 일종의 퇴직금 형태의 보상금을 지급해야 한다. 또한 계약기간 내에서도 노동자가 계약상 하자를 이유로 사직할 경우 보상금을 지급해야 한다. 셋째는 노동규칙을 제정하여 노동자 권익을 향상시켜야 한다는 점이다. 즉 노동조합의 단체 협상권이 대폭 강화된 것이다. 저임금을 기초로 한 업종과 기업은 상당한 경영압박을 받을 것으로 전망된다.

4. 주식시장과 GDP

경제를 통하여 증시잠재력을 확인하는 가장 흔한 방법이 바로 GDP 대비 시가총액비율을 살펴보는 것이다. 2000년을 제외하고는 50% 미만을 보이던 GDP 대비 시가총액 비율이 2007년 130% 수준을 돌파하였다. 2006년 대비 3배 정도 상승한 셈이다. 이 비율은 자본시장이 발달된 미국(142%)보다는 낮지만 한국(117%)보다는 약간 높은 수치이다. 중국증시의 발전단계를 감안할 경우 130%라는 수치는 상당히 이른 감이 있으며 2008년 중국증시 폭락을 사전에 예고한 시그널로 볼 수도 있다. 2008년 GDP 규모를 상반기 2배로 추정하여 계산할 경우 올해 상반기 GDP 대비 시가총액 비율이 68% 정도로 2007년의 2분의 1 수준으로 떨어진 것으로 나타난다. 하지만 이는 2007년을 제외하고는 가장 높은 수치이며 2000년

IT 버블 당시 53.8% 보다 14포인트 이상 높은 수치이다. 과거 수치로 판단하자면 중국증시 내 하향 압력이 완전히 해소되지 않은 것이다.

[표4] GDP 대비 주식시장 규모 측정

단위: 억 위안, %

구분	GDP	시가총액	시가총액/GDP	유통주시가	유통주시가/GDP
1997년	74,772	17,529	23.40%	5,204	6.96%
1998년	79,553	19,506	24.50%	5,746	7.22%
1999년	82,054	26,471	31.80%	8,214	9.87%
2000년	89,404	48,091	53.80%	16,088	17.99%
2001년	95,933	43,522	45.40%	14,463	15.08%
2002년	102,398	38,329	37.40%	12,485	12.19%
2003년	116,694	42,458	36.40%	13,179	11.29%
2004년	136,515	37,056	27.10%	11,689	8.56%
2005년	182,321	32,430	17.80%	10,631	5.83%
2006년	212,023	89,404	42.70%	25,004	28.00%
2007년	249,530	327,141	131.10%	93,064	37.30%
08년 상반기	261,238	178,035	68.15%	59,625	22.82%

자료제공: 중국국가통계국, 증권감독위원회

그럼 경제규모를 통하여 향후 중국증시 주가수준을 한번 유추해 보도록 하자. 만약 중국경제가 8% 정도의 고 성장세를 2020년까지 지속한다면 2007년 중국 시가총액 규모를 2배 초과하더라도 GDP 대비 시가총액 비율은 여전히 100% 전후에서 유지시킬 수 있다.

논란의 여지는 있지만 2020년 전후로 상해종합주가 지수가 10,000 포인트를 돌파하더라도 2007년처럼 과열이라고 단정할 근거는 거의 없는 셈이다. 바꾸어 말하자면 중국증시가 2010년~2015년 사이에 6,000포인트를 지나 10,000포인트 수준에 근접한다면 우리는 중국증시가 과열에 빠졌다고 주장할 수 있을 것이다. 2007년 여러분이 목도한 상해종합지수 수준은 2013년 이후에 관찰되는 것이 더 이성적 현상이라고 생각된다. 이성과 감성 사이에서 증시는 감성에 더 치우치는 면모를 보이곤 한다. 유혹에 무관심한 증시는 더 이상 증시라 불릴 자격이 없는지도 모르겠다.

중국주식투자 2009년

바이블 ❶

part_05 기로에 선 중국 금융시장

중국 금융위기론은 버블 붕괴론과 함께 해마다 언급되는 단골 메뉴이다. 과거와 달라진 점은 해외뿐만 아니라 중국 자체 내에서도 위기론이 힘을 받고 있다는 사실이다. 금융위기론의 경우 그 주체가 중국 최고지도층이라는 점이 특징이다. 이는 매년 되풀이되는 단골메뉴가 더 이상 루머가 아닌 현실화될 가능성을 내포한 확률 세계로 진입했다는 점을 암시한다. 중국은 내부적으로 국가위기관리기본지침과 21개의 표준매뉴얼을 마련하고 있다. 그 중 국가금융위기조치매뉴얼(國家金融突發事件應急預案)도 존재한다. 그 구체적 내용은 아직 확정되지 않았지만 중국인민은행에서 기본 골격을 이미 마련한 것으로 알려진다. 2007년 한 해 5,000억 달러 이상의 핫머니가 중국으로 유입되었다는 일부 전문가 주장도 존재한다. 그 정확한 규모에 관해서는 전문가마다 의견이 분분하지만 중국경제정보분석(CEIA)은 1,400억 달러 정도가 유입된 것으로 추정한다. 증시상황이 불투명한 2008년에도 투기자금 유입속도는 둔화되지 않고 있다. 스톤 앤 맥카시(Stone & McCarthy) 애널리스트인 로건라이트(Logan Wright)는 2008년 6월 이코노미스트(Economist)에 기고한 글에서 2008년 상반기 5개월 동안 1,700억 달러 정도의 투기자금이 유입된 것으로 추정하고 있으며 중국인민은행 외환보유고 수치상에 심각한 오류가 존재한다고 주장하였다. 핫머니 유입이 끊이지 않는 이유는 통화정책 제한으로 금리와 환차익을 통한 무위험 수익을 실현할 수 있기 때문이다. 본 장에서는 중국금융이라는 모호한 주제보다는 '금융위험'이라는 테마를 중심으로 금융화 정도, 외환보유고, 환율과 차이나펀드 관계, 투기자금 규모와 금융위기 가능성 등을 점검해보도록 한다.

1. 중국 금융현황 이해

1.1 국민경제와 화폐화 정도

화폐화란 넓은 의미에서 국민경제가 정부에서 시장으로 이양되는 정도를 측정하는 지표로 볼 수 있다. 또한 좁은 의미로는 유동성 수준을 가늠하는 수치로 이용될 수도 있다. 2006년과 2007년을 유동성 장세라고 흔히 언급하는데 이는 그 만큼 화폐가 시장에 많이 유통되었다는 의미이다. 화폐 유동성이 풍부하다면 돈은 자연스럽게 투자대상을 물색하게 된다. 그중 상당수 자금은 부동산과 증시 쪽으로 유입될 것이다. [표1]은 1990년부터 2007년까지 중국 화폐화 정도를 살펴본 것이다. 국민총생산(GDP) 대비 유통중화폐(M0)은 2003년 이후 꾸준히 감소하고 있다. 2008년에는 12% 이하가

될 것으로 추정된다.

[표1] 중국사회 화폐화 정도

년 도	1990년	1991년	1992년	1993년	1994년	1995년	1996년	1997년	1998년
M0/GDP	14.3%	14.7%	16.3%	16.6%	15.1%	13.0%	12.4%	12.9%	13.3%
M2/GDP	82.5%	89.5%	95.4%	98.7%	97.4%	99.9%	106.9%	115.2%	123.8%
(M2-M0)/GDP	68.2%	74.8%	79.1%	82.1%	82.2%	87.0%	94.5%	102.3%	110.5%
년 도	1999년	2000년	2001년	2002년	2003년	2004년	2005년	2006년	2007
M0/GDP	15.0%	14.8%	14.3%	14.4%	14.5%	13.4%	13.2%	12.8%	12.2%
M2/GDP	133.7%	135.7%	144.4%	153.7%	162.9%	158.4%	163.9%	163.0%	161.7%
(M2-M0)/GDP	118.7%	120.9%	130.1%	139.4%	148.3%	144.9%	150.7%	150.2%	149.5%

원천: 중국국가통계청, 중국인민은행

국민총생산(GDP) 대비 광의통화 혹은 총통화(M2) 비율은 2005년 이후 감소세로 돌아섰지만 160% 이상을 유지하고 있다. 2006년과 2007년 두 해 연속 감소세를 기록한 원인은 명목 GDP 증가율이 통화량 신장률을 소폭 상회하였기 때문이다. 한국의 경우 이 수치가 500% 전후로 조사되고 있다. 중국보다 3배 이상 유동성이 풍부한 셈이다. 중국이 안고 있는 자산 거품 문제는 한국에 비하면 조족지혈에 불과하다. 다음 단락에서도 잠시 언급하겠지만 한국 금융위기 가능성은 중국보다 훨씬 높다. 국민총생산(GDP) 내비 총통화(M2) 비율이 낮다는 것은 통화정책이 경제와 금융시장에 먹혀들 가능성이 높다는 사실을 반증한다. 한편 (M2-M0)/GDP 비율은

2005년 이후 하락세로 반전된 것으로 나타났다. 하지만 하락 강도는 M2/GDP 보다는 약한 것으로 조사되었다. 참고로 광의통화(M2)에서 현금유통량(M0)을 차감한 수치는 현금을 제외한 모든 화폐를 나타낸 것이다. [표1]을 통하여 2006년부터 긴축통화 정책이 효과를 발휘한 사실을 발견할 수 있었다. 다만 피부로 체감할 만큼 그 강도가 그리 크지는 않다.

1.2 금융자산구조와 금융심화 정도

금융심화율(금융연관배율)은 한 국가의 금융자산총액을 국민총생산으로 나눈 값으로 해당 국가의 금융시장 발전 잠재력을 가늠하는 중요한 수치이다. 2007년 한국의 금융심화율은 889% 정도로 미국, 일본 등 금융 선진국보다는 낮지만 지속적으로 상승추세를 나타내고 있다. 그 만큼 금융시장 성장잠재력이 한계를 나타내고 있는 셈이다. 그럼 중국은 어떠할까? 앞서 살펴본 화폐화 정도는 한국의 1/3 수준에 불과한 것으로 나타났다. [표2]에 나열된 지표를 보면 짐작하겠지만 본 서에서는 금융자산을 크게 화폐시장(은행권, 신용사, 우체국, 재무회사 등), 채권시장, 주식시장, 보험시장으로 구분하여 보았다. 참고로 금융기관 자금운용액이란 은행권의 자산총액을 일컫는 말이다. 주식시장의 경우 전체 시가총액과 유통주 시가총액으로 구분하였으며 금융심화율 자료도 [그림1]과 같이 두 부문으로 나누어 각각 계산하였다.

[표2] 중국 금융시장 자산규모

단위: 억 위안

년 도	금융기관자금운용	채권예탁액	보험수입	주식시장 시가총액		총 계	
				전체	유통주	A(전체)	B(유통주)
2000년	115,862	16,624	1,596	48,091	16,088	182,173	150,170
2001년	130,427	19,480	2,109	43,522	14,463	195,538	166,479
2002년	157,235	27,745	3,053	38,329	12,485	226,362	200,518
2003년	195,054	36,581	3,880	42,458	13,179	277,973	248,694
2004년	230,976	51,625	4,318	37,469	11,809	324,388	298,728
2005년	267,101	75,114	4,927	32,912	10,816	380,054	357,958
2006년	365,168	92,452	5,641	91,419	25,727	554,680	488,988
2007년	454,268	123,389	7,036	327,141	93,064	911,834	677,757

자료제공: 중국증권감독위원회, 중국보험감독위원회, 중국인민은행, 중국채권망

[표2]는 2000년부터 2007년까지 중국 금융자산 규모를 추정한 것이다. 2000년 대비 중국 금융시장 자산규모는 5배 정도 확대된 것으로 나타났다. 항목별로는 채권예탁액이 7.4배로 가장 높으며 그 다음은 주식시장(6.8배)인 것으로 집계되었다. 반면 보험과 금융기관 자산운용액은 평균에 못 미치는 4.4배와 3.9배를 기록하였다. 화폐시장과 보험시장보다는 자본시장 확장이 더 큰 것을 알 수 있다. 다만 시점을 2006년으로 고정시킨다면 채권시장은 여전히 5.6배로 가장 높은 수치를 제시하고 있는 데 반하여 주식시장은 2배에도 못 미치는 결과를 나타내고 있다. 이는 평균치 3배를 상당히 하회하는 수치이다. 전체 금융시장을 두고 보았을 때 2007년 중국 증시 활황은 금융시장의 균형적 발전 측면에서 이해할 수 있다.

2006년까지 2배에 못 미치는 시가총액 증가를 6.8배가 아닌 4배 수준으로 재조정한다면 상해종합지수는 얼마가 될까? 계산상으로는 3,094 포인트로 나타났다. 4.5배의 경우 3,500포인트 정도로 추산된다. 2007년 중국 주식시장이 기타 금융권과 균형 성장을 이루는 구간은 3,000~3,500포인트 전후로 전망된다. 중국 금융시장 전체를 두고 보았을 때 2008년 8월 현재 3,000포인트를 하회하는 상해증시는 약간 과대 폭락한 측면이 존재한다.

[그림1] 중국 금융심화율 추이

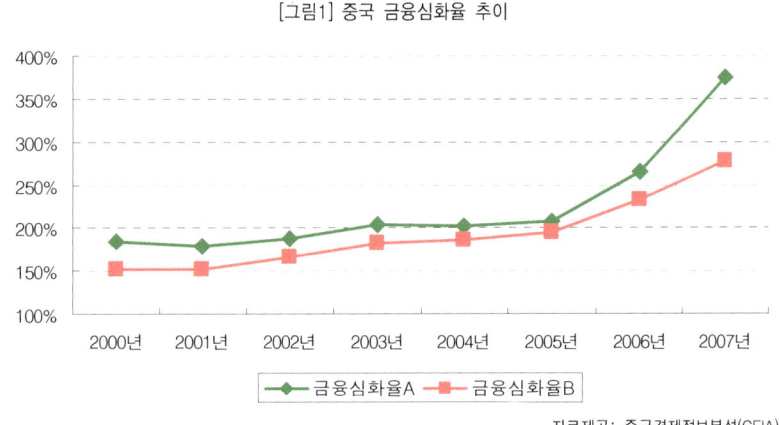

자료제공: 중국경제정보분석(CEIA)

[그림1]은 [표2]를 바탕으로 연도별 금융심화율을 그래프로 표현한 것이다. 금융심화율 A 그래프는 전체 주식시가 총액을 기준으로 한 것이고 금융심화율 B 그래프는 유통주 시가총액만을 계산한 것이다. 본서는 금융심화율 A 그래프를 기준으로 설명하고자 한다. 2003년 중국의 금융심화율은 처음으로 200%를 돌파한 것으로 나

타났다. 그 후 2005년까지 정체현상을 보였다. 2005년 당시 한국은 660% 정도를 기록한 것으로 알려진다. 중국보다 3배 정도 금융시장이 발달한 것으로 볼 수 있지만 또 다른 관점에서는 그 만큼 한국 금융잠재력이 소진되고 있는 것이다. 2006년부터 유동성 증가와 증시활황으로 중국의 금융 심화율은 급격한 상승곡선을 나타내었다. 2006년 260% 돌파에 이어 2007년에는 370%를 상회하였다. 비록 한국과 기타 선진국보다는 상당히 낮은 수준이지만 금융심화율이 일순간 급등하는 모습은 중국금융시장 전체로 보아서 그리 이상적인 현상은 아니다. 금융심화율 B 그래프는 통계상의 차이로 다소 완만한 모습을 그리고 있다. 본 단락을 통해 중국 금융시장 발전잠재력이 한국보다 2.4배 정도 높다는 사실을 알 수 있었다. 또한 상기 결과는 펀드 혹은 여러분의 투자포트폴리오에 금융업종을 편입시킬 명분도 제공할 것이다. 단기 증시환경은 장담하기 힘들지만 금융업종에 대한 중장기 투자전망은 상당히 긍정적이다.

1.3 적정 외환보유고 문제

개별 국가의 금융 안정성을 담보하는 최후 마지노선은 바로 외환보유고이다. 그 점에서 중국은 금융위험에 대한 저항력이 상당히 높은 그룹에 속한다. 2007년 기준 중국은 1조 5,280억 상당의 외환보유를 비축하고 있는데, 이는 중국 수입총액 19개월 분에 해당한다. 또한 총단기부채의 14배 정도이다. 대만의 외환보유고가 단기부채의 7배 수준인 것에 비하면 2배나 높고, 한국보다는 7배 더 안정적인 상태이다. 중국 금융시장이 외부인수에 의해 무너질 가능성은 그리 높지 않다. 참고로 현 외환보유고 규모가 적정한지는 주 이슈로 부각되지 않고 있다. 기존 다다익선(多多益善) 관점에서 달러 중심의 자산구조 문제는 심각히 논의되고 있다. 중국정부도 외환보유고 자산 풀 변화를 실질적으로 꾀하고 있다.

[표3] 주요국 외환보유고 현황

단위: 10억 달러, 개월, %, 배

구 분	외환보유고		외환보유고/수입		외환보유고/통화		외환보유고/단기부채	
	2000년	2007년	2000년	2007년	2000년	2007년	2000년	2007년
중국	166	1,528	9	19	10	28	8	14
일본	347	948	11	18	6	15	2	2
대만	107	270	9	16	19	34	8	7
러시아	24	464	6	23	44	78	2	5
한국	96	262	7	9	29	43	2	2
기타 아시아	325	852	6	8	27	32	2	2
선진국	344	380	1	1	3	2	0	0

자료제공: BIS

중국입장에서는 국제결제은행 등 유수의 기관에서 논의되고 있는 적정 외환보유고 문제보다 외환보유고의 효율적 활용에 더 방점을 두고 있는 셈이다. 외환보유고의 효율적 활용 문제는 해외투자 이슈로 직결되며, 이는 홍콩증시와 연결된다. 여러분 입장에서는 상당히 중요한 논제인 셈이다. 2007년 하반기 홍콩증시를 뜨겁게 불태

웠던 홍콩직통차(直通車) 문제도 외환보유고의 효율적 활용 연장선에서 살펴볼 수 있다. 2,000억 달러 규모의 중국투자공사(CIC) 설립도 미국 채권투자로 인한 누적투자손실을 더 이상 감당할 수 없는 현실에 바탕을 두고 있다. 중국 QDII 자금의 한국유치도 전략적으로 한번 논의해볼 소지가 있다.

2. 중국 외환시장 현황이해

　금융시장은 크게 화폐, 자본 및 외환시장으로 구분할 수 있다. 하지만 이들 금융시장이 별개로 움직이는 것은 아니다. 유기적인 관계를 맺으며 상호 영향력을 행사하고 있다. 자본시장을 심층 분석한다고 주식투자 수익을 극대화할 수 있는 것은 아니다. 타 금융시장을 무시한 결과 간혹 큰 낭패를 당하기도 한다. 1997년 IMF 사태가 바로 그것이다. 외환시장의 흔들림이 결국 증시폭락으로 연결되었다. 최근 사례로는 부동산과 원자재 시장을 들 수 있다. 화폐시장은 앞 단락에서 간략히 살펴보았다. 그럼 본 서의 주 테마인 증권시장으로 넘어가기에 앞서 외환시장을 잠시 살펴보기로 한다. 외환시장에서 거래되는 상품은 외환인데 대외지급수단인 외국통화와 외화표시 증권을 의미하는 외국환을 총칭하는 말이다. 외환시장

에는 외환이라는 거래상품이 있으며 환율이라는 가격이 있다. 본
서에는 가격인 환율을 중심으로 중국 외환시장을 살펴볼 예정이다.
실무적으로 필요한 정보는 환율이지 중국 외환시장 흐름과 시장참
여자의 특색은 아니다. 투자대상(중국과 홍콩증시)과 보유통화가 상
이함에 따라 투자수익 이상의 환차손을 실현할 가능성이 존재한다.
그 반대의 경우 역시 생각해볼 수 있다. 만약 1997년 IMF와 같은
사태가 발생한다면 기존 해외투자자 혹은 차이나펀드 투자자는 표
정관리를 해야 할 상황이 벌어질 수도 있다. 한국경제 전체로는 불
행한 사태이지만 개인별로는 손해와 이익이 나누어질 것이다. 외환
위기가 아니더라도 초단기 투자자의 경우 2008년 7월과 같이 한국
정부의 공격적 외환개입으로 일주일 사이에 50원 이상 환율이 급
변하는 상황이 발생한다면 상당한 환차손을 입을 가능성도 존재한
다. 여러분이 관심을 가질 사항은 표면적인 수익률이 아니라 여러
분 손에 현실화되는 실질 수익률이라는 점을 유의하길 바란다. 먼
저 중국환율 제도변화에 대하여 살펴보기로 하자.

2.1 환율제도 변천과정

중국 환율제도는 크게 5단계로 나누어 볼 수 있으며 각 단계마
다 당시 중국 경제상황이 잘 반영되어 있다. 그럼 5단계로 나누어
진 환율제도 변천과정을 알아보자.

■ 통화바스킷제도(1973년~1979년)

대외무역조건 개선책으로 주요 통화의 중요도에 따라 가중 평균
한 값을 기준환율로 채택하였다. 2005년 채택된 통화바스킷제도가
중국에게는 전혀 낯선 형태는 아닌 것이다. 당시 외환보유고는 8.4
억 달러 정도로 중국 총수입액의 5.4%밖에 되지 않았다. 경제상황
을 고려할 때 통화바스킷제도는 그 효율성이 떨어졌으며 중국은 새
로운 환율제도를 모색하게 되었다.

■ 이중환율제도(1980년~1984년)

1979년 경제개혁의 배경하에서 무역시스템 개혁과 수출장려를
위하여 1981년부터 무역내부 결제환율을 채택하였다. 당시 비(非)
무역환율은 달러당 1.5위안, 무역환율은 2.8위안 정도로 차등 환전
되었다.

■ 이중환율제도(1985년~1993년)

중국인민은행이 발표하는 공식환율과 외환조절센터에서 기업간거
래로 정해지는 조절환율로 중국환율체계는 이원화되었다. 두 시장
간의 환율 격차가 2배 가까이 발생함에 따라 암달러시장이 급격히
확대되는 등 많은 문제점이 발생하였다.

▣ 관리변동환율제도(1994년~2005년)

1994년 1월부터 달러당 8.7위안대로 환율이 거의 고정화되었다. 참고로 이중환율 제도하에서는 1달러당 공식환율은 5.7위안, 조절 환율은 8.6위안 수준에서 형성되었다. 중국경제 규모가 확대되고 고 성장세를 유지함에 따라 8.7위안 수준에서 8.2위안대로 소폭 하락하였다. 하지만 관리변동 환율제도라는 말 자체가 무색할 정도로 달러당 위안화 환율은 8.27위안에서 8.28위안 사이를 배회하였다.

▣ 통화바스킷제도(2005년~현재)

국제수지 불균형 심화와 외환보유고 확대 등으로 중국정부는 21 세기 초부터 위안화 절상압력에 시달렸다. 하지만 환율제도 변경은 내정이며 투기꾼들의 장단에 중국정책을 변경시키지 않겠다는 이유로 중국정부는 2005년 7월까지 기존 관리변동환율제도를 고수하였다. 환율문제로 통상마찰을 한층 심화되고, 과노한 외환보유고로 인플레이션과 투기자본 유입 가능성이 제기되자 중국은 2005년 7월 21일 통화바스킷 변동환율제도로 기존 환율제도를 변경하였다. 또한 기존환율을 달러당 8.28위안에서 8.11위안으로 전격 인상하였다.

그럼 다음 단락에서는 현행 통화바스킷제도가 가지는 의미를 전략적 측면에서 살펴보기로 한다.

2.2 현행환율제도 의미

중국은 2005년 7월21일 기존 고정환율제도에서 통화바스킷제도로 전환하였다. 그와 더불어 달러당 8.28위안에서 8.11위안으로 전격 인상함에 따라 국제사회 압력을 일단 받아들이는 모습을 보였다. 절상 폭이 충분한가에 대한 의견이 분분하였지만 중국 환율제도의 구조적 변화라는 뉴스에 파묻혀버렸다. 공시 전에는 수많은 논란과 억측이 난무하지만 일단 공시된 재료는 더 이상 시장이 관심을 가지지 않는 것과 같은 이치이다. 위안화 인상을 강력히 주장한 미국입장에서도 일단 중국이 시장화 신호를 보냄에 따라 절상 폭에 대한 논의는 차후 협상으로 돌린 측면이 강하다.

사실 2005년 7월 21일 발표된 환율제도의 변화는 중국 내부 스케줄보다는 적어도 반년 정도 지연된 것 같다. 국제사회가 강요하지 않더라도 중국경제 자체가 환율제도 변경을 요구하는 수준이었다. 위안화 절상문제가 불필요하게 정치 쟁점화됨으로써 중국 입장에서는 일종의 항복요구로 받아들여졌다. 또한 국제투기세력에게 잘못된 신호로 전달될 소지 역시 다분하였다. 중국정부 금융시장에 대패라는 타이틀은 정말 피하고 싶었을 것이다. 결과론적으로 중국정부가 시장에게 밀린 것은 사실이다. 2007년 핫머니 유입 규모만 보더라도 변명의 여지는 없다. 중국정부도 현 환율제도 유지에 힘겨운 모습을 보이고 있다. 외환관리 측면에서 현행 제도의 난맥이 도출되고 있다. 당장은 아니더라도 수정을 가할 소지는 다분하다. 큰 밑그림을 그리고 시작한 현행 환율제도가 5년도 되지 않아 흔들리는 모습은 뼈아픈 교훈으로 다가올 것이다.

그럼 중국 현 환율 제도가 내포하는 의미를 장·단기적으로 분석하여 보자. 중국 인민은행장 조우샤오추안(周小川)은 2005년 8월 10일 상해인민은행 총부 설립 개막식에서 위안화 통화바스킷 구성 통화에 대해 언급하였다. 주요통화로 미화, 유로화, 엔화, 원화 4가지 통화를 두고, 싱가포르 달러, 영국 파운드, 말레이시아 링깃, 러시아 루블, 호주 달러, 태국 바트 및 캐나다 달러를 보조통화로 삼는다는 것이다. 즉, '4+7'의 형태를 띠고 있다. 또한 통화바스킷 내 각국 통화 비중은 중국 경상항목에 대한 각 나라별 비중을 고려하여 설정한다고 밝혔다. 여기서 흥미로운 점은 원화가 통화 바스킷을 구성하는 4대 통화에 포함된 사실이다. 한국이 이에 대하여 무관심한 태도로 일관한 반면 '중국자체' 내에서는 금번 통화바스킷 제도의 최대 다크호스로 '원화'를 꼽았다

긍정적 의미로는 원화의 국제적 신뢰도 및 한국의 중요성이 상승하였다고 볼 수 있다. 하지만 통화바스킷 구성 통화를 자세히 살펴보면 그 내포하는 뜻이 결코 간단치 않다는 사실을 발견할 수 있다. 4대 주요 통화 중 동아시아권 통화가 2개(엔화, 원화) 속하며, 7대 보조통화에도 3개가 포함되어 있다. 11개 통화 중 5개가 동아시아권 통화인 셈이다. 특히 5개 통화 중 엔화를 제외한 4개 통화 모두 연화(軟貨, soft currency)라는 사실은 일반적인 금융논리로 설명하기 힘들다. 국제금융상에서 연화는 경화(硬貨, hard Currency)의 반대되는 개념으로 사용되고 있다. 경화는 국제거래 결제를 위한 지불수단으로 자유롭게 전환될 수 있는 통화를 가리키며 연화는 전환

불가능 화폐를 일컫는다. 참고로 외환과 관련하여 그레셤의 법칙 (Gresham's law) 이라는 것이 존재한다. 그레셤의 법칙은 '악화(惡貨)는 양화(良貨)를 구축(驅逐)한다'로 표현될 수 있다. 즉 가치가 열등한 화폐가 우량한 화폐를 몰아낸다고 해석될 수 있다. 금융권뿐만 아니라 사회 전체에서도 그레셤의 법칙이 활개를 치고 있다. 과거의 악화(惡貨)인 위안화가 양화(良貨)인 미 달러와 홍콩달러를 몰아내고 있는 현실 역시 그냥 웃어넘길 만한 사항은 아니다.

그럼 중국은 왜 상기와 같은 통화바스킷을 구성한 것일까? 장단기로 나누어 그 의미를 살펴보도록 하자. 단기적으로는 3가지 목표를 추구하고 있다고 생각된다. 첫째 중국 수출경쟁력 유지이다. 일본, 한국, 싱가포르, 말레이시아, 태국은 중국의 주요 교역국인 동시에 수출 경쟁국이다. 통화바스킷에 수출 경쟁국 통화를 포함시킴으로 위안화가 5개국 통화와 유사한 흐름을 보이도록 유도하는 것이다. 하지만 실제 운영상에서는 미 달러화에 과도한 집착을 보이고 있다. 둘째로 외환보유고 다변화를 들 수 있다. 중국의 외환보유고 증대는 세계에 유래가 없을 정도로 빨리 진행되고 있다. 하지만 외환보유고 대부분이 달러화 자산으로 중국입장에서는 양날의 칼과 같다. 미국 재무부 발표에 의하면 2008년 1분기 중국이 보유한 미 국채는 5,000억 달러를 초과하는 것으로 집계되고 있다. 끝으로 환율 변동성 관리이다. 동아시아권 통화 5개 모두 수출 주도형 화폐로 정부가 직간접적으로 환율을 관리하고 있다. 또한 엔화를 제외한 4개 통화 모두 국제 유동성이 충분하지 않다. 변동성 관리가 상대적으로 쉬운 통화인 것이다. 그럼 시각을 좀 더 확장하여

장기적 관점에서 현 중국 환율제도를 살펴보자. 중국은 19세기 이전 아시아권, 특히 동아시아 유일의 슈퍼파워(Super Power)로 군림하였다. 하지만 19세기 이후 헤게모니를 미국, 유럽, 일본에 넘겨주면서 종이호랑이로 전략하였다. 그런 중국이 신장된 경제력과 정치력을 바탕으로 예전의 영화를 되찾으려고 하고 있다. 지역경제 통합도 이런 맥락에서 이해할 수 있다. 중국이 아시아를 주도하였을 당시가 가장 평화롭고 안정되었으며 경제와 문화적으로도 최상의 번영기를 맞이하였다는 관점이 중국정책의 밑바탕에 존재한다.

아직까지는 일본이 중국 경제력으로 앞서고 있지만 2015년 전후로 중국이 일본을 추월하여 아시아 최대 경제대국으로 부상할 것이다. 중국에게는 앞으로의 10년이 향후 몇백 년을 좌우할 중요한 시기인 셈이다. 중국지도자들이 공식 및 비공식 석상에서 향후 10년 동안 동아시아 안정이 무엇보다 중요하다고 역설하는 이유도 여기에 있다. 참고로 2005년 8월 10일 중국인민은행장 조우샤우추안(周小川)은 상해인민은행 총부 설립 개막식에서 제1 명제로 위안화 통화바스킷이 아닌 '금융중심'을 역설하였다. 중국은 세계금융중심으로 나아가고 있으며, 위안화는 그 첨병 역할을 할 것이다. 아시아는 이미 중국이라는 바스킷에 담겨 있으며 중국은 그런 다원주의적 문화에 익숙하다.

2.3 위안화 환율흐름

1980년 달러 대비 위안화 환율은 1.50 위안에 불과하였지만

1994년에는 8.62 위안까지 상승하였다. 그 이후 소폭 하락세로 반전하였지만 근 10년 동안 8위안대를 고수하였다. 통화바스킷제도로 변경하기 전 중국은 사실상 고정환율제도를 유지하였다. 명목상으로는 관리변동환율제도를 전면에 내세우고 있지만 실질적인 환율수치는 고정환율제도라는 것을 보여준다. 홍콩은 통화위원회(currency board) 제도를 채택하고 있는데, 이 제도는 미국 달러를 준비금으로 삼아 자국통화를 발행하는 것이다. 쉽게 말해서 홍콩달러를 발행할 때 일정비율의 미국달러를 전액준비금으로 중앙은행에 예치하여야 한다. 무역 등을 통하여 미 달러 보유가 증가하면 그만큼 홍콩달러 발행을 확대시켜야 하며 그 반대는 축소시키는 구조를 가지고 있다. 환율은 달러당 7.80홍콩달러를 기준으로 설정해두고 7.75홍콩달러 ~7.85홍콩달러 사이에서 관리하고 있다.

2007년 1월초 처음으로 홍콩달러와 위안화 가치 역전현상이 발생하였다. 표면적으로 펀드 혹은 직접투자 영향을 미친 사례는 그리 많지 않다. 하지만 투자자금 향방이라는 측면에서 메가톤급 영향을 미칠 사안이다. 환율과 금리 등을 감안할 경우 중국이 홍콩보다 더 매력적으로 다가올 수도 있기 때문이다. 증시가 아니더라도 부동산 시장과 같은 실물자산 쪽으로 자금이 움직일 수도 있고 예금으로 돈이 몰릴 수도 있다. 미 달러와 연동되어 하락하고 있는 홍콩달러를 지켜보는 입장에서 위안화는 상대적으로 눈에 확 들어올 것이다. 중국으로 핫머니 유입이 가속화되고 있는 원인이기도 하다. 미국이 금리를 낮게 유지할수록 홍콩은 페그제 유지를 위하여 은행에 더 많은 유동성을 공급하여야 한다. 자산버블이 심화될 것이며 한동안 홍콩은 파티를 즐길 것이다. 하지만 파티가 끝난 후 홍콩은 여기저기 수습해야 할 쓰레기들로 넘쳐날 것이다.

다시 위안화 문제로 돌아가보도록 하자. 중국은 2007년 5월 21일부터 기존 일일 환율변동폭을 0.3%에서 0.5%로 확대하였다. 그 결과 2007년 1월 7.8073으로 시작한 달러 기준환율이 2007년 12월말에는 7.3046위안까지 하락하였다. 연 변동폭은 6.5% 정도로 2006년 3.2% 대비 2배 정도 증가한 셈이다. 2008년 4월 7.0위안 장벽이 무너진 후 2008년 7월말 현재 6.8위안을 기록하고 있다. 내년에는 6.0 위안을 장담하기 힘들지도 모른다. 그럼 여러분의 투자수익률에 영향을 미칠 원/미국달러, 원/홍콩달러, 원/중국위안 환율 변화를 간략히 살펴보기로 하자.

[그림2] 주요통화 대비 원화(Won) 추이

사료제공: 숭국경제정보분석(CEIA)

[그림2]는 2006년 1월초 환율을 100으로 두고 원/미국달러, 원/홍콩달러, 원/중국위안 사이의 추세변화를 나타낸 것이다. 홍콩달러가 미국달러에 고정화됨에 따라 원/미국달러와 원/홍콩달러는 동일한 흐름을 보이고 있다. 따라서 원/미국달러와 원/중국위안 환율 변화에 관심을 집중하여도 될 것 같다. 원/중국위안 수치는 2006년 5월을 기점으로 상승 반전된 것으로 나타났다. 달리 말하자면 원화대비 위안화가 절상된 것으로 볼 수 있다. 2008년부터 위안화 강세현상이 상당히 두드러지게 감지되고 있다. 2008년 2분기로 접어들면서 달러(홍콩달러 포함) 역시 원화대비 강세현상을 보이고 있다. 전년 하반기 이후 차이나펀드 혹은 직접투자를 실시하였다면 2008년 상반기말 현재 10% 이상의 환차익 기록하였을 것이다. 하락 조정장이 2009년까지 지속된다면 투자판단의 근거를 증시가 아닌 외환시장에서 찾아볼 수 있을 것이다. 환율과 펀드투자수익간의 역학관계는 본 서 제9장 세 번째 단락 '환율과 차이나펀드 수익률'을 참고하길 바란다.

3. 중국 금융시장의 한계

중국 금융위기는 외부요인보다 내부요인에 의하여 촉발될 가능성이 높다. 중국사회의 신용체계는 국가신용도와 행정력에 의존하는 경향이 강하다. 시장 내부적으로 신용관리 체계가 형성되어 있지 않으며 이는 금융위험을 배가시킨다. 금융시장이 시장 메커니즘보다 정부 정책에 좌우되는 모습을 보이며 이는 폭주로 연결되곤 한다. 중국 금융시장이 가진 한계점을 통하여 발전 뒤에 가려진 음영을 살펴보자.

3.1 국가신용에 대한 과도한 의존

금융시장에서 생존하기 위해서는 시장참여자 상호간의 신용이 필수적이다. 하지만 중국에서 신용은 "명목상의 제약조건" 그 이상도 그 이하도 아니다. 금융기관의 설립과 폐쇄는 행정기관 결정에 좌우되며 금융자산의 최종위험은 중국정부의 채권자 보호의지에 따라 결정된다. 정부가 중국 금융시장의 최종 신용담보제공자 역할을 자임함에 따라 채권자들도 금융기관에 대한 감독 책임을 맡으려고 하지 않는다. 이는 국유상업은행을 포함한 주요 금융기관이 이익추구보다는 경제질서 유지를 목적으로 설립되었기 때문이다. 태생적 한계가 존재하는 셈이다. 채권자의 시장감독기능은 약화된 반면 정부의 감독기능이 과도하게 팽창되고 있다. 2005년 이후 대형 국유은행과 중점국유기업에 대한 상장을 다급히 진행한 이유도 여기에 있다. 중국정부는 시장위험에 대한 최종책임을 채권자 혹은 투자자 본인이 짊어질 것을 요구하고 있다. 하지만 투자자들은 여전히 거부의 몸짓을 지속하고 있다. 중국증시가 폭락을 거듭하고 있는 현재 모든 투자자들은 정부만 바라보고 있다.

3.2 신용대출시장 왜곡

신용대출시장 왜곡문제는 금융시장뿐만 아니라 중국경제가 안고 있는 심각한 환부이다. 대출시장이 은행권을 중심으로 움직이는 상황에서 최대 대출제공자인 국유상업은행은 국유기업에 대출을 몰아주고 있다. 참고로 2008년 상반기말 현재 은행권 자산의 52.2%가 4대 국유상업은행에 집중되어 있다. 전체 기업대출의 70% 이상이 소수의 국유기업에 집중된 상태에서 도덕적 해이 역시 빈번히 발생하고 있다. 취업창출 압력은 민영기업이 부담하고 대가는 국유기업이 챙기고 있다. 왜 이런 불합리한 현상이 발생하는 것일까? 은행관리층과 지방 정부의 이해관계가 일치하기 때문이다. 중국 국유기업의 실제 관리자는 각 지방정부로 설혹 국유기업 대출이 불량화되더라도 은행관리층은 중앙정부로부터 감독소홀에 따른 문책만 당할 뿐 실제 불이익은 거의 없는 상태이다. 즉 은행관리층은 지방경제 발전에 기여한 '정치적 업적'을 토대로 지방정부로부터 상당한 지위를 보장받게 된다. 정치논리가 경제논리를 압도하고 있으며 이는 곧 은행권 불량대출을 야기시킨다.

3.3 금융관리 효율성 하락

과거 봉쇄 경제하에서는 행정관리수단을 통한 위험통제가 가능하였다. 하지만 개방경제로 넘어서면서 금융시장 변화속도를 행정수단이 따라가지 못하는 기현상이 벌어졌으며 이는 금융관리 효율성을 급격히 하락시켰다. 전면적이고 장기적인 위험을 부문적인 단기 행정명령으로 처리하는 경향이 강하게 나타났다. 핫머니 유입, 부동산 시장과 증시 버블 등에서 나타난 중국감독당국의 임시방편적 대처 상황이 정책부담을 가중시키고 있다. 체계화된 위기관리시스템이 구축되지 않는다면 중국 금융시장은 예상외로 쉽게 무너질 수도 있다.

3.4 통계 시스템적 문제

정책 수립은 정확한 통계 데이터를 기초로 이루어진다. 중국의 경우 통계시스템이 체계화되지 않은 상태로 통계 결과에 대한 신뢰성도 상당히 낮다. 실례로 2004년 각 지방이 보고한 GDP 데이터를 산출하면 국가통계국이 공식 발표한 GDP 수치보다 3.9 포인트 높다. 이는 지방이 산출한 GDP를 토대로 중앙 정부가 재조정하는 2중 구조를 택하고 있기 때문이다. 2007년 수치 역시 이와 오십보백보인 상태이다. 각 지방정부의 정확한 채무 규모는 누구도 알지 못한다는 우스갯소리로 항간에 떠돌고 있다. 긴축과 성장 같은 극단적인 정책결정에 있어서 부정확한 통계수치는 현상을 오도할 수 있다. 은행권 불량채권 규모에 대해 우리가 여전히 염려의 시선을 보내는 이유이기도 하다.

4. 투기자금과 금융위기

4.1 아시아지역 헤지펀드 규모

헤지펀드(Hedge Fund)란 국제금융시장에서 공격적인 투자포지션으로 높은 운용수익을 노리는 민간 투자기금을 통칭한다. 대표적인 헤지펀드로는 조지소로스의 퀀텀펀드, 로버트슨의 타이거펀드가 있다. 이들은 레버리지 효과를 이용하여 운용자금을 훨씬 초과한 막강한 파워를 발휘하고 있다. 2005년 헤지펀드(Hedge Fund) 규모는 1.1조 달러, 사모투자펀드(Private Equity Fund)는 0.7조 달러로 알려지고 있다. 하지만 다음해인 2006년 증시활황 기조를 등에 없고 1조 5천억 달러까지 헤지펀드 규모가 확대 것으로 추정된다. 지역별로는 60% 이상이 미국에 소재하고 있으며 유럽과 아시아는

25%와 8% 전후로 예측된다.

[그림3] 연도별 헤지펀드 규모

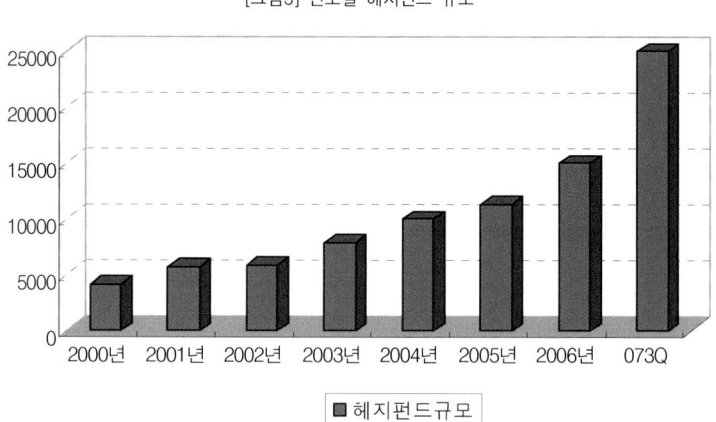

자료제공: 헤지펀드인텔리전트(Hedge Fund Intelligence)

헤지펀드인텔리전트(Hedge Fund Intelligence)에 의하면 2007년 3분기말 현재 글로벌 헤지펀드 규모는 2조 5천억 달러에 이를 것으로 추정되고 있다. 이 수치는 2006년보다 65% 이상 증가한 것이다. 한편 파이낸셜 타임즈는 국제금융시장 경색에도 아랑곳하지 않고 헤지펀드 규모는 확대추세에 있다고 진단하였다. 또한 2008년 상반기 2조 9천억 달러까지 확장된 것으로 보고 있다. [그림3]은 2000년부터 2007년 3분기까지 헤지펀드 확장추이를 나타낸 것이다. 2000년 대비 6배 이상 규모가 급증한 것을 관찰할 수 있다.

한편 아시아 지역 헤지펀드를 지역별로 세분화하면 [표4]와 같다. 2006년 상반기말 현재 아시아 헤지펀드 규모는 1,280억 달러 정도로 전망되고 있다. 지역별로는 호주, 영국, 미국과 같은 영미계 자금이 60% 정도를 차지하고 있다. 반면 일본과 홍콩 등 아시아권 자금은 40% 내외를 그리고 있다. 2004년 대비 2005년 아시아권 헤지펀드 규모가 2배정도 확대되었는데, 이는 최근까지 지속된 아시아 증시활황세를 사전에 예고한 것으로 확대 해석할 수 있다. 글로벌 헤지펀드의 10% 정도가 아시아권에 투자한다고 보았을 때 2008년 현재 아시아 헤지펀드 규모는 최하 2,000억 달러 이상일 것으로 추정된다.

[표4] 아시아지역 헤지펀드(Hedge Fund) 현황

단위: 십억 달러

지역	2000년	2001년	2002년	2003년	2004년	2005년	2006년
UK	2.80	3.30	3.39	6.41	12.30	17.85	19.56
Australia	0.50	0.70	1.80	5.40	11.02	27.29	30.52
Japan	3.50	4.82	6.91	9.30	11.67	22.40	22.31
Hong Kong	1.80	1.50	2.80	5.17	10.10	15.91	19.63
USA	3.00	4.70	5.00	6.64	10.20	25.90	28.00
Singapore	0.30	0.40	0.50	1.10	2.39	3.80	6.03
Other	0.10	1.00	0.40	1.19	1.43	1.43	1.98
합 계	12.00	16.42	20.80	35.21	59.11	114.57	128.04

자료제공: 헤지펀드인텔리전트(Hedge Fund Intelligence)

공격적 포지션을 취하기 위하여 헤지펀드 자금이 중국에 유입된다고 보기는 힘들다. 일부 전문가는 2007년 한 해 최대 5,000억 달러 정도의 핫머니가 중국으로 유입되었다고 주장한다. 그 가운데 일부

는 헤지펀드 자금일 수도 있다. 전면적인 자본자유화가 이루어지지 않았지만 부동산, M&A, 지분인수, QFII 등 다양한 자금유입 통로는 마련되어 있다. 2008년 상반기말 현재 1조 8,088억 달러의 외환보유고를 자랑하는 중국을 상대로 헤지펀드들이 머니게임을 할 수 있을지는 의문이다. 금리와 환율 차이, 왜곡된 시장 조정과정에서 이익추구는 가능할 것이다. 다만 1992년 영국 파운드화 투매, 1997년 IMF 사태와 같은 전면적인 도발은 힘들 것이다. 홍콩 등 역외시장을 통한 우회공격 가능성은 존재한다. 하지만 2010년 이전은 아닐 것이다.

4.2 투기자금 규모

투기자금을 추정하는 방법은 크게 세 가지로 나누어 볼 수 있다. 첫 번째는 해외직접투자와 상품수지를 이용하는 방법이고, 두 번째는 해외직접투자와 경상수지 자료를 이용하는 것이다. 마지막은 국제수지표 상의 오차 및 누락항목을 통하여 추정하는 방법이다. 일반적으로 두 번째보다 첫 번째 방법을 선호한다. 경상수지 항목은 상품수지 이외에 서비스수지와 기타 조정항목 존재로 자금흐름을 모호하게 할 가능성이 높다. 따라서 우리는 투기자금 규모를 외환보유고 증감분에서 순 직접투자금금액(FDI)와 상품수지 혹은 경상수지를 차감한 금액으로 정의한다. 단순하게 보일지 모른다. 하지만 단순한 것이 핵심에 가장 근접하기도 한다. 참고로 투자자금 흐름파악은 금융위험 측정뿐만 아니라 여러분의 투자결정에 중요한 지표로 사용될 수 있다. 자금향방에 따라 부동산시장과 증시가 들썩거릴 수 있다.

[표5] 중국 외환현황 지표

단위: 억 달러

년 도	순 FDI	상품수지	경상수지	외환보유고증감	오차 및 누락
2000년	374.8	344.7	205.2	109.0	(118.9)
2001년	373.6	340.2	174.1	465.9	(48.6)
2002년	467.9	441.7	354.2	742.4	77.9
2003년	472.3	446.5	458.7	1,168.4	184.2
2004년	531.3	589.8	686.6	2,066.8	270.5
2005년	678.2	1,341.9	1,608.2	2,089.4	(167.7)
2006년	602.7	2,177.5	2,498.7	2,474.7	(128.8)
2007년	560.5	3,153.8	3,718.3	4,619.1	164.0

원천: 중국외환관리국, 상무부, 중국경제정보분석(CEIA)

[표5]는 투기자금 규모 측정에 사용되는 지표들을 연도별로 정리한 것이다. 상품수지 규모확대와 함께 외환보유고도 지속적으로 증가하는 것을 알 수 있다. 순 직접투자금액은 2005년 678억 달러를 정점으로 하락세를 거듭하고 있다. 2007년 상품수지 흑자규모는 2006년보다 44.8% 증가한 것으로 나타났다. 경상수지는 상품과 서비스를 사고팔거나 자본, 노동 등 생산요소 제공에 따른 대가로 받은 외화와 지급한 외화의 차이 등이 기록된다. 즉, 상품을 사고판 결과를 나타내는 상품수지, 서비스를 사고판 결과를 기록한 서비스수지, 이자, 배당, 근로소득 등을 기록하는 소득수지, 그리고 대외원조 등 반대급부와 상관없이 이루어지는 경상이전수지가 기록된다.

중국의 경우 2003년 이전에는 상품수지 흑자규모가 경상수지 흑자규모를 초과하였지만 그 이후로는 경상수지 흑자의 85% 전후에서 상

품수지 흑자가 형성되고 있다. 2007년도 경상수지 흑자규모는 3,718
억 달러로 2006년보다 48.8% 신장된 것으로 나타났다. 이는 상품수
지 증가율보다 4포인트 정도 높은 수치이다. 한편 오차 및 누락항목은
국제수지표상에 공식적으로 포착되지 않는 외환거래를 반영한다. 2004
년 270.5억 달러를 기록한 이후 2005년과 2006년 모두 마이너스(-)로
돌아섰다. 단 2007년 다시 플러스(+) 164억 달러로 반전되었다.

[그림4] 중국 내 투기자금 유출입 현황

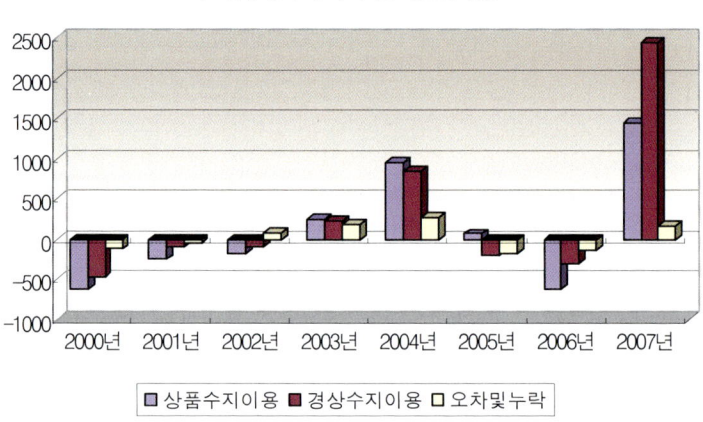

자료제공: 중국경제정보분석(CEIA)

[그림4]는 상품수지, 경상수지를 이용하여 투지자금 규모를 측정
한 것이다. 오차 및 누락은 그 금액 자체를 투자자금 규모로 간주
하였다. 추정방법 별로 규모상의 차이는 존재하지만 2003년과 2004
년 상당한 투기자금이 중국으로 유입된 것은 같다. 중국 학계는
2004년 1,000억 달러 정도가 유입된 것으로 추산한다. CEIA 분석

결과에 의하면 2003년 184억 달러~250억 달러 상당의 핫머니가 중국으로 스며든 것 같다. 당시 위안화 평가절상 문제가 본격적으로 제기되었다. 2004년에는 최소 271억 달러, 최대 946억 달러 상당의 투기자금이 유입된 것 같다. 2003년과 2004년은 중국 부동산 투자 열기가 최고조에 이를 때이다. 당시 전세계 화교권 자금이 중국 부동산 시장으로 몰려들고 있었다. 전세기를 동원한 화교자금이 신규 아파트 물량을 대량으로 매점매석한다는 루머가 돌고 있었다.

2005년 일부 핫머니들이 이익실현 후 탈출한 것으로 보이며 2006년 최대 630억 달러 정도가 중국에서 빠져나간 것으로 추산된다 2007년에는 1,400억~2,400억 달러 정도의 투기자금이 재 유입된 것으로 추정된다. 이들 신규 핫머니와 기존 투기자금이 결합되어 2007년 홍콩과 중국증시 폭등을 불러일으켰을 것으로 판단된다. 여기서 굳이 홍콩을 중국보다 앞에 둔 이유는 홍콩은 국제 핫머니뿐만 아니라 중국 자체 회색자금의 역외 통로로 이용되기 때문이다. 투기자금 유·출입 패턴상 2008년은 유입보다는 유출에 무게중심이 옮겨진다. 2006년은 부동산 투기자금이 빠져나간 반면 올해는 증시자금 유출이 주류를 이룰 것이다. 설혹 유입으로 가닥이 잡히더라도 2007년과 같은 대규모 유입은 기대하기 힘들 것 같다. 부동산 시장과 증시를 제외한다면 눈에 들어오는 곳은 외환시장뿐이다. 대규모 레버리지를 일으킨다면 금리와 환차익을 통한 수익범위는 고정시킬 수 있을 것이다. 하지만 외환시장은 먹을 만한 고기이지 살찐 고기는 아니다. 비시장적 정책을 중국이 들고 나온다면 과도한 레버리지는 오히려 외통수가 될 수 있다.

4.3 중국 금융위기 가능성

2008년 상반기말 현재 한국 외환보유고는 2,500억 달러 정도이며 그 중 2,000억 달러가 단기자금으로 추산된다. 암울한 음영이 세계 5대 외환보유국 타이틀 이면에 잠재하고 있다. 그럼 1조 8,088억 달러의 외환보유고를 자랑하는 중국은 어떠할까? 일부 전문가는 현재 중국 내 핫머니 규모가 외환보유고에 맞먹는다는 주장도 하고 있다. 실제 그럴 가능성도 전혀 배제할 수 없다. 중국외환관리국 발표자료에 의하면 2008년 1분기말 현재 중국은 3,926억 달러 정도의 채무를 지고 있다. 그 중 단기부채는 2,367억 달러 정도로 추산된다. 즉 전체 외환보유고 기준 부채비율은 23% 수준에 불과한 단계이다. 2007년 기준 중국 국내총생산(GDP) 대비 외채비율은 11.0%로 영국(417.9%), 미국(93%), 한국(39.2%) 등 보다 상당히 낮은 수준이다. 글로벌 경제환경 악화와 중국 금융위기를 연결시키는 논의는 상당히 과장된 측면이 있다.

다만 중국이 중국사회에 짊어진 채무와 핫머니 특성이 우리를 약간 불안하게 한다. 2005년 기준 중국 GDP 대비 국가채무 비중은 110%를 상회할 것으로 추정된다. 동 기간 일본은 160%, 미국은 64% 정도로 예상되며, 한국은 상대적으로 낮은 30% 정도로 전망된다. 중국 금융위기 가능성은 분명히 존재하였다. 하지만 2007년으로 시점을 이동한다면 그 확률은 현저히 낮아진다. 현재 중국 GDP와 외환보유고는 빠른 속도로 확장되고 있다. 내부적 금융위기를 양적 팽창을 통하여 억제하고 있는 것이다. 또한 국유기업 IPO

를 통하여 자금확보와 위험분산이라는 일석이조의 효과를 보고 있다. 대형국유기업 IPO 당시 중국정부는 해외투자자들을 전략적 파트너로 끌어들이고 있다. 시장감시 기능을 주요 주주에게 넘김으로써 정부부담은 감소와 경영투명성 향상을 꾀하고 있는 셈이다. 금융위험의 최후 보류는 여전히 중국정부가 짊어지겠지만 그 무게를 상당히 가볍게 하고 있는 것이다.

중국의 금융위기는 내부적 요인에 의하여 초래될 가능성이 높다. 소비가 뒷받침되지 않는 경제구조하에서 경기둔화, 즉 팽창의 축소는 바로 부실 채권화로 이어지며 이는 금융권, 특히 은행권을 뒤흔들 것이다. IPO 이전 중국 4대 상업은행의 부실채권비율이 20% 이상이었다는 점을 명심하길 바란다. 다시 그 수준으로 돌아갈 기미가 보인다면 부동산, 증시, 직접투자 명목으로 잠재되어 있던 핫머니들이 일시적으로 이탈할 가능성 역시 존재한다. 불충분한 자본자유화가 대규모 자금이탈을 방지할 것이라는 순진한 생각은 던져버리는 게 좋다. 진입할 수 있으면 퇴로도 분명히 존재한다. 홍콩이라는 이상적인 가교 역시 눈앞에 있다.

중국 원자바오 총리도 언제 터질지 모르는 3개의 폭탄이 중국에 있다고 역설하고 있다. 그 가운데 하나가 바로 금융위기이다. 일본은 자산버블 붕괴, 한국은 1997년 IMF 사태를 통하여 위기대응 능력을 향상시켰다. 하지만 중국은 아직 그 경험이 없다. 금융시장을 부분적으로 흔드는 위기가 아닌 전면적 금융위기가 발생한다면 중국은 극단적인 해법을 내놓을 가능성이 높다. 그래서 더욱 불안한 것이다. 시장에서 생각할 수 있는 가장 극단적인 해법도 정치적 해법보다는 안전하다. 시장 속 해법은 투자자에게 기회일 수도 있다. 일시 거래중단은 받아들일 수 있어도 잠정중단 조치는 투자자에게 힘겨운 세월을 요구할 것이다. 금융, 경제위기가 정치위기로 변질된다면 여러분은 장기간 중국증시를 벗어나 있는 것이 좋을 것이다. 하지만 이런 극단적인 시나리오가 발생할 가능성은 그리 높지 않다. 적어도 한국보다는 중국 금융위기 방어막이 더 견실하다. 외환보유고는 어떤 무기보다 효과적이다. 한국이 흔들린다고 중국이 심각한 타격을 받을 가능성은 거의 없다. 오히려 우량기업을 M&A하는 기회로 삼을 것이다. 하지만 중국이 흔들리면 한국은 중국보다 더 힘든 시기를 보낼 것이다. 중국 금융위기는 투자자뿐만 아니라 독자 여러분들의 눈물을 요구할지도 모른다.

part_06 중국증시 심층 분석

본 장의 구성은 크게 중국증시 발자취 이해, 중국증시의 문제점과 매력도, 중국증시를 움직이는 세력과 '정책시'라는 말이 나오게 된 연유와 그 실제 사례를 살펴보도록 한다. 다음 장이 통계수치를 통한 정량적 분석에 집중하였다면 본 장은 현 중국증시 이해에 초점을 두었다. 정성적 분석으로 내용을 이끌어가고 있으며 간혹 지루한 부문도 있을 것이다. 기업마다 차이는 있지만 대개 입사서류의 첫 머리는 성장과정과 자기소개로 시작한다. 과거 성장과정을 이해하지 못한다면 현재와 미래의 행동패턴을 유추하기 힘들기 때문이다. 주식시장 역시 그 발자취를 모른다면 관련 정책과 향후 나아갈 방향을 추정하기 어렵다. 세계 Top 레벨의 경제, 금융 전문가들이 역사를 뒤돌아 보면서 현 상황을 점검하는 이유도 같은 맥락이다. 단타매매 전략을 추구하는 분들 이외에는 투자전략 수립에 있어 적지 않은 도움이 되리라 생각된다.

1. 중국증시 발자취

    중국은 20세기 초 이미 명실상부한 국제금융센터로서의 역할을 담당하였다. 중국 최초 증권 역시 외국인이 발행한 것이며 중국에 설립된 외국기업은 필요한 자금을 대부분 현지 조달하였다. 주식회사들이 증권거래소에서 상장되었으며 외국 투자자들도 빈번한 매매 활동을 수행하였다. 현재 중국 정부가 추진하고 있는 세계금융중심 프로젝트도 과거 중국으로 되돌아가려는 시도에 불과하다. 그럼 중국증시가 걸어온 발자취를 간략히 살펴보고 향후 방향을 점검해보기로 한다.

1.1 (舊)중국증권시장- 1949년 이전

중국 최초 증권은 외국인이 발행한 것으로 당시 외국기업은 설립에 필요한 대부분의 자금을 현지에서 자체 모집하였다. 19세기 말 민족자본이 형성되기 시작하였으며 1913년 신해혁명 당시 464개의 기업이 설립되었다. 이는 중국 근대화 공업자본의 75%에 해당하는 수치이다. 신해혁명 이후 위안스카이(원세개, 袁世凱)는 정권안정을 위해 각종 채권을 발행하였으며 서양에서 전문 투자지식을 습득한 유학파들도 생겨났다. 당시 증권거래는 대부분 차관(茶館)에서 이루어졌다. 거래규모가 확대됨에 따라 규범화된 거래체계가 요구되었으며 1914년 증권교역상 협회는 중국 최초의 증권거래소인 상해주식상업공회를 설립하였다. 참고로 중국은 거래소를 교역소로 부르고 있으며 현재 상해증권거래소(上海證券去來所)도 중국식으로는 상해증권교역소(上海證券交易所)로 표기하는 것이 올바르다. 상해주식상업공회는 회원제로 운영되었으며 매매방식으로는 경쟁과 협의매매를 채택하였다. 1914년 북양(北洋)정부가 증권거래소법을 발표함에 따라 992개에 불과하던 주식회사가 1917년 1,924개로 2배 정도 증가하였다. 1920년 7월 상해증권상품거래소가 설립되었으며 유가증권, 면사 및 금은 등을 거래하였다. 대련, 하얼빈 등지에도 상품거래소가 속속 설립되었다. 하지만 1922년 상해중외증권물품교역소 파산을 계기로 중국증시 버블이 무너졌으며 당시 100개에 이르던 상해소재 증권교역소 가운데 6개만 명맥을 유지하게 되었다. 중일전쟁 후 전국 유일의 단일거래소인 상해증권거래소가 1946년 설립되었지만 현 중국정부가 들어섬에 따라 역사의 뒤안길로 사라졌다.

1.2 태동기

당시 중국증권시장은 3단계로 나누어 볼 수 있다. 첫 단계는 제한적 관리가 이루어지던 시기로 중국 정부는 경제시스템 유지와 국민경제 회복차원에서 엄격한 관리하에 북경, 천진, 상해에 증권거래소가 설립하였다. 하지만 계획경제시스템이 안착되자 1952년 증권거래소를 폐쇄하였다. 둘째 단계는 1953년부터 1978년까지로 사회주의와 계획경제하에서 증권시장은 공백기를 맞이하였다. 마지막 단계는 1978년부터 1989년까지이다. 중국은 개혁·개방을 기초로 시장경제 체제로의 전환을 모색하였다. 그 결과 제11차 전국인민대표자 대회에서 농촌지역을 대상으로 책임관리제도가 진행되었다. 이 당시 수많은 성전(省鎭)기업들이 설립되었다. 하지만 정부의 기업대출 금지로 발전에는 한계가 있었다. 기업들은 부족한 자금해결을 위하여 직원들에게 일정금액 출자를 요구하였다.

중국정부는 1981년 이후 국채발행을 실시하였으며 1984년에는 공사채도 등장하였다. 또한 1987년 3월 국무원은 <기업채권관리잠정규정>을 발표하여 증권시장 법률체계를 처음으로 구축하였다. 하지만 1990년대 이전까지 주식거래는 여전히 장외시장을 통해 이루어졌으며 거래량도 그리 많지 않았다.

1.3 제도정비단계

중국 증권시장이 확립된 단계로 올해 중국증시를 짓누르고 있는 비 유통주 문제가 씨앗을 뿌린 시기이기도 하다. 이 시기는 크게 두 단계로 나누어 볼 수 있으며 그 기준은 주식시장 공식화 유무이다.

첫 번째는 전국화 단계로 1990년부터 1995년까지로 설정할 수 있다. 1990년 12월 상해증권거래소 설립, 1991년 7월 심천증권거래소 설립을 계기로 전자화, 집중화, 표준화 결제방식이 채택되었으며 전국단위 거래시스템이 운용되었다. 당시 증권거래소 설립 목적은 자본시장 육성화보다는 은행대출금 증가와 퇴직연금 확대에 따른 문제점 해결에 더 초점이 맞추어져 있었다. 지금도 중국지도층이 자본시장 가치를 인정한다는 말을 빈번하게 내뱉는 이유도 이런 태생적 역린(逆鱗)이 존재하기 때문이다. 기업 책임제 문제가 표면화된 것 역시 증권거래소 설립에 당위성을 제공하였다.

1992년 중국은 주식제도 시범범위를 확대·실시와 적극적인 금융시장 육성을 천명하였다. 1992년 12월 국무원은 <증권시장 거시관리 강화에 관한 통지>를 발표하였다. 이 조치에 따라 지방정부는 1~2개 기업을 선별하여 IPO를 실시하였다. 모집금액 규모는 행정구역에 따라 분배하는 방식을 취하였다. 지방정부와 상장사간의 밀접한 연관성이 이때 이미 태동된 것이다. 1994년 7월 중국은 <중화인민공화국공사법>을 발표하여 주식회사 운영에 관한 법률적 기초가 마련하였다. 그 결과 1991년 40개에 불과하던 상장회사가

1995년 1,076개로 대폭 증가하였다. 참고로 1992년 12종의 국채 선물이 상해증권거래소에 상장되었지만 탈법행위 만연으로 1995년 5월 국채 선물거래를 잠정 중단시켰다. 당시 상장기업 대부분은 중소기업들이었다. 주가지수를 분석할 경우 1996년 이전 데이터를 반영하지 않는 이유도 여기에 있다.

두 번째 단계는 증권시장 확립화 단계로 1996년부터 1999년까지를 일컫는다. 중대형 상장기업들 대부분이 이 시기 IPO를 단행하였다. 1996년 3월 중국은 <국민경제와 사회발전 95년 계획 및 2010년 장기목표강령>을 채택하였다. 이 강령을 통하여 주식회사 제도는 사회주의 경제의 중요 일부분으로 인정되었으며 처음으로 주식시장이라는 용어가 문서화되었다. 주식회사 제도와 주식시장이 국유기업 개혁의 촉매제로 간주된 것이다. 1998년 6월 중국증권감독위원회는 직접 선별한 512개 중점국유기업 이외에 지방정부 산하 기업들의 IPO 작업을 종용하였다. 1999년에는 <국유기업개혁과 발전에 관한 중대문제 결정>이 발표되었으며, 주식시장은 국유기업 개혁에 관한 정책적 방향으로 그 위치를 명확히 확립하였다. <중화인민공화국증권법>이 1999년 7월 정식으로 발표로 중국 증권시장의 법적인 위치가 뒷받침되었다. 그로부터 10년이 흐른 지금 중국 주식시장은 과거보다 더 막중한 임무를 강요받고 있다. 4대 국유상업은행 주식제 전환, 중점국유기업 IPO, 국유주 유통화, 산업구조 조정 등이 바로 그것이다. 유행이 반복되는 것처럼 역사 역시 반복되고 있다.

1.4 과도기

중국 증시는 국유기업 자금통로라는 역할을 짊어진 채 걸어가고 있다. 그 결과 중국증시는 계획화와 시장화, 법제화와 정책화 등 두 가지의 상반된 성격을 포함한 기형적인 형태를 나타내었다. 가격조정력과 시장메커니즘들이 충분히 발휘될 수 있는 여건을 갖추지 못한 것이다. 그럼 세 가지 측면에서 과도기 중국증시 특징을 살펴보기로 하자.

■ 불완전한 유통과 시장 비대칭성

70% 정도의 국유주가 비유통됨에 따라 증시는 본질가치보다 정부정책에 좌우되는 모습을 나타내었다. 30% 정도의 유통주만으로 형성된 주가는 그 대표성이 의문시되었으며 소유권 문제도 지속적으로 제기되었다. A주, B주, H주로 대표되는 다양한 시장구조 역시 중국증시를 복잡하게 만들었으며 동일종목, 이종가격이라는 비대칭적 가격구조가 나타났다.

■ 주식과 채권 시장의 불균형 발전

정부주도형 경제발전 전략으로 주식시장보다는 채권시장 중심으로 자본시장이 발달하였다. 국채의 원활한 발행을 위하여 회사채 발행을 정부가 엄격히 관리하였으며, 그 결과 채권시장은 국채만이 존재하는 기형적 상태를 나타내었다. 회사채 발행을 통한 자금통로가 막힘에 따라 기업들은 필요자금을 주식시장과 은행대출에만 과도하게 의존하는 형태를 띠었으며, 이는 금융시장 전반에 걸쳐 신용시스템이 정착되지 못하는 결과를 초래하였다. 또한 과도하게 집중된 은행부담으로 은행권은 불량대출에 시달리게 되었다. 주식시장과 달리 회사채 시장은 장기간의 경험과 데이터 축적이 필요하다. 이 말은 주식시장과 은행이 기업의 자금통로 역할을 상당기간 짊어져야 됨을 의미한다.

■ 지역 금융시장 간의 충돌

지역적 위치를 제외하고는 상해와 심천 증권거래소의 차별성은 그리 부각되지 않고 있다. 중국 내부적으로도 자원낭비라는 비난의 목소리가 높다. 2004년 이후 두 거래소간의 업무 분담을 추진하고 있지만 단기간에 뚜렷한 변화를 기대하기는 힘들다. 한편 상해를 중심으로 한 장삼각(長三角) 금융중심, 홍콩, 광동, 심천이 연계된 주삼각(珠三角) 금융중심, 북경과 천진을 위주로 한 북방(北方) 금융중심 사이의 충돌 역시 근본적인 조정이 필요한 항목이다. 지금은 수면 밑에서 잠복하고 있지만 홍콩증시가 중국과 중국증시에 있어서 무엇을 의미하는가에 대한 심각한 토론이 앞으로 10년 이내에 벌어질 것으로 생각된다. 레드칩(Red-Chips)의 본토회귀를 감독기관에서 강력히 희망하는 것도 그냥 넘길 사안은 아니다.

1.5 개혁기

중국정부는 11차 5개년 규획 (2006년~2010년) 비용을 주식시장을 통하여 확보하려는 의도를 가진 것으로 판단된다. 경제는 이미 예상을 초과하는 성과를 기록한 반면 금융부문은 여전히 답보상태에 있었다. 현재의 경제적 기반을 바탕으로 한 단계 중국을 도약시키기 위해서는 금융안정이 필수적이라는 사실을 인식한 것 같다. 본서에서는 개혁기 중국증시 특징 5가지를 간략히 살펴보기로 한다.

▣ 비유통주와 소유권문제 해결

<자본시장 개혁개방 및 안정적인 발전 추진에 관한 약간의 의견> 후속조치로 2005년 <상장회사 주권분리 문제 시범개혁에 관한 통지>를 발표하였다. 비유통주와 소유권이라는 민감한 문제에 대하여 본격적으로 메스를 가하였으며 2007년 현재 주권분리작업은 거의 대부분 완료된 상태이다.

▣ 국유 상업은행 주식제 전환

국유상업은행 IPO를 계기로 불량채권과 자본부족 현상을 일시에 해결하는 한편 전략적 투자자를 주요 주주로 영입함으로써 자금집행의 효율성을 꾀한 것으로 생각된다. 감독기관과 경영층에만 맡겨두었던 감독기능을 시장에 일부 이관하였다.

■ 법률체계완비

중국정부는 기존 법률이 새로운 경제 및 금융환경에 적절히 반영하지 못한다고 판단하고 법률체계를 정비하기 시작하였다. 우선 <회사법>과 <증권법>을 개정하여 기본 근간을 수립하였으며 <증권투자기금법>을 정식 발표하여 펀드가 새로운 시장주체로 부상할 계기를 마련하였다. 또한 국제회계기준에 부합되는 방향으로 기업회계기준을 정비하였다. 다양한 투자 상품개발을 위한 법적 기초도 마련하였는데, <단기대출채권관리방법>, <채권선도거래관리규정>, <자산증권화 관리방법> <중국금융선물거래소 거래규칙> 등이 바로 그것이다.

■ 증권시장 참여자의 다변화

2004년 10월 <보험기구투자자의 주식투자관리잠행규정>이 공포된 후 중국보험감독관리위원회는 2005년 1월 <보험공사의 주식자산 예탁 지도>와 <보험자금의 주식투자에 관한 문제의 통지>를 발표하여 주식투자에 관한 실무 지침을 마련하였다. 또한 QFII제도 이외에 2005년 12월 < 외국투자자의 상장회사 전략적 투자에 관한 관리방법>을 공포하여 외국투자자의 중국 주식시장 진출 통로를 다변화하였다. 하지만 A주 시장에 대한 외국투자자 진입은 여전히 제한되어 있다. 외국투자자의 A주 진입은 중국증시 부양책으로 검토될 수 있을 것이다.

■ 금융상품의 다양화

펀드시장에서 특히 금융상품 개발이 활발히 일어나고 있는데 상장지수펀드(ETF), 상장개방식펀드(LOF)가 2005년 출시되었다. 현재 15종류의 LOF 상품이 존재하며, 상해증권거래소에 상장된 50ETF 이외에 2006년 2월 심천증권거래소에 심정(深證)100 ETF가 상장되었다. 주식워런트 역시 새로운 투자상품으로 각광받고 있다. 채권시장도 단기채와 회사채 비율 상승이라는 구조적인 변화를 맞이하고 있다. 다만 주가지수 선물은 모든 준비과정을 마무리한 채 2008년 8월 현재 정부의 승인절차를 기다리고 있다.

2. 중국 증시의 허와 실

본 단락은 중국증시의 허(虛) 와 실(實)이라는 측면에서 증시발전 잠재력을 개념적으로 간략히 살펴보도록 한다.

2.1 중국증시의 허(虛)

중국 주식시장의 허(虛)를 한마디로 요약하자면 사상누각(沙上樓閣)이라는 점이다. 증시 참여자 간의 치열한 힘겨루기를 바탕으로 탄탄히 형성된 시장이 아니라 정책과 열기에 따라 시장이 휩쓸리는 시스템을 유지하고 있다. 자본주의 꽃인 증권시장을 중국식 사회주의 토양에 옮겨 놓음에 따라 초래되는 부작용이다. 중국식 사회주의라는 용어는 자오즈양(趙紫陽) 전 총서기가 1987년 제기한 개념이다. 사회주의는 유물론적 변증법과 계급투쟁설을 핵심으로 두는데, 그는 '투쟁' 대신에 중국식 전통가치인 '화해'를 전면에 두고 있다. 즉 투쟁이 아닌 화해적 사회주의를 건설을 목표로 한다고 볼 수 있다. 현 후진타오 중국주석이 강조하는 화해사회(和解社會) 역시 이 개념을 인용한 것이다. 중국은 기존 노동집약적, 자원소모형 경제성장 방식 한계로 성장 패러다임 변화가 절실하다. 하지만 효율성 강조가 부의 분배라는 사회주의적 가치와 충돌을 일으킴으로써 근본적인 변혁작업이 더디어지고 있다. 사유재산권인 물권법 통과문제로 좌파와 우파의 이념대립이 첨예하게 맞서고 있는 상황은 그 일면을 엿보게 한다. 그럼 중국증시 재도약을 가로막는 장애요인 3가지에 살펴보자.

■ 경제성장의 구조적 한계

중국은 정부주도형 경제성장을 거듭하여 왔다. 그 결과 성장구조 왜곡 현상이 발생하였는데, 그 대표적인 것이 소비침체와 산업구조 불균형이다. 공산주의 경제하에서 소비는 일종의 죄악으로 치부되었으며 절약을 최고가치로 생각하는 경제도덕이 형성되었다. 또한 기존 국가부담 하에 있던 각종 사회보장제도를 시장화됨에 따라 소비 촉진 기회를 가지지 못하였다. 소비로 흘러갈 자금이 노후대책을 위한 저축으로 탈바꿈된 것이다. 소비가 짊어질 부문을 투자가 초과 부담하게 되고 투자도 취업칭출 효과가 큰 서비스업이 아닌 제조업 중심으로 이루어졌다. 서비스업은 실물을 창출하는 생산적인 산업이 아닌 부유한 자본가의 사치를 지탱하는 도구였던 것이다. 현 경제구조의 밑바탕에도 생산과 노동을 우선시하는 공산주의 이념이 여전히 자리잡고 있다. 발등에 떨어진 불인 취업창출 문제는 서비스업 육성과 소비촉진을 제외하고는 출구가 없으며 중국도 최근 이념적 사고를 떠나 현실적으로 수용하는 자세를 보이고 있다. 사회 전체적으로 경제를 바라보는 시각이 이전과 많이 달라진 것 역시 서비스 육성정책에 힘을 실어주고 있다. 다만 소비촉진과 산업구조조정은 장기과제로 가시적인 성과를 단기간에 기대하기 힘들다. 내수주가 중국증시에서 날개를 다는 시간이 생각보다 긴 시간이 요구될 것이다.

◼ 차이나 디스카운트 존재

코리아 디스카운트(Korea Discount)라는 말은 지겹도록 들어보았을 것이다. 이전과 달리 자주 언급되지 않지만 여전히 한국증시의 복병으로 자리잡고 있다. 이와 동일선상에 차이나 디스카운트(China Discount)도 분명히 존재한다. 한국은 전쟁 요소가 특히 강조되는 데 반하여 중국은 불완전한 신용시스템이 문제시 되고 있다. 신용 시스템은 넓게는 정책 불투명성, 정부 통계자료 신뢰성 저하 등으로 나타나며, 좁게는 기업회계자료 불신, 내부자 거래 등으로 표출된다. 불완전한 신용체계는 체계적 위험과 개별적 위험 모두 가중시키고 있다. 한때 주룽지(朱鎔基) 전 총리는 중국상장기업 감소보고서 모두를 대형 외국계 회계법인에게 일괄 이양하는 방안을 고려하였다고 한다. 엔론사태가 발생하지 않았다면 중국회계법인의 앞날은 참담한 지경에 **빠졌을** 것이다. 사회전반에 걸친 투명성 문제는 외국투자자뿐만 아니라 국내투자자들도 색안경을 끼고 중국증시를 바라보게 한다. 신용시스템 구축은 중국이 보유한 막대한 외환보유고로도 해결하지 못한다. 중국사회 발전과 더불어 장기간 축적되어야 하는 요인이다.

◙ 기업 소유구조의 왜곡

국유주 문제는 오랫동안 중국증시의 발목을 잡는 요인이었으며 2008년 현재도 물량부담으로 증시가 맥을 추지 못한다. 2005년 주권분리개혁 작업을 통해 소유권에 대한 메스를 들었지만 단기간에 해결될 사안이 아니다. 국유주 문제는 크게 두 방향으로 접근할 수 있다. 하나는 시장가격문제이고 다른 하나는 소유권 문제이다. 전자는 중국과 홍콩증시 투자자 모두에서 직접적인 영향을 미친다. 대부분의 상장회사가 2007년 주권분리개혁 방안을 완료한 상태로 2008년부터 물량부담이 본격화될 것이다. 상승기에는 연 5% 정도의 물량부담은 시장 자체에서 흡수 가능할 것이다. 하지만 침체 혹은 하락장에서는 상당한 부담으로 작용할 것이다. 소유권 문제는 독자 여러분과 직접적 연관성은 떨어진다. 하지만 경영층 판단에 따라 기업실적이 좌우된다는 측면에서 관심을 가져볼 필요는 있다. 상장기업(H주와 레드칩 포함) 지배권과 경영권이 국유주주에게 귀속되는 경우가 대부분이다. 국유주주는 크게 중앙행정기관과 지방행정기관으로 나누어지며 실질적으로는 정부가 감독·관리한다. 따라서 회사 이익과 정부 이익이 상충될 때 맹목적으로 정부 입장에서 처리하는 경향이 강하다. 유통주 주주로 대표되는 시장투자자 이익은 언제든지 침해를 받을 수 있는 구조를 안고 있는 셈이다. 고유가로 한국 정유업계가 최고의 전성기를 구가하는 것과 달리 페트로차이나, 시노펙 등이 고전하는 이유도 여기에 있다. 물가통제라는 정부의 기본방침을 거역할 수 있는 중국 경영층은 그리 많지 않다. 중국 부동산 황제 왕스(王石)뿐만 아니라 홍콩에 적을 둔 리커싱 역시 중국정부를 대신하여 부동산과 증시 과열을 경고하기도 한다.

2.2 중국 증시의 실

중국증시가 안고 있는 각종 문제에도 불구하고 우리가 중국증시를 긍정적으로 보는 이유는 무엇일까? 아래의 매력적 요인들이 현실화되고 있기 때문이다.

▣ 경제규모의 확대

한강의 기적이라는 말로 대변되는 한국도 중국과 대비해서는 어딘지 모르게 위축되는 느낌을 받는다. 같은 성과라도 체급이 다르다면 체급이 높은 쪽에 후한 점수를 준다. 중소기업과 대기업 모두 순이익 30% 증가라는 성적표를 내민다면 대기업이 훨씬 높게 평가될 것이다. 흔히 중국은 잃어버린 100년을 만회하기 위하여 질주하고 있다고 말한다. 하지만 정확한 문구는 100년이 아닌 400년일 것이다. 세계의 중심이라는 외치던 400년 전의 영광을 회복하기 위하여 국가발전 전략을 수립하고 있으며 단계적으로 실천하고 있다. 20세기 말 중국 국민소득이 17세기 수준에 불과하다는 사실로 미루어볼 때 이 말을 허황된 소리로 치부하기는 힘들다. 대국굴기(大國屈起)라는 다큐멘터리에서 중국은 21세기 중국이 나아갈 길을 천명하고 있는지도 모른다. 중국에 있어서 경제성장률 자체는 무의미한 숫자이다. 국제적으로는 세계경제 침체, 국내적으로는 긴축정책이라는 부정적 요인에도 불구하고 2008년 경제성장률을 10% 내외로 추정하는 중국의 여유로움과 뚜렷한 방향성이 부러워진다.

◼ 세계금융중심

경제규모와 더불어 중국증시를 낙관하는 또 다른 이유는 금융발전 잠재력이다. 구체적인 내용과 수치는 제5장에서 이미 살펴보았다. 경제와 금융은 이분화될 수 없다. 대부분의 다국적기업들이 이미 중국에 진출하였으며 이들이 세계 메이저 금융기관들을 불러들이고 있다. 다국적 기업이 풍부하다는 말은 바로 다양한 금융서비스 수요가 존재한다는 말과 같다. 자본유출입 제한으로 그 기능을 현재 홍콩이 대신하고 있지만 결국 중국 본토로 상당부분 이전될 것이다. 홍콩 금융권이 불안에 떨고 있는 이유이기도 하다. 중국 내 세계금융중심 건설은 10년 이전부터 국가장기전략과제로 채택된 항목이다. 중국 지도층의 변화와 상관없이 2010년 이후 이 문제는 서서히 표면화될 것이다. 경제가 금융으로 전이되는 과정에서 상당한 굴곡은 있겠지만 장기흐름을 인위적으로 멈추기는 힘들 것이다. 세계의 중심으로 거듭나려는 중국에 있어 세계금융중심 건설은 필수적이며 이는 중국이 국제자금흐름을 주도한다는 것을 의미한다.

▣ 위안화 Hard Currency 문제

경제규모 확대와 세계금융중심이 좀 모호한 접근이라면 위안화 경화(Hard Currency) 문제는 상당히 구체적이고 직접적이다. 두 사항의 핵심을 함축적으로 표현한 것으로 볼 수 있다. 물론 예외적인 경우도 있지만 일반적으로 통화는 해당 국가의 파워를 표현한다. 그 결과 환율은 증시와 달리 국가라는 종목을 두고 움직인다. 중국을 중심으로 한 중화권 경제라는 말을 새삼 강조할 필요는 없을 것이다. 앞장 금융부문에서 '4+7'의 형태의 위안화 통화바스킷에 대하여 간략히 살펴보았다. 4대 주요 통화 중 동아시아권 통화가 2개(엔화, 원화), 7대 보조통화에도 3개가 포함되어 있다. 11개 통화 중 5개가 동아시아권 통화인 셈이다. 중화권 경제는 이미 그 틀을 구축하고 있으며 자본자유화와 더불어 위안화는 아시아 지배통화로 떠오를 것이다. 베트남, 태국 등 동남아 국가에서 위안화가 통용되는 지역이 확대되고 있다. 위안화 재테크라는 말도 심심찮게 들려오고 있다. 중국은 북한과의 변경무역에서 위안화 무역전용계좌를 통한 송금을 허가하였다. 북한의 중국무역 의존도는 70%에 육박하는 것으로 알려지고 있다. 북한도 이미 중화권 경제에 예속된 것으로 볼 수 있다. 증권전문지인 상해증권보(上海證券報)는 2007년 한해 5,000억 달러 규모의 핫머니가 유입되었다고 보도하고 있다. 부정적으로 보면 투기자금이지만 긍정적으로 보면 추종자인 셈이다. 일부는 위안화 형태로 반출되어 자연스럽게 경화 저변을 확대시킬 것으로 전망된다. 재중 한국인 수가 백만 명에 육박한다는 사실은 수사적 의미 이상을 우리에게 던져주고 있다.

　▣ 대형중앙기업의 존재

　국유자산관리위원회 산하 153개 중앙기업 가운데 미상장된 대형기업들도 다수 존재한다. 홍콩과 중국증시에 상장된 대형블루칩 대부분이 153개의 중앙기업에 편입된 기업들이다. 상당수 기업들이 국가안보와 사회 공공질서 유지를 위하여 여전히 국가관리하에 있지만 장기간 존속되지는 않을 것이다. 국유자산관리위원회도 몇몇 핵심기업을 제외한 모든 기업 상장을 내부 방침으로 정한 것으로 알려지고 있다. 2008년 8월에는 세계최대 궤도차량을 생산기업인 중국남차(中國南車)가 A+H 형식으로 IPO를 실시하였다. 참고로 A+H 형식이란 A주를 먼저 상장한 후 그 발행가격을 참고하여 H주를 상장한다는 IPO 전략이다. 일반적으로 H주는 A주보다 발행가격이 약간 높게 책정된다. 중국남차(中國南車)의 경우 일주일 정도 시간간격을 두고 A주와 H주가 상해와 홍콩증시에 상장되었다. 국유대형기업의 주식제 전환은 정책적 사안으로 중국증시가 하락을 넘어 완연한 침체국면으로 빠지지 않는다면 그 스케줄을 크게 조정하지는 않을 것 같다. 대형중앙기업 상장이 증시조절 용도로 사용될 소지도 있는 셈이다. 단기 물량부담 측면에서 증시에 부정적으로 작용할 가능성이 높다. 실제 2008년 중국증시에서 우리는 그 일면을 목도하기도 하였다. 하지만 장기적으로 보면 그만큼 중국증시가 대형 블루칩 위주로 재편된다는 것을 의미한다. 국가재산이라는 틀 속에 감추어두었던 핵심기업들을 시장에 맞선을 보이고 있는 셈이다. 시장주도 세력이라는 단 하나의 이유로 투자 포트폴리오에 편입시키는 불가피한 선택은 향후 피할 수 있을 것이다. 중국과 홍콩증시에 상장된 종목 수는 상당히 많다. 하지만 막상 입맛에 맞는 종목을 찾으려고 하면 그 풀이 상당히 좁아지는 느낌을 가진다. 인재풀이 크면 좋은 인재를 발견할 확률이 높듯이 투자대상이 풍부할수록 수익 역시 상승하게 된다. 소수의 대형주에 증시가 좌우되는 독점현상을 피할 수 있으며 상장종목 간 가치경쟁도 유발할 수 있다.

상기의 허와 실 힘겨루기 속에서 증시향방이 어느 쪽에 기울지 장담하기 힘들지만 증권시장 전체로 보았을 때는 그 질을 향상시킬 것이 분명하다. 그럼 다음 단락에서 현재 중국 증권시장을 좌우하는 파워그룹을 간략히 살펴보기로 하자.

3. 중국증시를 움직이는 이들

3.1 정책기관

▣ 국무원

국무원은 중국 경제, 금융, 사회정책을 모두 총괄하는 최고 정책기관으로 원자바오 총리의 주도하에 있다. 몇 년째 거시경제조절정책을 수행하고 있으며 기본적인 성향은 성장보다 안정 쪽에 무게중심을 두고 있는 것으로 파악된다. 중국 주식시장에 대하여서는 긍정적인 시각보다는 중립적인 성향을 보이고 있으며 그 결과 대내외적인 압력에 직면하고 있는 것이 현실이다. 2009년에도 기존 보수적 자세를 견지할 것으로 전망된다.

■ 국가발전개혁위원회

계획주의적인 색채가 강하다는 이유로 국가계획위원회가 현재의
국가발전개혁위원회로 탈바꿈하였다. 경제, 금융 등 전반에 걸쳐 수
요와 공급에 대한 조절정책을 담당하고 있으며 민간기업보다는 국
유기업을 통하여 그 영향력을 확대하고 있다. 기획예산처와 비슷한
업무를 수행하고 있으며 중국 주식시장에 대한 긍정적인 자세를 견
지하고 있다. 이는 국유기업 민영화와 주식시장 발전을 통하여 권
한 확대를 꾀할 수 있기 때문으로 판단된다.

■ 재경부

주식시장에 대한 재경부의 영향력은 인화세와 같은 세율조정, 기
업회계준칙 제정, 감독기관간의 업무 협조, 국채발행을 통한 유동성
조정 등의 간접적 형태로 이루어진다. 주식시장에 대한 기본 기조
는 국채발행 등과 맞물려 보수 관리적 성향이 강하며 경제 전반에
대한 관점보다는 예산집행 측면에서 금융시장을 대하고 있다.

■ 중국인민은행

중국증권감독관리위원회 설립 전에는 중국인민은행이 증권시장을
통일 관리하였다. 감독기능은 하기(下記)의 개별 위원회에 이행하
였지만 통화정책과 금융기관 심사와 관리를 통하여 증권시장에 여
전히 영향력을 행사하고 있다. QFII 투자금액 비준권을 가지고 있

는 외환관리국을 산하에 들고 있으며 투자자금 해외유출입(일례로 홍콩직통차) 정책에 직간접적으로 개입되어 있다. 미국 FRB처럼 자본시장에 대한 적극적인 행보를 지속하고 있다.

■ 증권감독위원회

증권감독관리위원회의 업무는 유가증권시장과 선물시장의 중앙 집권적 감독체제를 확립하는 것이다. 즉 유가증권, 선물시장감독 기구에 대한 직접적인 운영과 통제, 주식 및 선물시장에 참여하는 주식, 선물 거래소, 상장회사, 자금운영회사 등에 대한 감독을 통하여 시장의 투명성 향상과 금융위기 방지에 노력하는 것이다. 또한 유가증권시장을 규율 하는 법과 규정 초안을 작성하는 업무도 맡고 있다. 주식시장 관리보다는 육성 발전에 무게 중심을 두고 있다.

■ 은행감독위원회

은행감독위원회는 은행에 대한 감독관리업무를 수행하고 있는데 자본시장의 급격한 개방보다는 보수적 관리체계를 더 선호하고 있다. 이는 중국 주식시장이 급격히 확장됨에 따라 은행 본연의 업무가 위협받고 있기 때문이다. 2007년 주식시장으로 자금유입이 가속화됨에 따라 은행권 예금이 감소세를 나타내기도 하였다. 해외자금 유입보다는 국내자금의 유출에 더 민감하게 반응하고 있으며 자본시장에 대한 일정한 관리 의견을 나타내고 있다.

▣ 보험감독위원회

은행감독위원회와 달리 보험감독위원회는 주식시장에 긍정적인 시선을 보내고 있는데, 이는 보험회사들의 이익 상당부문이 주식투자 수익으로 달성되고 있기 때문이다. 또한 은행과 달리 보험부문은 주식시장과 직접적인 업무충돌이 미약한 것 역시 중국 주식시장 발전에 일정한 지원을 하는 주 이유다. 주식시장 폭락 혹은 침체는 보험회사의 수익성 악화로 귀결되며 이는 결국 보험감독위원회 관리 소홀로 귀착된다는 점에서 주식비중 확대와 같은 적극적인 자세를 보일 가능성이 높다.

3.2 사모펀드

3.2.1 중국사모펀드 소개

2000년 말 <중화인민공화국 투자기금법> 초안에 사모펀드에 관한 조항이 언급된 후 사모펀드 공식화 유무가 업계의 방향을 불러 일으켰다. 초안에는 사모펀드를 특정대상에 대한 모집기금으로 정의하였으며, 투자자수, 최저출자액, 기금설립관리 등의 부문을 비교적 구체적으로 다루었다. 하지만 몇 번의 수정을 거친 후 사모펀드에 대한 조항은 생략되었다. 이는 사모펀드의 위치정립과 감독문제에 대한 해답을 찾을 수 없었기 때문이다. 결국 <투자기금법>의 초안 중 산업투자기금, 창업투자기금 또는 위험투자기금 등의 내용은 모두 삭제되어 사모기금은 중국 증권시장의 회색지대로 존속하였다. 2001년 기준 중국 사모펀드 규모는 2,000억 위안에서 5,000억 위안 정도로 추정되고 있다. 그 범위가 넓게 나타나고 있는 이유는 정확한 통계치 추정이 불가능하기 때문이다. 업계 내부적으로는 최대 700억 위안 이상 자금을 동원할 수 있는 대형 사모펀드도 존재한 것으로 알려진다. 당시 사모펀드가 대형화될 수 있었던 배경에는 폐쇄형 펀드시장과 운용사의 수수료 체계문제가 자리잡았다. 사모펀드는 운용수익과 무관한 고정 수수료 제도를 채택하였으며 일부 사모기금의 경우 운용수수료 없이 연말 배당금 형태로 분배 받는 경우도 있었다. 또한 대부분의 사모펀드가 모집펀드규모 대비 10%~30% (국제 대형펀드의 경우 3%~5% 수준 유지함)를 출자금 형태로 유지하고 있으며 손실발생시 본인 출자금을 먼저 공제하는 방식을 취하였다. 문제 많은 공모펀드에 비하여 사모펀드가 더 신뢰될 수밖에 없는 체계가 형성된 것이다. 2008년 현재에도 상당 규모의 사모펀드가 암약함에도 사회문제화되지 않는 것도 이런 이면이 자리하고 있다. 중국과 홍콩증시를 뒤흔드는 투기자금 상당수는 중국계 사모펀드일 가능성이 높다.

3.2.2 사모펀드 존재유형

중국 사모펀드는 증권시장 상황에 따라 다양한 형태로 존속하고 있다. 대략적으로 그 형태를 구분하면 다음과 같다.

■ 작전실

증권평론가들로 구성된 작전실 매매전략을 제공하는 역할을 담당한다. 작전실 가입 최소 자금규모는 50만 위안 정도로 크지 않으며 구두협상을 통하여 회원이 될 수 있다. 자금규모가 크지 않기 때문에 년 수익률 20%선에서 이익배분이 이루어진다. 고객을 직접 통하지 않고 작전실과 고객 계좌를 개설한 영업부 간의 협상을 통하여 수수료가 책정되기도 한다. 수수료는 매매금액의 2.0%~3.5% 수준이 일반적이다.

■ 투자자문회사

1997~1998년 이후 계약형 사모펀드가 출현하였다. 투자자문회사가 이 그룹에 속하는데 투자자문은 위탁대리 형식으로 운영된다. 이런 형태의 사모펀드는 자금 규모가 상대적으로 크며 그 배후에는 증권회사가 존재하는 경우가 많다. 투자자문회사 설립주체의 대부분이 증권사 출신인 것도 그 주요 이유이기도 하다.

■ 특수형태 사모펀드

1999년 중반 이후 자산관리부문이 새롭게 부각되면서 투자관리회사가 빈번하게 설립되었다. 투자관리회사는 비교적 규범화된 사모기금으로 자체 전용계좌를 운영하고 있다. 출자액, 사용기한, 분배 등이 공모기금과 유사한 형식을 띠고 있다. 감독업무는 출자비중이 높은 투자자가 책임지며 중요 투자항목은 투자자 동의 과정을 거친다. 특수형태 사모기금은 증권회사 및 은행과 비교적 친밀한 업무협조 관계를 유지하고 있으며, 투자규모는 10억 위안 내외로 연 10%의 최저수익률을 제시한다.

▣ 특정섹터 사모펀드

2000년 이후 한 방면에 전문화된 펀드가 형성되기 시작하였다. 사모펀드 발기인은 투자기금 권리와 의무, 소유 및 운영, 투자 및 위험 등에 관한 사항을 비교적 명확히 인식하고 있으며 능력과 자격을 구비한 펀드매니저 출신들로 팀을 구성하였다. 현재 법 테두리 근처에서 자본시장 진입을 시도하고 있다. M&A, MBO, 직접투자, 부동산, 기초설비와 자원개발 방면 등 다양한 분야에 걸쳐 이들 사모기금이 투자를 수행하고 있다.

3.3 증권투자기금

중국 증권감독기관은 기관투자자 육성이라는 정책적 방향을 두고 펀드를 육성하고 있다. 성숙된 자본시장 구축을 위하여 기관투자자의 역할 확대가 필수적이기 때문이다. 또한 제도권 밖에서 과도하게 팽창되고 있는 사모기금 영향력을 제한할 필요성 역시 존재하였다. 그 결과 중국 주식시장 흐름을 좌우할 수 있는 세력으로 펀드가 급부상하게 되었다. 다만 정책직 시원을 배경으로 성장한 태생적 한계로 정부의 영향력에 좌우되는 면모를 보이고 있다.

2006년 1월 중국 펀드시장 규모는 4,626억 위안 정도로 그중 폐쇄형 펀드가 54개, 개방형펀드가 167개 수준이었다. 상반기로 접어들면서 개방형 펀드 수는 200개를 돌파하였지만 펀드규모는 오히려 연초보다 360억 위안 정도 감소한 것으로 나타났다. 하지만 2006년 하반기 이후 증시가 상승세로 접어들면서 펀드규모가 급격히 확대되기 시작하였다. 펀드규모 확대가 증시상승세를 견인하였을 수도 있다. 2006년 12월 설립된 지아스책략(嘉實策略)성장성 펀드는 그 발행규모가 한화로 5조 원 이상인 것으로 나타났다. 당시 이 펀드에 가입한 계약자수는 92만 명을 상회하는 것으로 집계되고 있다.

[표1] 중국 증권투자기금 현황

단위: 억 위안, %, 개

년 월	펀드규모		시가 및 유통총액대비		운용 회사수	폐쇄형 펀드수	개방형 펀드수
	규모	증감률	시가총액	유통총액			
2004년	3,334		8.9%	28.2%	45	54	107
2005년	4,714	41.4%	14.3%	43.6%	53	54	164
2006년	6,020	27.7%	6.6%	23.4%	58	53	248
2007년	22,340	271.1%	6.8%	24.0%	59	38	308

자료제공: 증권감독위원회

2007년 말 현재 중국 펀드규모는 2.2조 위안으로 불과 1년 사이에 4배 가까이 확대되었다. 하지만 간접투자 형태가 완전히 정착되었다고 보기 힘들다. [표1]에서 보듯이 유통주 시가총액 대비 펀드규모는 25%를 하회하고 있으며 전체 시가총액 기준으로는 8%에도

못 미치고 있다. 다만 펀드투자가 중국증시의 주류로 편입된 것만
은 사실이며 그 발언권도 점차 확대되고 있다. 중국정부는 2007년
하반기 증시가 과열양상을 보이자 신규펀드 설립을 극도로 제한하
였다. 하지만 올해 상반기 상해종합주가지수가 정책적 마지노선인
3,000포인트를 하회하자 펀드설립 비준을 대폭 확대하고 있다.
2008년 상반기 말 현재 중국 본토에는 총 386개의 펀드가 존재하
며 6월 한 달 동안 21개 펀드를 신규 비준되었다.

3.4 보험사와 사회보장기금

증권투자기금, 즉 펀드가 공격적 투자에 무게중심을 둔다면 보험
사와 사회보장기금은 상대적으로 방어적 투자형태를 보이고 있다.
보험감독위원회 발표에 의하면 2008년 상반기 보험권 주권(상장,
비상장 포함) 투자비중은 17.6%로 2007년 27.12%, 2008년 1분기
21.4%에 이어 하락세를 지속하고 있다. 올해 상반기 자금운용수익
은 648.7억 위안이며 평균수익률은 2.4%로 집계되고 있다. 정기예
금 이자보다 못한 실적을 올린 셈이다. 투자대상별로 그 비중을 살
펴보면 다음과 같다.

예금과 채권투자가 6,978억 위안과 1조 4,508억 위안으로 전체
투자자금의 대부분을 차지하고 있다. 상기 상품이 차지하는 비중은
각각 25.8%와 53.6%로 조사되었다. 반면 주시과 펀드 두자규모는
2,905억 위안과 1,855억 위안으로 10.7%와 6.9%를 점하고 있다.
2007년 대비 안정자산 선호현상이 두드러지게 나타나고 있는 것이

다. 중국 은행감독위원회와 보험감독위원회는 현재 은행권의 보험사 투자방안에 대한 의견을 교환하고 있다. 보험감독위원회는 이와 별도로 저조한 수익률 제고를 위하여 투자대상 확대와 더불어 구체적인 해외투자 방안을 연구 중인 것으로 알려지고 있다.

한편 사회보장기금 현황을 살펴보면 다음과 같다. 2007년 전국사회보장기금 이사회 자산규모는 4,397억 위안으로 2006년 대비 55% 이상 확대된 것으로 나타났다. 사회보장기금이 직접 투자한 자산은 2,328억 위안으로 과반수를 점하고 있으며 그 외 47.1%는 위탁투자 자산인 것으로 집계되었다. 한편 원가가 아닌 시가로 기금자산을 계산할 경우 보유자산 규모는 5,162억 위안으로 확대되었다. 2007년의 경우 보유자산 구조를 비공개로 삼아 그 자세한 내막을 알기 힘들다. 하지만 2006년 사례로 유출해볼 때 은행예금, 국채와 금융채권이 대부분을 점하고 있을 것으로 판단된다. 또한 주식비중은 2006년 24.2%보다 상당히 감소하였을 것으로 추측된다. 그 이유는 2007년 상반기 이후 사회보장기금의 중국증시 이탈현상이 두드러졌기 때문이다. 2007년 중국 상장기업 3분기 실적자료에 의하면 사회보장기금이 10대 유통주 주주로 등록되어 있는 기업수가 상반기 172개에서 137개로 하락한 것으로 나타났다. 또한 조사대상 기업 시가총액도 330.47억 위안에서 294.28억 위안으로 감소한 것으로 집계되었다. 2007년 3분기 중국증시 시가총액이 상반기보다 훨씬 높은 점을 감안한다면 중국증시 이탈 현상은 표면적인 수치보다 더 광범위할 것으로 추정된다. 그 외 보유자산으로는 주권, 회사채 및 자산증권화 부분 등을 들 수 있다.

2007년 한 해 사회보장기금이 실현한 수익은 1,129억 위안으로 이는 2006년 196억 위안의 5.8배에 해당하는 수치이다. 또한 자산수익률은 38.9%로 2006년 9.3% 대비 30포인트 정도 확대되었다. 예금, 국채, 금융채권 등 안정자산 수익률 흐름을 감안할 때 2007년 사회보장기금의 기록적 수익률은 주식시장에 그 공을 돌릴 수밖에 없다. 최근 보험감독위원회 발표자료에 의하면 2008년 상반기 보험업계 순 자산 증가액은 1,200억 위안으로 전년대비 대폭 감소한 것으로 나타났다. 참고로 2007년 보험업계 순자산증가액은 9,300억 위안 정도로 집계되고 있다. 투자형태의 유사성을 고려할 때 사회보장기금 역시 2007년보다 순자산증가분이 대폭 감소하였을 것으로 추정된다.

끝으로 2008년 한 해 사회보장기금의 투자가능 규모는 1,000억 위안을 초과할 것으로 전망된다. 사회보장기금 자본금 확대추이를 감안할 경우 2009년은 올해보다 그 규모가 더욱 확대될 것으로 예상된다. 그 자금의 향방에 따라 중국증시가 좌우될 가능성이 높다. 펀드는 태생적으로 공격적인 투자 면모를 보이고 있어 균형점이동 효과가 그리 크지 않다. 반면 사회보장기금과 보험권 자금은 안정성에 무게를 둔 기관투자자들이다. 추세전환은 아니더라도 증시수급상의 균형추를 이동시킬 파워는 충분히 보유하고 있는 셈이다.

3.5 QFII(적격외국인기관투자자)

중국은 2002년 12월 정식으로 QFII(적격외국인기관투자자)제도를 도입하였다. 중국 QFII제도 특징은 '적극적인 추진과 점진적 개방'으로 나타난다. 우선 QFII에 대한 엄격한 관리와 통제를 통하여 자본이동 위험을 다운시킴과 아울러 초기 개방범위를 상대적으로 넓게 가져감으로써 제도의 실효성을 담보하는 것이다. 참고로 2007년 5월 중국외환관리국(SAFE)이 발표한 중국국제투자 현황보고서에 의하면 2006년 말 현재 외국인의 중국 주권투자액(QFII 이외에 전략적 투자 등도 포함된 개념)은 1,000억 달러를 상회한 것으로 나타났다. 이는 2004년 433억 달러, 2005년 636억 달러보다 훨씬 높은 수치이다. 현재 300억 달러규모로 QFII 한도가 증액되었지만 그에 상응하게 전략적 투자 등도 확대되었을 것으로 추정된다. 즉 순수투자 용도가 아니라면 QFII보다는 전략적 투자가 더 효율성이 있고 실제 투자규모도 훨씬 크다는 점을 암시한다. 2006년 당시 QFII 한도액은 100억 달러로 나타났다. 중국증시에 대한 외국인의 영향력을 고려할 때는 QFII 이외에 전략적 투자부문도 함께 생각해둘 필요성이 있다. 그럼 중국 QFII 자격요건을 간략히 살펴보기로 하자. 투자자별로 약간의 차이를 두고 있는데 자세한 내용은 아래 [표2]와 같다.

[표2] QFII 진입조건

기관투자자	제 한 조 건
상업은행	최근 회계연도 총자산이 세계은행100위 이내이며 관리 증권자산 100억 달러이상
보험회사	30년 이상 보험업계에 종사한 기업으로 실질자본이 10억 달러 이상, 최근 회계연도에 관리 증권자산 100억 달러 이상
증권회사	30년 이상 증권업계에 종사한 기업으로 실질자본이 10억 이상, 최근 회계연도에 관리 증권자산 100억 달러 이상
자산운용사	5년 이상 기금업무, 최근 회계연도에 관리하고 있는 자산이 100억 달러 이상

[표2]처럼 초기진입장벽을 높게 설정함에 따라 2002년 12월 개방 이후 5년이 지났음에도 QFII 수는 49개에 머물러 있다. 참고로 한국 기관투자자 가운데 미래에셋자산운용이 2008년 하반기 QFII 자격을 획득하였다. 현재 투자한도를 신청해 둔 상태로 알려지고 있다. 향후 A주를 포함한 다양한 상품 개발이 가능하다는 면에서 일단 긍정적이다. 다만 그에 부합된 인적, 물질적 소프트웨어도 구축할 필요가 있다.

중국 내 QFII의 자금 유·출입 규정에 의하면 QFII 자격획득 후 3개월 이내 자본금을 납입하여야 하며, 납입 후 1년 이내 유출을 금지하고 있다. 또한 매번 유출시 총 금액의 20%를 초과할 수 없으며, 기간 간격은 3개월 이상으로 정하고 있다. 특히 QFII 설립형태가 폐쇄형일 경우 3년 이내에 자본유출을 금지하고 있으며 기산 간격도 3개월이 아닌 1년 이상으로 설정하고 있다. 상기 규정에 따르면 최소 한화 500억 원 정도의 자금이 1년 정도 묶인다는 것을 의미한다. 물론 환매금지 조항으로 유동성 위험을 회피할 수는 있다. 문제는 그 이후 발생할 사항들이다. 환매요청에 따라 빈번하게 자금을 본국으로 유출할 경우 중국정부는 QFII한도확대 금지 혹은 영업제한 등과 같은 보복성 조치를 취할 수 있다. 해당 QFII는 빈번한 자금유출 대가로 중국금융시장에서의 퇴출을 각오하여 한다. 환매압력을 자체 자금으로 흡수할 능력이 안 된다면 펀드운영 역시 쉽지 않을 것이다. 중국외환관리국 발표자료에 의하면 2007년 12월 현재 49개의 QFII가 보유한 증권 시가총액은 2,000억 위안 정도로 나타났다. 투자한도 총액 300억 달러를 대부분 소진한 것으로 파악된다.

4. 중국증시와 정책시(政策市)

중국증시는 태생적으로 정책시(政策市)의 오명을 벗어날 수 없다. 정책적 판단하에서 증권시장을 개설하였으며 상장기업 역시 정부가 선별 지정하였다. 현재도 대다수 지분을 정부가 직간접적으로 보유하고 있다. 정책으로부터의 독립은 어쩌면 꿈같은 소리일 수도 있다. 앞서 단락들도 이런 사실을 뒷받침해준다. 그럼 구체적인 사례를 통하여 정책이 어떤 형태로 주가등락에 영향을 미쳤는지 알아보자. 사실 정책향방을 사전에 유추하고 투자에 반영하는 것은 상당히 힘든 작업이다. 하지만 정책 발표 이후 시장 반응을 예측하는 것은 가능하다. 시장은 과거로부터 전혀 독립된 것이 아니기 때문이다. 향후 시장반응을 알 수 있다는 것만으로 여러분은 상당한 수익을 기록할 수 있을 것이다.

[표3] 중국증시가 7% 이상 급등락을 보인 날

일시	등락폭	재료	내용
2000.02.14	9.05%	신주발행	유통시장 투자자에 대한 신주배당
2001.10.23	9.85%	국유주	국유주 감소방안 잠정중단 발표
2002.06.24	9.25%	국유주	해외IPO를 제외한 국유주 감소를 통한 사회보장기금 자금모집 중단 발표
2005.06.08	8.21%	증시부양책	1,000포인트 저점 확인 후 정부의 증시 부양책 기대감
2007.02.27	(7.56%)	지급준비율	지급준비율 인상, 보수적 경제운용 예상, 차익실현 등
2007.06.04	(8.26%)	금리인상	금리인상 가능성 부각
2008.01.22	(7.22%)	경제상황	글로벌 경기침체 우려로 세계증시 동반 하락
2008.01.28	(7.19%)	경제상황	글로벌 경기침체 우려로 세계증시 동반 하락
2008.02.04	8.13%	증시부양책	정책기관의 증시 친화적 발언
2008.04.24	9.29%	인 화 세	인화세 0.3%에서 0.1%로 인하
2008.06.10	(7.73%)	경제상황	고유가, 인플레이션 우려

자료제공: 중국경제정보분석(CEIA)

[표3]는 2000년 이래로 중국 증시가 7% 이상의 급등락을 보인 날과 그 원인을 나열한 것이다. 7% 이상 폭등장은 6번, 폭락장은 5번으로 조사되었다. 2000년부터 2005년까지는 폭등장이 몰려있는 데 반하여 2007년 이후는 폭락장 횟수가 폭등장보다 더 많은 것으로 나타났다. 한편 그 원인을 살펴보면 다음과 같다. 2007년 이전에는 정부와 감독기관 정책변화가 증시 급반등의 주재료였지만 그 이후는 경제상황을 반영한 경우도 종종 관찰되었다. 과거보다는 정책 파괴력

이 감소된 것일 수도 있고, 그만큼 중국 증시가 성숙한 증거일 수도 있다. 정보전달의 신속성이 향상되었을 뿐만 아니라 그 양과 질도 다양해지고 있다. 경제, 사회적 변화와 아울러 증시 역시 변모하고 있는 셈이다. 그렇다고 정책 영향력이 완전히 퇴색된 것은 아니다. 오히려 이전보다 더 강력해지고 효율적으로 변하였다. 광범위한 투자계층을 대상으로 한 정책발표에서 특정 투자계층을 상대로 구체화시킨 문건과 개입이 많아지고 있다. 또한 증시개입도 기관투자자를 통한 간접개입 방식을 선호하는 것 같다. 수천만 명의 개인투자자를 일일이 간섭하는 것보다 주요 기관투자자들을 따로 상대하는 것이 더 효율적이라는 것을 정책당국도 파악한 것 같다. 펀드매니저에 대한 구두개입이 그 좋은 사례이다. 또한 일회성 정책선전보다는 경제구조를 기초로 한 시스템적 개입이 자주 목격된다. 즉 경제와 주식시장을 함께 놓고 정책을 구사하고 있는 셈이다. 구체적으로는 증시가 중국 산업구조 조정에 어떠한 역할을 할 것인가를 저변에 두고 2006년 이후 중국증시에 대한 정부의 정책적 개입이 이루어지고 있다.

중국주식투자 2009년

바이블 ❶

part_07
통계로 살펴본 중국과 홍콩증시

본 장에서는 중국과 홍콩증시의 개념을 우선 명확히 한 후 각종 통계지표를 통하여 중국과 홍콩증시를 분석하고자 한다. 두 증시간의 개념차이는 자칫 정보비대칭 현상을 초래할 수 있으며 이는 독자 여러분들의 손실로 귀결된다. 통계분석 절차는 우선 글로벌 증시에서 중화권(중국, 홍콩증시)가 차지하는 위상을 살펴보고 PER지표를 통하여 중국과 브릭스 증시를 상호 비교하기로 한다. 차이나펀드 투자자 대부분이 브릭스, 혹은 친디아 펀드에도 관심을 가지고 있을 것이다. 중국과 홍콩증시 분석은 각각 주식, 채권, 파생상품 시장으로 구분하여 살펴보았다. 참고로 중국과 홍콩시장을 별개로 두고 분석을 진행하였다. 홍콩증시는 채권시장 대신 파생상품 시장을 다루었으며 H주와 레드칩 발전 과정에 포커스를 두었다.

1. 중국과 홍콩증시 개념이해

　흔히 중국과 홍콩증시 간의 개념 차이를 간과하기 쉽다. 하지만 두 시장 간의 개념정립이 명확하지 않으면 투자전략 자체가 흔들릴 수도 있다. 홍콩증시는 중국제품을 파는 대형 쇼핑몰 정도로 단순화시키는 것이 좋다. 동일 제품이 중국 본토(상해, 심천 증권거래소)에도 진열되어 있지만 홍콩보다 가격도 높고 서비스 질도 떨어져 고객이 자주 찾지 않을 뿐이다. 물론 해외투자자들이 자유롭게 진입할 수 있는 B주 시장도 존재한다. 하지만 종목의 다양성과 그 질 면에서 홍콩증시보다 떨어지는 것이 사실이다. 소위 블루칩이라고 불리는 대형주들이 홍콩증시에 대부분 포진된 상황에서 해외투자자는 B주 보다 H주와 레드칩(Red-Chip)에 더 높은 관심을 보일 것이다.

　다만 제조업자 정보는 홍콩보다 중국이 더 풍부하다. 홍콩증시는 유통가격 정보와 고객자료만을 파악할 수 있을 뿐 그 제품이 생산되는 전 과정을 파악할 수 없다. 개인투자자라면 슈퍼마켓에 진열된 라면가격이 중요하지 제조원가는 관심대상이 아닐 것이다. 밀가루 가격추이를 확인하고 라면을 매입하는 고객은 거의 없기 때문이다. 하지만 여러분이 도매상이라면 상황은 좀 다를 것이다. 제조원가 변동에 따라 매점매석이 가능하고 그 와중에 시세차익도 기대할 수 있다. 쉽게 말해서 여러분이 메이저 기관투자자라면 도매상, 단순한 브로커라면 소매상으로 볼 수 있다. 개인투자자는 직접 라면을 애용하는 고객으로 간주해도 무리가 없을 것이다. 투자자 본인의 위치에 따라 필요한 정보수준도 상이할 것이다. 메이저 기관투자자라면 홍콩증시보다는 중국경제, 금융, 정치 상황 같은 좀 더 큰 틀에서 움직일 필요가 있다. 반면 소매상과 개인투자자는 홍콩증시 흐름 자체에 집중하는 것이 좋다. 하지만 여러분이 접하는 대부분의 정보는 메이저 기관투자자 용도인 경우가 많다. 또한 미디어의 관심도 증시 자체보다는 좀 거시적 부문인 중국경제, 금융 및 사회 방향으로 퍼져 있다. 증시가 경제상황을 그대로 투사한다고 믿기 때문이다. 이런 연유로 실제 투자대상인 홍콩증시보다 중국증시에 관한 정보를 더 많이 접하게 되며, 두 증시를 혼용하여 사용하게 된다. 정보비대칭 현상이 발생하고 있는 셈이다. 또한 시간차라는 함정 역시 무시 못 한다. 여러분이 개인투자자라면 중국증시보다는 홍콩증시 그 자체에 포커스를 두고 분석을 진행하는 것이 더 현명한 선택일 것이다. 직접투자가 힘든 것이 바로 이런 이유에서 이다. 획득 가능한 정보 스펙트럼이 넓지도 그렇다고 깊지도 않다. 현 단계에서는 꾸준한 자기개발로 본인 스스로 전문가가 되는 길 뿐인 것 같다. 기관투자자 역시 중장기적으로 차이나 증시를 끌고 간다면 넓은 안목에서 시장과 시장구성원 전체를 아우를 수 있어야 한다. 정보 편식은 곧 투자손실로 직결된다. 특히 그 정보가 중국에서 홍콩, 로이터, 블룸버그 등과 같은 해외금융정보업체에서 한국 미디어로 연결되는 다단계 과정을 거친다면 그 의미의 강약과 본질이 퇴색 혹은 변경될 가능성도 존재한다. 정보 비대칭 현상은 언제나 한발 늦은 투자패턴을 고착화시킬 것이다. 상해종합주가지수 5% 상승이 반드시 홍콩증시 폭등을 불러일으킬까? 꼭 그렇지만은 않다.

중국증시와 홍콩증시를 움직이는 요인이 다르기 때문이다. 이에 대한 자세한 분석은 다른 장에서 한번 점검해 보기로 한다. 고객층도 다르며 시각과 사고 역시 상이하다. 가끔 별개 모습을 보이는 두 증시를 스트레오 타입으로 동일하게 예단하는 것은 바람직하지 않다. 차이나 펀드들이 고전하는 이유도 여기에 있을 것이다. 아직도 상당수 기관투자자들이 정보분석보다는 표면적인 정보전달과 이해에 목매달고 있는 것 같다. 동일한 계량적 수치도 해당 분석가의 관점과 정보 이해도에 따라 전혀 다른 결론을 도출할 수 있다. 그럼 중국과 홍콩증시를 통계자료 중심으로 한번 살펴보기로 하자.

2. 세계 속의 중화권 증시

중화권 증시는 크게 보아서 대만을 포함한 개념이지만 본서에서는 대만을 제외한 중국 본토와 홍콩증시만을 다루고자 한다. 경제적 유대감을 감안할 경우 대만증시까지 연결시킬 수 있지만 그 점만을 강조한다면 한국증시도 자칫 포함될 수 있는 오류가 존재한다. 단일국가와 동일한 경제권하에서도 홍콩과 중국증시는 다른 양상을 보인다. 경제가 증시의 모든 것을 설명할 수는 없기 때문이다.

2.1 떠오르는 태양 중국증시

중국은 '잠재적 경제대국'이라는 문구에서 이미 '잠재적'이라는 수식어를 떼어버렸다. 또한 경제에 국한된 용어가 지금은 국제 금융시장으로 그 스펙트럼을 확장하고 있다. 몇 년 전만 하더라도 중국증시는 국제금융시장에서 주목을 받지 못하였다. 이는 경제규모와 달리 증시는 미약한 수준에 머물렀기 때문이다. 2005년 당시 중국증시가 세계증시에서 차지하는 비중은 1% 내외로 한국증시보다 낮은 수준을 기록하였다. 경제대국이라는 용어 자체가 무색할 정도였다. 하지만 2006년부터 본격화된 유동성 장세, 4대 상업은행을 필두로 한 IPO 물결, 비유통주 해제로 대변되는 정책적 불확실성 해소 등을 바탕으로 홍콩을 포함한 중화권 증시는 미국에 이어 세계 2위의 거대시장으로 발돋움하였다.

[표1] 증권거래소별 주식 시가총액

단위: 억 달러

증권거래소	2004년		2005년		2006년		2007년		
	금 액	비 중	금 액	비 중	금 액	비 중	금 액	비 중	증가율
뉴욕증권거래소	127,076	34.5%	136,323	32.9%	154,212	30.5%	162,816	25.8%	5.6%
도쿄증권거래소	35,577	9.7%	45,729	11.0%	46,141	9.1%	46,268	7.3%	0.3%
나스닥증권거래소	35,329	9.6%	36,040	8.7%	38,650	7.6%	43,896	7.0%	13.6%
런던증권거래소	28,652	7.8%	30,582	7.4%	37,943	7.5%	42,070	6.7%	10.9%
홍콩증권거래소	8,615	2.3%	10,550	2.5%	17,150	3.4%	29,738	4.7%	73.4%
한국증권거래소	3,895	1.1%	7,180	1.7%	8,344	1.6%	12,556	2.0%	50.5%
붐베이증권거래소	3,863	1.0%	5,531	1.3%	8,189	1.6%	16,106	2.6%	96.7%
대만증권거래소	4,414	1.2%	4,760	1.1%	5,947	1.2%	7,478	1.2%	25.7%
상해증권거래소	3,143	0.9%	2,862	0.7%	9,175	1.8%	30,181	4.8%	228.9%
심천증권거래소	1,334	0.4%	1,157	0.3%	2,279	0.5%	7,405	1.2%	224.9%
전 체	368,633	100.0%	414,109	100.0%	506,352	100.0%	630,503	100.0%	24.5%

자료제공: 세계증권업협회

올해 유난히 두드러진 중국증시 침체로 글로벌 증시비중은 감소할 지도 모른다. 하지만 '중화권 증시'라는 화두는 이미 전 세계를 강타하였으며 한국투자자들의 뇌리를 여전히 지배하고 있다. 한 가지 아이러니컬한 점은 한국증시에 아메리칸 펀드(America fund)라는 말이 아직 등장하지 않은 사실이다. 미국은 경제와 금융을 포함한 전 부문에서 중국보다 더 강력한 영향력을 미치고 있다. 앞으로 상당기간 이런 현상은 유지될 것이다. 하지만 한국투자자 누구도 아메리칸 펀드를 적극적으로 찾고 있지 않다. 차이나펀드가 일상생활화된 것과 상당히 대비되는 결과이다.

왜 이런 결과가 초래되는 것일까? 그 원인은 경제구조, 지리상의 차이와 더불어 문화적인 유대감부족이 강하게 작용한 결과로 판단된다. 현 한국투자자 주류계층이 40대~50대라는 점을 염두에 둘 필요가 있다. 또한 미국증시에 대한 본능적 패배감과 통화가치 차이에서 오는 우월적 의식 역시 상당한 작용을 하였을 것이다. 중국과 동남아를 헤집고 있는 한국 관광객 물결과 동일 선상에서 생각해볼 수 있다. 속된 말로 만만하게 보는 것이다. 하지만 그 결과는 중국과 베트남 증시에서의 투자손실로 연결되고 있다. 지금은 폭락과 조정을 반복하고 있지만 중국증시는 그 경제규모에 합당한 수준으로 덩치를 부풀릴 것이다. 또한 파생상품 시장과 연계되어 다양한 모습을 그려낼 것으로 판단된다. 여러분에게 독으로 다가올지 아님 복으로 다가올지 단언하기 힘들다. 하지만 여러분이 중국증시라는 그물망에 걸린 것은 사실이다. 피할 수 없으면 즐겨야 한다. 그리고 손해가 아닌 수익을 올리는 방향으로 사고를 전환해야 된다. 한국증시보다는 중국증시가 긍정적인 것은 사실이다.

2.2 중국증시 가치분석

주가수준의 적정유무를 판단하는 근거로 가장 많이 언급되는 것이 주당순이익(PER)이다. 이는 개별기업의 상황을 떠나 통일되고 일률적인 비교 평가가 가능하기 때문이다. 증시 역시 그 범주를 벗어나지 못한다. 개별 증시의 과열유무와 함께 투자타이밍 판단 기준으로 주당순이익(PER)는 자주 언급된다. 선진국 증시의 적정 PER는 12배 전후로 알려지고 있지만 그것이 절대적 기준일 수는 없다. 주당순이익(PER)은 선행적 지표가 아닌 후행적 기준이다. 과거 실적으로 현재 주가수준을 예단하는 도구인 셈이다. 따라서 실제 상황을 정확히 반영하지 못한다는 단점이 있다. 당해연도 예상 실적이 전년보다 월등히 개선될 것으로 전망된다면 PER가 상당히 높게 형성되더라도 문제시되지는 않는다. 현실을 정확히 반영하고 있기 때문이다. 하지만 과거사례를 통하여 입증된 수치 역시 무시할 수는 없다. PER가 20배를 넘어 30배 수준에 근접하고 있다면 우리는 과열을 경계할 필요가 있을 것이다. 본 단락에서는 중국증시와 동일 선상에 비교·검토되고 있는 브릭스(BRICs) 증시를 살펴보고자 한다.

2005년을 제외한 모든 연도에서 중국증시는 브라질, 인도 증시보다 높게 평가되었다. 이는 투자자 성향뿐만 아니라 경제규모, 성장방식 등이 다르기 때문이다. 특히 중국은 중화권이라는 자체 울타

[그림1] 중국증시와 기타 브릭스(BRICs) 증시 PER 비교

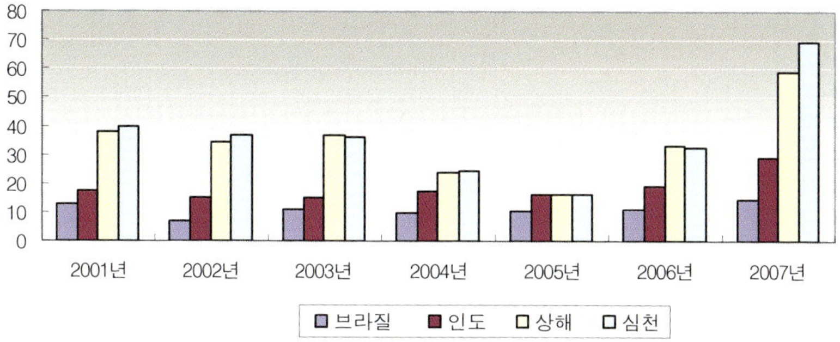

자료제공: 세계증권업협회, 중국경제정보분석(CEIA)

리 이외에 한국, 일본 등과 지리적으로 가깝다는 이점을 안고 있다. 시너지 효과가 충분히 발휘될 수 있는 장점을 보유한 셈이다. 원자재 가격상승과 더불어 브릭스 증시 자체가 하나의 테마를 형성함에 따라 브라질, 인도증시도 주가지수대를 한층 우상향시켰다. 2007년은 브라질보다 인도증시 상승세가 두드러졌다.

[그림1]에 나타났듯이 절대적 PER 수치는 중국증시가 인도증시와 브라질증시보다 상당히 높게 나타났다. 2007년 인도증시 PER 수준은 30배 정도로 이미 과열징후를 보였다. 다만 브라질 증시는 20배 이하로 향후 성장성을 감안할 때 매력인 수치를 제시하고 있다. 2008년 차이나펀드와 친디아 펀드의 상대적 몰락은 어쩌면 예견된 결과일지도 모르겠다. 2008년 상반기말 현재 상해와 심천 평균 PER는 20.64배와 24.01배를 기록하고 있다. 2005년 수준으로 회귀하고 있는 것이다.

3. 중국 증시 통계지표

이번 단락에서는 중국 주식 및 채권시장 통계자료를 한번 짚어보고자 한다. 중국 파생상품 시장은 상품선물 중심으로 형성되어 있어 증시에 거의 영향을 주지 못한다. 현재 채권선도거래와 워런트 거래가 이루어지고 있으며 주가지수 선물도 출범 시기를 조절하고 있다. 변동성 확대에 따른 위험헤지 요구가 부각되고 있어 별다른 제약이 없다면 2010년 이내에 주가지수 선물도 출시될 것으로 전망된다.

3.1 주식시장

증권투자에 있어 해당 증시의 시계열적 통계자료를 점검하는 것은 상당히 중요한 요소이다. 지금 투자대상 증시가 어느 단계에 도달하였는지를 알 수 있기 때문이다. 또한 연도별 자료를 살펴봄으로써 향후 발생할 일을 추측할 수도 있다. 중국증시의 발자취를 살펴보는 것이 정성적인 접근이라면 [표2]와 같은 형식은 정량적 접근에 속한다. 정성적 접근이 증시를 둘러싼 환경을 가늠해본다면 정량적 접근은 체계화된 형태로 현 증시자료를 뽑아내고, 그를 토대로 과거와 비교 검토할 수 있도록 한다. 현단계가 어떤 상황과 수준인지를 데이터로 설명한다고 볼 수 있다. 중국증시에 대한 깊은 이해 없이도 [표2]와 같은 형태로 한번 정리해둔다면 투자전략 수립에 상당한 도움이 될 것이다.

　[표2]을 살펴보면 흥미로운 사실 하나를 발견할 수 있다. 앞서 살펴본 [그림1]을 통하여 중국증시가 상대적으로 고평가된 사실을 우리는 이미 알고 있다. 만약 중국증시 자체만 들여본다면 어떤 사실을 파악할 수 있을까? 공교롭게도 상해A주의 경우 2000년 IT 버블 붕괴직전과 전년 PER 수준이 비슷한 점을 발견할 수 있다. 2000년을 기점으로 중국증시는 5년 동안의 침체기를 경험하였다. 이번 하락장도 동일한 형태로 흘러갈지는 장담하기 힘들다. 그때와 지금 중국증시는 많은 면에서 차이를 나타내고 있기 때문이다. 다만 단기 내 중국증시가 회복될 것 같지는 않다. 적어도 내년까지는 구조적 전환은 힘들 것으로 전망한다. 중국증시가 경제규모와 발전과정을 적절히 반영하지 못한 점을 십분 이해하더라도 2005년 대비 10배에 가까운 시가총액, 4배 이상 확대된 모집금액, 3배 이상 빠른 매매회선율 등은 중국증시가 버블에 빠졌다는 점을 강변해준다.

[표2] 중국증시 주요 통계지표

단위: 개, 억 위안, %, 배

구 분		중국증시 주요 통계자료							
		2000년	2001년	2002년	2003년	2004년	2005년	2006년	2007년
상장사		1,088	1,160	1,224	1,287	1,377	1,381	1,434	1,550
시가 총액	전체	48,091	43,522	38,329	42,458	37,056	32,430	89,404	327,141
	유통	16,088	14,463	12,485	13,179	11,689	10,631	25,004	93,064
모집금액		2,103	1,252	962	1,358	1,511	1,883	5,594	8,432
매매 회전율	상해	506	217	209	269	289	289	556	936
	심천	494	190	194	220	312	349	671	1,062
	상해B	145	452	96	64	58	58	150	351
	심천B	115	424	84	138	110	88	155	280
계좌수		6,123	6,899	6,842	6,981	7,216	7,336	7,854	13,887
평균 PER	상해A	59.14	37.59	34.50	36.64	24.23	16.38	33.38	59.24
	심천A	58.75	40.76	38.21	37.43	25.64	16.96	33.61	72.11
	상해B	25.23	43.39	30.61	30.32	20.15	12.40	23.97	59.30
	심천B	13.06	25.30	17.51	20.92	12.90	9.11	21.01	26.71

자료제공: 중국증권감독위원회, 상해증권거래소, 심천증권거래소

  2007년 중국증시 폭등으로 증권계좌수에 관련 보도도 빈번하게 다루어졌다. 다만 1.4억 계좌 수 그 자체가 주식투자자가 1.4억 명이라는 사실을 의미하지는 않는다. 위법계좌와 비유효계좌는 논외에 두더라도 중국은 한국과 달리 개별 시장별로 고유 계좌를 설립하도록 하고 있다. 투자자 한 명이 최대 6개의 증권계좌(상해A, 상해B, 심천A, 심천B, 펀드, 채권)를 보유할 수 있는 셈이다. 증시와 계좌 수 간에는 일정한 관계를 나타내는 것은 사실이다. 하지만 계

좌수가 1.4억이라고 중국 전체 인구의 1/10 이 주식투자 광풍에 휩싸인 것은 아니라는 사실을 인식하길 바란다. 무분별하게 인용되는 주식투자 인구가 간혹 현실을 오도할 수가 있다. 중국정부의 정책 대상은 10%에도 못 미치는 주식투자자가 아닌 90% 이상의 대다수 주민이라는 점을 기억하자.

기술적 분석이 매매 타이밍에 관한 미시적 관점을 제공한다면 [표2]와 같은 통계수치는 투자 타이밍에 대한 거시적 시각을 제시한다. 기초 통계자료를 통하여 시황을 대하는 안목을 기른다면 여러분은 여러분 자신을 좀 더 신뢰하고 믿을 수 있을 것이다. 참고로 중국주민을 대상으로 한 중국인민은행의 2008년 2분기 설문자료에 의하면, 현수준의 물가와 이자수준에서 주식 혹은 펀드를 최선의 투자상품으로 선택한 비율은 16.8% 정도에 지나지 않았다. 이는 올해 1분기보다 10.8 포인트 하락한 수치이다.

3.2 채권시장

채권시장을 언급하는 이유는 중국 자본시장 전체를 살펴본다는 측면 이외에 자금흐름을 점검하기 위해서이다. 유동자금은 한 시장에 정착하기보다는 좀 더 높은 수익률을 제시하는 곳으로 끊임없이 이동한다. 일반적으로 경제와 금융환경이 부정적이면 부동산과 주식보다는 채권, 예금과 같은 안정자산에 자금이 쏠리는 경향이 강하다. 2008년 중국증시에서도 그런 추세가 감지되고 있다. 다만 실제 금리가 마이너스(-)인 상황에 비추어 유동자금이 장기간 은행권에 머물 가능성은 그리 높지 않다. 부동산, 주식시장, 예금 모두 만족스럽지 않다면 해외 탈출을 시도하든지 아니면 국내 채권시장을 노크할 것이다.

여기서 한 가지 짚고 넘어갈 점은 중국 채권시장이 공사채가 아닌 국채중심으로 형성되어 있다는 사실이다. 투자자 입장에서는 그만큼 선택 폭이 좁다. 또한 중국 재경부도 국채발행에 소극적 자세를 견지하고 있다. 과도한 국채발행은 국가 신인도 하락과 재정부담으로 연결되기 때문이다. 중국정부가 공사채 시장육성에 힘을 실어주고 있지만 현실적으로 그 효과는 미미하다. 신용시스템이 아직 불완전하기 때문이다. 회사채 발행은 신용평가를 담보로 이루어지는데, 현재 관련 데이터가 충분하지 않으며 신용평가기관 자체도 공신력이 거의 없는 상태이다.

단기 상황은 부정적이지만 중장기적으로 볼 때 공사채 시장도 주식시장만큼 확대 발전할 것이다. 주식시장으로 과도하게 편중된 자금은 금융시장 왜곡과 아울러 금융안정을 저해할 소지가 높기 때문이다. 2007년 3월 원자바오 총리는 제10기 전국인민대표대회 (약칭, 전인대) 제5차 회의에서 채권시장 발전 가속화를 천명하였다. 또한 이에 화답하듯이 2007년 8월 중국 증권감독위원회는 '공사채 발행시범방법'을 발표하였다. 상장기업에 한하여 공사채 발행을 통한 자금모집 통로를 마련해준 것이다. 이전까지 공사채 발행은 일부 중점국유기업의 전유물로 받아들여졌다.

[표3] 중국 채권시장 현황

단위: 억 위안

구분	2005년		2006년		2007년		2008년 상반기	
	금액	증감률	금액	증감률	금액	증감률	금액	증감률
채권발행액	42,182	54.54%	57,096	35.36%	79,756	39.69%	39,943	10.25%
채권시가	75,114	47.82%	94,844	26.27%	122,502	29.16%	136,444	31.74%
현물거래	63,379	124.78%	109,327	72.50%	165,916	51.76%	176,912	183.99%
Repo거래	165,078	65.65%	273,513	65.69%	462,872	69.23%	266,165	42.46%
선도거래	177	-	658	271.75%	2,496	279.33%	2,720	175.58%

자료제공: 중국채권정보망(상기 통계자료에는 어음발행액 포함됨)

[표3]는 연도별 중국 채권시장 주요지표를 나타낸 것이다. 상기 수치에는 중앙은행어음도 포함되어 있다. 이는 2005년 이후 재경부가 담당하던 유동성 조절업무를 중앙은행으로 거의 이전시켰기 때문이다. 그 결과 중국인민은행은 공개시작조작을 통하여 미세조정에 들어가고 있으며 그 수단으로는 중앙은행 어음을 발행 이용하고 있다. 우리는 120% 이상의 증가세를 보이던 현물 거래금액이 2006년과 2007년 대폭 둔화된 것을 발견할 수 있다. 특히 2007년의 경우 약 52% 신장에 그친 것을 목도할 수 있다. 2006년 이후 증시가 활황세를 보임에 따라 시중 투자자금이 채권시장에서 주식시장으로 이동할 결과로 판단된다. 2008년 중국증시가 폭락을 거듭하는 현재 현물 거래금액은 180% 이상의 증가세를 나타내고 있다. 공사채 시장 미미로 채권발행액이 10% 증가세에 불과한 점은 통화당국의 고민을 한층 깊게 할 것으로 판단된다. 중앙은행 어음도 사

실은 변형된 국채로 볼 수 있기 때문이다. 중국 채권시장 규모를 감안할 때 시중 유동자금이 채권시장을 주 투자대상으로 삼았다고 보기는 힘들다. 떨어지는 소나기를 일시 피하려는 의도가 강한 것 같다. 채권시장에 초과 유입된 자금은 언제든지 증시로 유턴할 수 있으며 여러분은 상시적으로 채권시장 자금흐름을 체크해둘 필요가 있다.

3.3 파생상품시장

상품선물과 채권선도를 제외한 파생상품시장은 아직 미성숙단계에 있다. 주가지수 선물은 몇 년째 여건성숙이라는 꼬리표를 붙이고 있다. 2006년 9월 상해에 금융선물거래소를 설립된 이후 주가지수 선물과 관련된 제도적 기반은 마무리된 상태이다. 또한 상해·심천300지수를 통한 모의시범 역시 꾸준히 수행하고 있다. 법과 실무적인 절차는 이미 완료된 단계로 중국 정부의 의지만 남은 셈이다. 주가지수 선물 발걸음이 더딘 이유는 순기능보다는 투기조장이라는 역기능에 한층 경계의 시선을 보내고 있기 때문이다. 90년대 중반 중국증권시장은 채권선물 거래를 통하여 그 폐단을 충분히 경험하였다. 중국 입장에서 쉽게 선택할 사항은 아닌 것이다. 중국 속담에 '부르기는 쉬워도 보내기는 어렵다'는 말이 있다. 일단 주가지수 선물시장을 개설된다면 설혹 심각한 부작용이 발생하더라도 쉽게 잠정중단 조치를 내릴 수는 없을 것이다. 특히 중국증시가 요동치는 상황에서는 더욱 결정을 내리기 힘들 것이다. 가까운 시일에 주가지수 선물이 출시되더라도 당분간 개인보다는 기관투자자들을 중심으로 운영될 가능성이 높다. QFII 참여 허가는 거의 확실시되고 있다. 다만 투자한도와 포지션은 제한할 것으로 전망된다.

　2008년 상반기말 현재 주가지수 선물상품은 존재하지 않지만 그 대신 주식워런트증권(ELW)과 상장지수펀드(ETF) 거래는 활발이 일어나고 있다. 2008년 6월말 현재 상해증권거래소는 페트로차이나, 상해자동차, 마강구펀(0323.HK), 중지지투안(200039.SZ) 등 블루칩 종목을 중심으로 13개의 주식워런트증권이 거래되고 있다. 거래규모는 3조 1,231억 위안으로 상해A주 총 거래금액의 27.5%를 점하고 있다. 이는 B주와 폐쇄형 펀드 거래금액의 69배와 44배에 해당하는 규모이다. 또한 상장지수펀드는 3종류가 거래되고 있는데 그 거래규모는 1,305억 위안으로 B주와 폐쇄형펀드보다 더 활발한 움직임을 보이고 있다. 상기 내용은 중국증시가 주식거래만으로 움직이는 시장은 아니라는 점을 반증한다.

4. 홍콩 증시 통계분석

　본 단락에서는 홍콩증시의 과거와 현재를 기초 통계자료를 통하여 살펴보고자 한다. 학술적 정보제공보다는 실무적인 투자지침에 더 포커스를 두었다. 따라서 국제금융시장에서 홍콩증시가 차지하는 위치는 본 장 [표1]로 대신하고자 한다. 그럼 홍콩증시 현황을 살펴보기로 하자.

4.1 홍콩증시 기초통계자료

　[표4]는 2000년부터 2007년까지 홍콩증시를 시계열적으로 살펴본 자료이다. 증시가 버블양상을 보일 때 기업들의 자금모집이 활발히 진행된다는 속설이 그대로 적용된 것 같다. 2000년 IT버블과

최근 유동성버블에서 홍콩 상장기업들은 평소보다 2배 정도 많은 자금을 모집하였다. 또한 일 평균거래량과 매매회전율 역시 하락 혹은 조정장보다는 상승장이 훨씬 높게 나타났다. 특히 2007년 일 평균거래량은 2006년의 2.5배, 2000년도의 4.1배 정도를 기록하고 있다. 매매회전율 역시 다른 연도보다 2배 정도 높게 집계되었다. 이 시기 평균배당률은 거의 최저수준을 기록하고 있는데, 이는 증시가 호황일 때는 투자자와 상장기업 모두 배당에 큰 의미를 부여하지 않고 있다는 점을 암시한다. 반면 증시가 불황에 빠질 경우 배당률이 향상되는 모습을 그리고 있다. 은행예금에 준하는 최저수익률을 보장해주려는 측면이 강하게 작용하기 때문이다. 최저 수익률을 보장해주지 않는다면 투자위험과 자체비용을 부담하면서 굳이 침체기 장세에 발을 담글 필요가 없기 때문이다. 최근 배당의 중요성을 중국증권 감독기관이 부쩍 강조하고 있는데, 이런 행위로도 현 중국증시가 약세장에 진입하였다는 사실을 유추할 수 있다.

비록 후생지표라는 단점이 있지만 주가수익률(PER)는 증시 과열 유무를 측정하는 주요기준으로 인정받고 있다. 2007년 홍콩증시 PER는 22.47배로 2003년 최고치보다 훨씬 높게 나타났다. 2007년 홍콩증시가 과열기미를 보였다는 것은 과거 사례와 비교하여도 비교적 명확히 알 수 있다. 통계자료를 분석하는 목적은 과거 이해가 아닌 향후 닥쳐올 미래를 더듬어 보는 데 있다. 앞서 언급한 일 평균거래량, 매매회전율 이외에 시가총액 흐름만 살펴보아도 2008년과 2009년 증시향방을 우리는 일부 점쳐볼 수 있다. 2001년과 2002년 통계자료 흐름을 살펴보면 구조적 추세전환은 2년 내외의

[표4] 홍콩증시 주요 통계지표 (Main Board)

단위: 개, 억 홍콩달러(HKD), 만주, %, 배

구 분		홍콩 주 거래시장 통계현황							
		2000	2001	2002	2003	2004	2005	2006	2007
상장사		736	756	812	852	892	934	975	1,048
상장증권		1,294	1,075	1,416	1,598	1,971	2,448	3,184	5,896
시가총액		47,952	38,853	35,591	54,777	66,292	81,133	132,488	205,365
모집금액		4,513	586	1,014	2,090	2,765	2,987	5,160	5,402
일평균거래량		23,240	14,485	15,490	23,593	16,003	23,211	38,184	94,160
년 매매회전율		59.64	46.87	41.34	41.38	51.25	44.22	48.48	80.40
항생지수	최고	18,302	16,164	11,975	12,594	14,266	15,466	20,002	31,638
	최저	13,723	8,934	8,859	8,409	10,968	13,355	14,945	18,665
	종가	15,096	11,397	9,321	12,576	14,230	14,876	19,965	27,813
평균배당률		2.01	2.92	3.4	2.94	2.85	2.89	2.19	2.21
평균PER		12.80	12.18	14.89	18.96	18.73	15.57	17.37	22.47
자산수익률		1.79	1.34	1.10	1.67	1.89	1.93	2.52	2.81

자료제공: 홍콩증권거래소

조정작업이 필요한 것을 알 수 있다. 2008년도 이미 하반기로 접어들고 있다. 만약 다가올 미래가 과거와 동일한 흐름을 보인다면 2009년 하반기 이내에 상승의 실마리를 잡을 수 있을지도 모른다.

4.2 자금모집 현황과 증시흐름

현재까지는 대형IPO 통로로서 홍콩증시 존재감이 부각되었다만 앞으로는 투자시장의 역할도 함께 수행할 것으로 전망된다. 홍콩직통차가 그 좋은 본보기이다. 현재 진행되고 있는 중점 대형기업

IPO가 마무리 단계로 접어든다면 중국과 홍콩증시 통합 논의가 본격화될 수도 있다. 이는 동일종목, 이종가격이라는 이원적 시장시스템 조정을 의미한다. 적어도 10년 이내에는 상기 전망이 실현될 것 같지는 않다. 통화문제와 자본자유화가 연결된 사항이기 때문이다. 다만 정부와 시장관계자 사이에 연구는 가능할 것이다. 미래에 발생할 일이니 지금은 신경 쓰지 않아도 되는 것일까? 그 답은 'No'이다. 본격적인 논의 이전에 중국과 홍콩증시에 동시 상장된 종목 주가는 수렴의 과정을 거칠 것이다. 수렴방향에 따라 여러분의 투자수익은 상당한 차이를 보일 것이다. 2007년은 홍콩증시가 중국증시를 쫓아가는 모습을 나타내었다. 동시 상장된 종목 주가가 시장원리에 따라 자연스럽게 일치된다면 좋겠지만 통합화 과정을 거치지 않는 한 현실화 가능성은 높지 않다. 그럼 본격적으로 홍콩증시와 자금모집 상향을 비교 분석하여 보자. 상승장과 하락장의 판단 근거로 각종 분석기법을 이용할 수도 있겠지만 그런 복잡한 절차를 생략하더라도 상장사의 자금모집 행보를 통하여서도 우리는 일부 유추해낼 수 있다. 아래 그림은 2000년부터 올해 상반기까지 홍콩시장 내 중국관련주 자금모집 추이를 나타낸 것이다.

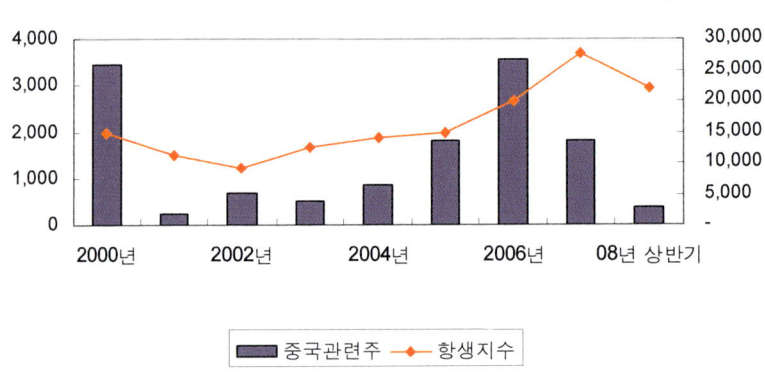

[그림2] 중국관련주 자금모집 현황

단위: 백만 홍콩달러

중국관련주　　항생지수

자료제공: 중국경제정보분석(CEIA)

　　[그림2]는 증시가 호황기일 때 IPO를 활발히 진행하고 하락 혹은 침체장일 때 관망적 자세를 견지한다는 일반적인 투자이론을 잘 설명한다. 2000년 IT버블과 유동성 버블이 표면화된 2006년 기업들의 자금모집 활동이 가장 빈번한 것으로 나타났다. 물론 그 단초를 제공한 것은 대형 국유기업의 주식제로 전환이 자리잡고 있다. 항생지수가 최고치를 기록했던 2007년은 생각보다 낮은 수준에 머문 것으로 나타났는데, 이는 IPO 스케줄에 따라 2006년에 이미 상당부문을 소화하였기 때문이다. 한편으로는 2006년 IPO 물량을 대부분 흡수함에 따라 2007년 홍콩증시가 폭발적인 상승세를 기록하였을 수도 있다. 물량부담에서 있어서 2006년보다 자유로운 입장에 놓여있었기 때문이다. 과거 경험에 비추어 2008년 홍콩증시는 하락세가 전망되며 실제 수치도 그렇게 나타나고 있다. 2009년 상반기

역시 낙관적인 전망은 힘들 것으로 판단된다.

4.3 홍콩증시 내 중국관련주 위치

홍콩 주거래 시장(Main Board)에서 중국관련주가 차지하는 시가 비중은 1995년 5.42%에서 2000년에는 26.87%까지 확대되었다. 참고로 2000년 중국관련주의 대부분은 레드칩이 차지하였으며 H주는 1.78%에 불과하였다. 홍콩증시에 대한 중국 영향력이 확대됨에 따라 2005년 중국관련주 비중이 30%대를 처음으로 돌파하였으며 H주도 16% 내외로 두각을 나타내었다. 2006년을 거치면서 중국 관련주는 과반수 지분을 확보하였으며 2007년에는 홍콩과 중국증시가 혼동되는 단계에 이르렀다. H주도 25% 내외의 비중을 보이며 레드칩과 함께 쌍두마차 체제를 구축하였다. 중국내부에서 홍콩증시 역할 논란이 제기될 법도 하다.

한국투자자에게는 레드칩보다 H주라는 용어가 더 친숙하게 들린다. 이는 비슷한 시가비중과 달리 실제 거래액은 H주가 월등한 높기 때문이다. [표5]에서 보듯이 H주와 레드칩 거래금액 비중은 65%를 초과하고 있으며, H주 단독으로도 과반에 육박하고 있다. H주 시가총액과 달리 거래금액은 2배 정도 높은 비중을 점하고 있는 셈이다. 한편 레드칩은 시가총액보다 상당히 낮은 17% 전후의 거래금액 비중을 나타내고 있다.

2008년 상반기말 현재 거래금액의 66% 이상이 중국관련주라는 사실은 홍콩증시 자체 성장동력을 의심해볼 만하다. 중국정부가 자금

[표5] 주 거래시장(Main Board) 내 중국관련주 거래금액

단위: 억 홍콩달러(HKD), %

년 도	전 체		H주		레드칩	
	금 액	비 율	금 액	비 율	금 액	비 율
1995	631	8.29%	173	2.27%	459	6.02%
2000	8,392	29.34%	1,643	5.74%	6,749	23.60%
2001	7,424	40.77%	2,452	13.47%	4,972	27.31%
2002	4,491	30.54%	1,397	9.50%	3,094	21.04%
2003	9,954	43.92%	5,015	22.12%	4,939	21.79%
2004	15,486	45.58%	9,339	27.49%	6,147	18.10%
2005	15,530	43.29%	9,492	26.46%	6,038	16.83%
2006	36,223	56.39%	25,218	39.26%	11,005	17.13%
2007	104,745	63.44%	77,489	46.93%	27,256	16.51%
08년 상반기	49,556	66.33%	36,107	48.33%	13,449	18.00%

자료제공: 홍콩증권거래소

유·출입을 엄격히 단속하고 있지만 언제까지 이런 제한조치를 고수할 수만은 없을 것이다. 잠정 중단된 홍콩직통차 사례에서 보듯이 중국정부도 일정 수준의 자본 자유화를 인정하고 있는 추세이다. 비록 2007년에 홍콩직통차는 준비 미숙으로 잠정 중단되었지만 여건만 성숙된다면 언제든지 다시 재개될 수 있는 항목이다. 홍콩직통차 문제는 11장에 중점적으로 다룰 주제로 본 단락에서 구체적 언급은 삼가고자 한다. 다만 2007년 보다는 좀 더 체계적으로 자본 이동을 추적할 것이며 관련 감독기관간의 사전 조율도 세밀하게 이루어질 것이다. 홍콩직통차가 중국증시 위축으로 연결되는 것은 중국정부 입장에서도 그리 바람직한 현상은 아니기 때문이다. 이 문제는 중국

내 수많은 이해관계 집단의 손익이 첨예하게 대립되는 화두로 충분한 보완장치 없이 일방적으로 풀기는 어려운 화제이다.

끝으로 2008년 상반기 H주와 레드칩 거래금액 총액은 4조 9,556억 홍콩달러로 이미 2006년 전체 수치를 초과하고 있다. 상반기 추세를 감안한다면 2007년과 비교하여서도 그리 큰 차이는 나타내지 않을 것이다. 과열국면에서 분산국면으로 넘어선 단계로 볼 수도 있다. 거래량 감소는 나타나지만 패닉적 모습은 보이지 않기 때문이다. 글로벌 금융불안으로 하반기 홍콩증시가 상반기보다 한층 무기력한 모습을 보인다면 공포 국면으로 이전되는 시점이 좀 더 앞당겨질지도 모르겠다.

4.4 파생상품시장과 홍콩증시

'웩더독(Wag The Dog)' 현상은 한국 주식투자자에게는 너무나 익숙한 투자환경이다. 이 말은 현물시장을 기초로 한 파생상품 시장이 보조적 위치에서 벗어나 오히려 현물시장을 좌우하는 모습에 비추어 생성된 용어이다. 홍콩 주식시장 역시 파생상품 시장과 불가분의 관계를 맺고 있다. 여러분이 관심을 가진 투자종목 대부분은 워런트(ELW) 형태로 거래되고 있을 것이다. 이 말은 현물시장 움직임만으로 주가를 예측하는 것이 힘들다는 점을 반증한다. 파생상품들이 주가 혹은 주가지수 추세흐름에 노이즈를 만든다는 사실을 여러분은 경험적으로 알 수 있을 것이다.

한국 투자자들이 홍콩파생상품 시장흐름을 파악하기는 쉽지 않

다. 기관투자자라면 주식워런트 가격흐름을 한번쯤 체크해보는 것
도 좋을 것이다. [표6]은 주 거래시장 내 워런트 비중을 나타낸 것
이다. 2002년 주식거래금액 대비 7%에 불과하던 것이 2007년에는
22% 수준까지 근접하였다. 현재는 한국 투자자들이 펀드 혹은 직
접투자 수준에 머물러 있지만 몇 년 후에는 홍콩 워런트 시장에
참가할지도 모르겠다.

[표6] 주 거래시장 상장주식 대상 워런트 거래현황

단위: 억 홍콩달러, %

년 도	전 체		주식워런트		파생상품워런트	
	금 액	비 율	금 액	비 율	금 액	비 율
2002년	1,145.2	7.16	17.5	0.11	1,127.8	7.05
2003년	2,651.7	10.42	11.6	0.05	2,640.1	10.37
2004년	5,274.0	13.36	29.2	0.07	5,244.8	13.28
2005년	8,588.9	19.09	22.8	0.05	8,566.1	19.04
2006년	17,927.7	21.52	27.1	0.03	17,900.6	21.48
2007년	46,989.6	21.85	51.0	0.02	46,938.6	21.83

자료제공: 홍콩증권거래소

　　주가지수 선물거래 역시 홍콩증시 흐름에 영향을 미치는 요소이
다. 워런트가 개별종목 흐름에 노이즈를 생성한다면 선물거래는 증
시전체를 대상으로 하고 있다. 2007년 몇 번에 걸쳐 발생한 홍콩증
시 대폭락이 선물 및 옵션거래와 관련이 있다는 말이 심심찮게 나
돌고 있다. 한국에서도 간혹 목격되는 이벤트이다. H주지수 선물거
래 상품은 2003년 12월 말부터 출시되었는데 2008년 현재 큰 폭

의 성장세를 유지하고 있다. 중국증시 활황으로 H주 위상이 한층 강화됨에 따라 H주지수 선물거래량은 3년이라는 짧은 기간 안에 항생지수 선물거래량의 40% 수준에 육박하고 있다. 자세한 사항은 [표7]을 개별적으로 한번 살펴보길 바란다.

[표7] 주가지수 선물거래 현황

연도	항생지수				H주 지수			
	거래일수	거래량	일평균	미결제	거래일수	거래량	일평균	미결제
2002년	245.0	4,802,422	19,602	48,469				
2003년	246.5	6,800,360	27,588	91,941	15.0	47,941	3,196	6,299
2004년	247.0	8,601,559	34,824	125,860	247.0	1,743,700	7,060	22,418
2005년	246.5	9,910,565	40,205	98,211	246.5	1,978,673	8,027	35,125
2006년	247.0	12,718,380	51,491	119,836	247.0	4,880,470	19,759	59,345
2007년	245.0	17,160,964	70,437	111,513	245.0	10,846,277	43,462	91,786

자료제공: 홍콩증권거래소

[그림3]은 2007년 7월부터 2008년 6월까지 H지수 선물과 H지수 흐름을 비교 분석한 것이다. 그림에서 보듯이 H지수 미청약계약 (open interest)이 전월보다 증가할 경우 H지수는 하락세로 전환되었으며, 그 반대로 감소한다면 상승세를 기록하였다. 2007년 9월 H지수가 급등을 보인 당월 H지수선물 미청약계좌수는 뚜렷한 감소세를 기록하였다. 이는 2008년 4월에도 감지된 현상이다. 2007년 10월 급등시점에서는 미청약계약수가 정체현상을 나타내었다. 반면 H지수가 대폭 하락한 2007년 11월과 2008년 1월, 3월, 6월 모두 미청약계약수가 급격히 확대된 것을 발견할 수 있다.

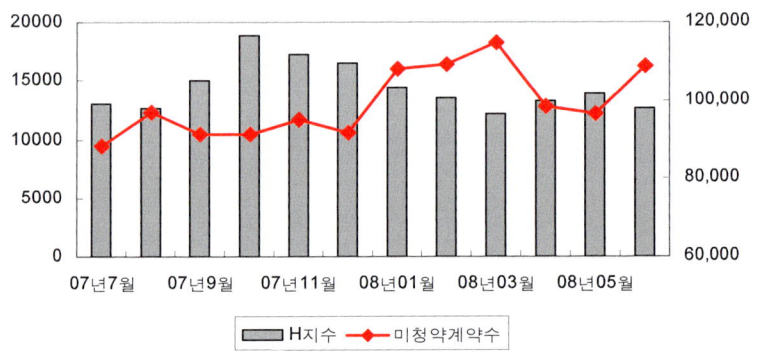

[그림3] H지수와 H지수 선물 미 청약계약 추이

자료제공: 중국경제정보분석(CEIA)

상기 현상은 H지수 선물 거래량 추이에서도 일부 감지되었다. 다만 2007년 이전 자료의 경우 그 관계가 명확하지 않다. 자세한 내용은 [그림4]를 참고하길 바란다. 2008년 자료를 기준으로 살펴본다면 다음과 같다. 대체로 H지수 선물거래량이 증가할 경우 H지수는 하락세로 반전되었으며 그 반대로 감소할 경우 H지수는 상승세를 나타내었다. H지수와 H지수 선물 두 변수 간의 인과관계는 좀 더 깊은 분석이 필요하지만 표면적 결과는 이상과 같다. 만약 분석 샘플 범위를 확대한다면 전혀 다른 결과가 도출될 수도 있을 것이다. 다만 H지수 선물 거래가 본격화된 시기가 2007년임을 감안한다면 그 이전 자료의 유효성은 그리 높지 않을 것으로 생각된다.

[그림4] H지수와 H지수 선물 거래량 추이

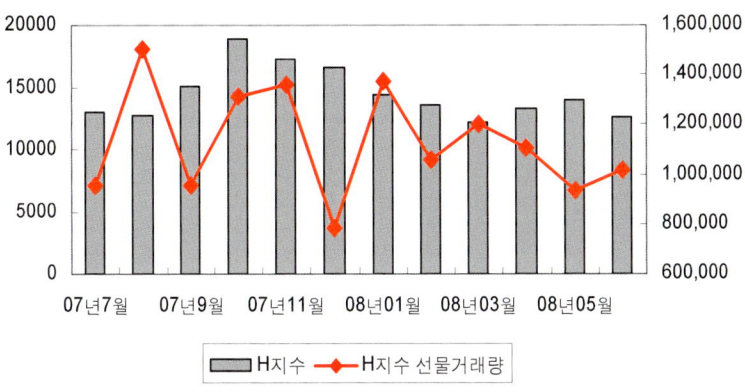

자료제공: 중국경제정보분석(CEIA)

　　파생상품 거래가 홍콩증시에 미치는 영향을 좀 더 깊게 살펴보기
위해서는 홍콩증권거래소 데이터뿐만 아니라 싱가포르 시장 역시 살
펴보아야 할 것이다. 싱가포르에 상장된 FTSE/XinHua China A50
index와 MSCI HongKong Index를 통하여서도 홍콩증시에 일정한
영향을 미칠 수 있기 때문이다. 여러분이 생각하기에 뚜렷한 악재도
없는데 홍콩증시 급등락 폭이 의외로 크다면 파생상품 시장으로 눈
을 한번 돌려보길 바란다. 또한 일 단위로 미청약계좌수 현황을 체크
하는 것 역시 홍콩증시 향방을 사전에 가늠해볼 수 있을 것이다. 끝
으로 H지수선물 미청약계좌수와 거래량이 확대될 때 H지수가 하락
할 확률이 높다는 사실을 기억하길 바란다. 또한 그 관계는 선물거래
량보다 미청약계좌수에서 더 뚜렷하다는 점 역시 명심하자. 다음 장
에서는 기술적 분석을 통하여 홍콩과 중국증시를 살펴보도록 한다.

중국주식투자 2009년

바이블 ❶

part_08 홍콩, 중국증시 그리고 기술적 분석

이번 장에서는 5가지 주요 기술적 분석 지표로 홍콩과 중국 증시를 분석하고자 한다. 본 장에서 사용된 기술적 분석 지표는 다우이론과 경기변동사이클, MACD, 이동평균법, 볼린저 밴드와 매물대 분석이다. 데이트레이너(day trader) 혹은 직접 투자자보다 차이나펀드 투자자에게 더 적합한 내용일 것이다. 하지만 직접투자자에게도 상당히 유용한 정보일 것으로 판단된다. 투자종목의 베타계수에 따라 상이하겠지만 블루칩 종목은 대개 시장흐름과 동일한 모습을 보이곤 한다. 그럼 기술적 분석이란 무엇을 의미하는지 첫 단락에서 간략히 살펴본 후 실제 사례와 병행하여 분석을 진행하도록 한다.

1. 기술적 분석 개념

기술적 분석(technical analysis)은 기본적 분석과 대비되는 개념으로 주식시장을 분석하고 예측하는 방법 중 하나이다. 일본에서는 18세기에 이미 쌀 선물 시장이 발달하였다. 상인 혼마 무네히사는 오사카 시장에서 쌀 가격을 예측하는 데 적삼병 같은 패턴분석을 이용했으며, 봉 차트도 고안하였다. 현대적 의미의 기술적 분석은 19세기말 찰스 다우(Charles H. Dow)로부터 시작되었다. 찰스 다우가 <월스트리트저널>에 연재한 기법을 묶어 다우이론이라 칭하였으며 추세의 기본개념을 확립하는 데 상당한 공헌을 하였다. 그 뒤 기술적 분석은 다양한 형태로 진화를 거듭하였다. 엘리어트(Elliott) 파동이론, 갠(W.D.Gann)의 각도법칙, 그랜빌(J.E.Granville) 의 이동평균선 매매법칙과 거래량지표 등이 그 좋은 사례이다. 일본에서는 일목

균형표 같은 기법이 독자적으로 발전하였다. 웰스 와일더(J. Welles Wilder)는 새롭고 정교한 분석 기법을 고안하여 기술적분석에 크게 공헌하였다. 1978년 그의 저서 『New concepts in technical trading systems』은 기술적 분석의 고전으로 불리며 지금도 투자자들의 사랑을 받고 있다. 이 책에서 소개된 ATR, 파라볼릭, RSI, ADX 같은 지표는 현재도 널리 이용되는 기법이다. 컴퓨터 기술 발달로 대규모 전산처리가 가능해졌으며 수학, 통계적 방법과 더불어 자연과학, 심리학 등의 연구 성과도 도입되고 있다.

이렇듯 기술적 분석은 기본적 분석과 달리 주가와 거래량 간의 관계를 통하여 매매타이밍을 결정한다. 기업실적 혹은 경제가치가 증시에 정확히 투사되고 있는지 유무보다는 현 시점이 매매하기에 적당한가에 더 무게중심을 두고 있는 셈이다. 단 기술적 분석이 투자기법으로써 그 가치를 인정받기 위해서는 아래의 몇 가지 가정이 선행되어야 한다.

첫째, 시장가치는 수요와 공급에 의하여 결정된다.
둘째, 추세에 따라 주가가 상당기간 움직인다.
셋째, 추세의 변화는 수요와 공급의 변화에 의하여 발생한다.
넷째, 수급 변동은 그래프에 의하여 추적이 가능하며 주가모형은 스스로 반복하는 경향이 있다

만약 효율적 시장가설(EMH)과 랜덤워크 이론이 현실세계를 지배한다면 기술적 분석은 그 의미가 상당히 퇴색하게 될 것이다. 여

기서 효율적 시장가설 이론이란 정보 효율성과 관련이 있는 것으로 주가가 이용 가능한 정보를 충분하고 즉각적으로 반영하고 있다는 가설이다. 즉 효율적 시장에서는 매매정보를 통하여 비정상적인 추가수익을 얻을 수 없다는 것이다. 파머(Eugene Fama)는 3가지로 구분하여 이 문제를 접근하고 있는데, 그 첫째가 바로 약형효율적 시장가설이다. 만약 주식시장이 약형효율적이라면 어떤 투자자라도 과거 주가 또는 수익률 데이터에 기초한 거래로부터 초과수익을 얻을 수 없다. 반면에 준강형 효율적 시장가설은 어떤 투자자라도 공식적으로 이용 가능한 정보를 기반으로 한 거래에 의하여 초과 수익을 얻을 수 없다는 개념이다. 여기서 이용 가능한 정보란 과거의 주가자료, 공시된 회계자료, 기관투자자의 투자자료 등이다. 마지막으로 강형 효율적시장가설은 어떤 투자자라도 모든 이용 가능한 정보(내부정보 포함)로부터 초과수익을 실현할 수 없다는 뜻이다.

일반적으로 효율적 시장이라고 하면 준강형 효율적 시장을 일컫는다. 즉 내부정보를 이용할 경우 충분한 초과수익을 기록할 수 있다고 본다. 극단적으로 말하자면 시장은 공평하지도 그렇다고 투명하지도 않다는 것이다. "매입하면 내리고 매도하면 오른다"는 말은 과거, 현재 그리고 미래에도 결코 낯설게 들리지 않을 것이다. 본서는 단타매매보다는 단기 혹은 중장기 추세흐름 파악에 이용됨직한 기법 4가지만 소개하고자 한다. 익숙하지 않은 다양한 기법보다는 쉽게 이해되고 그 기법의 설계이념이 비교적 충실한 것을 능숙히 하는 것이 여러분의 투자수익 향상에 도움이 되리라 생각되기 때문이다. 참고로 한국과 중국증시는 준강형보다는 약형 효율적 시장에 더 가까울 것으로 생각되며 타 시장보다 기술적 분석이 강한 영향력을 발휘하는 토대를 마련하고 있다. 그럼 이론이 실제 사례에 어떻게 적용되는지 간략히 살펴보기로 하자.

2. 다우이론, 경기변동 사이클 그리고 증시

다우이론은 다우존스사의 창시자인 찰스 다우(Charles H.DOW) 가 개발해 낸 증시동향 판단방법이다. 차후 월리엄 피터 해밀턴 (William Peter Hamilton)과 비숍(Bishop)에 의하여 진일보하게 되었다. 다우이론에 따르면 주식시장은 세 가지 추세, 즉 주추세, 중기추세, 소추세의 상호작용에 의하여 설명될 수 있다. 여기서 주추세란 주가가 상승 혹은 하락함으로써 형성되는 장기추세를 의미하며 시장변화에 있어 가장 중요한 흐름으로 간주된다. 중기추세는 주추세가 진행되는 과정에서 일시적으로 주추세의 진행방향을 조정하려고 일어나는 반작용을 의미한다. 한편 소추세는 단기적인 추세변동을 말한다. 주추세를 살펴보면 아래의 6가지 국면으로 해석된다.

*매집국면: 강세장 초기단계로 거시 및 미시지표 모두 부정적인 상태로 투자심리가 상당히 위축된 상황이다. 일반투자자들의 실망매물을 전문투자자들이 받아내는 형국이다. 이 시기 거래량은 점차 증가하는 모습을 보인다. H지수의 경우 2006년 하반기 이전 상황을 매집국면으로 해석할 수 있다.

*상승국면: 경제와 기업재무지표 호전이 점차 표면화되며 일반투자자들의 관심 역시 상승한다. 증시로 대량의 자금이 유입되면서 거래도 활기를 띠게 된다. 시장여건 개선으로 주가가 상승하는 모습을 보인다. 기술적 분석에 의존한 투자자들이 상대적으로 높은 수익을 달성할 확률이 높다. 2007년 하반기 이전 중국과 홍콩증시 흐름이 전형적인 상승국면이 아닌가 생각된다.

*과열국면: 강세장의 마지막 국면으로 경제와 기업실적이 지나칠 정도로 긍정적으로 나타나며, IPO와 증자관련 뉴스가 범람하게 된다. 이 시기에 이르면 증권시장은 투자보다는 투기적 양상을 띠게 된다. 매집과 상승국면이 상대적으로 긴 시간간격을 두고 형성되는 데 반하여 과열국면은 짧고 급속히 진행된다. 2007년 하반기 홍콩증시에서 우리는 이런 모습을 발견할 수 있다. 참고로 2007년 개별 상장회사는 유례없는 호황을 맞이하였다.

[그림1] H지수와 국면전환

자료제공: 중국경제정보분석(CEIA)

*분산국면: 강세시장에서 유지되던 추세선의 상향기울기가 점차 둔화되기 시작한다. 단 투기세력은 여전히 시장을 배회하고 있으며 상대적으로 높은 거래량 수준을 유지한다. 굳이 언급하자면 2008년 5월 이전 H지수가 바로 분산국면의 형태를 띠지 않았는가 생각된다. 투자자들 사이에는 하락에 대한 두려움과 함께 상승반전에 대한 욕망도 자리잡고 있었다. 당시 H지수가 급등락하는 모습이 자주 감지되었다.

*공포국면: 매입세력은 급격히 감소하는 데 반하여 매도세력은 확대되는 형국이다. 이 국면에서는 주가 급락현상이 빈번히 발생하며 경제와 기업실적 지표도 부정적으로 변한다. 조급히 주식을 매도하려는 일반투자자들이 증가하는 데 반하여 매수세력은 한층 위축된다. 주가와 거래량이 급격히 감소한다. 2008년 5월 이후 진행된 H지수 흐름이 바로 공포국면의 초입단계가 아닌가 생각된다.

투자자들은 서서히 인내심을 잃어가고 있으며 체념적인 분위기가 시장을 지배하고 있다. 또한 대내외 경제상황 악화가 기업실적에 직접적인 영향을 미치고 있으며 전년과 달리 2008년 경영실적에 대한 부정적인 전망이 흘러나오고 있다. 공포국면의 끝은 저점확인 작업으로부터 시작될 것이다.

*침체국면: 주식매도 타이밍을 놓친 일반투자자들의 실망매물이 지속적으로 출현한다. 주가 역시 하락추세를 이어간다. 침체국면에서는 주가지수보다 개별 우량주 주가가 더 선방하는 모습을 보이며 대형 블루칩에 대한 시장 관심이 상대적으로 상승하게 된다. 홍콩 증시의 경우 공포국면보다 침체국면이 좀 더 장기간 지속되리라 생각된다.

장기추세흐름을 분석하는 도구로 다우이론과 함께 언급되는 것이 바로 경기변동 사이클이다. 경기변동은 크게 장기, 중기, 단기로 구분된다. 장기 경기변동으로는 50년~60년 주기로 발생한다는 콘트라티에프 파동, 15년~20년 주기의 쿠츠네츠 파동이 있다. 콘트라티에프 파동은 산업혁명, 신자원 개발과 같은 대대적인 기술혁신에 의하여 초래되며 쿠츠네츠 파동은 인구인동, 이민 등과 같은 요인에 의하여 형성된다. 한편 주글라파동은 기술혁신, 설비투자 등에 의하여 초래되며 7년~11년 주기를 가지고 있다. 마지막으로 키친파동은 2년~6년 주기로 일어나는데, 발생요인으로는 통화공급, 물가, 금리, 재고현황 등을 꼽고 있다. 최근 몇 년간 세계주식시장은 키친파동 영향하에 있지 않았는가 생각된다.

[그림2] 상해종합지수와 경기변동 사이클

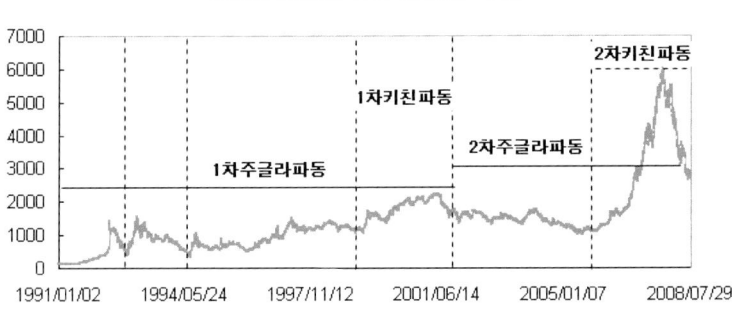

자료제공: 중국경제정보분석

반면 중국증시는 주글라와 키친이 혼재된 형태를 보인 것으로 판단된다. 키친파동적 요소인 글로벌 유동성 장세에 산업구조 조정이라는 주글라파동이 첨부된 형태이다. 중국은 현재 과거 경제성장방식, 즉 노동력과 자원소모형 경제 성장구조에서 고부가 가치를 창출할 수 있는 기술 및 자본 집약적 경제구조로 시스템을 변경시키고 있다. 2006년과 2007년 증시상황은 그 와중에 필연적으로 나타난 결과이다. 2007년 하반기 이후 그 두 파동이 쇠퇴기미를 보였으며 향후 2~3년간은 새로운 주기를 기다리는 장이 될 가능성이 높다.

3. MACD 이론과 H지수 사례

  MACD는 단기지수 이동평균값에서 장기지수 이동평균값을 뺀 것으로 두 이동평균 간의 관계를 나타낸다. 일반적으로 12/26/9로 설정하는데, 이 말은 단기와 장기이동평균선을 12일과 26일로 두고 시그널은 9일로 삼는다는 의미이다. 공식으로 간단히 풀어보면 다음과 같다. 앞서 살펴본 다우이론과 경기변동 사이클이 중장기 추세흐름을 살펴보는 기법이라면 MACD는 단기추세 흐름파악에 유용하다. 2개월 전후의 초단기 흐름은 일간데이터, 그 이상은 주간데이터로 살펴보는 것이 합당할 것이다.

MACD= 단기 이동평균값– 장기 이동평균값
시그널(Signal)= MACD의 9일 지수 이동평균값

매매타이밍 포착을 위하여서는 MACD 오실레이터(Oscillator)라는 수치를 사용하기도 한다. MACD 오실레이터는 MACD에서 MACD 시그널을 뺀 값을 의미한다. 즉 매도시점은 MACD 오실레이터 값이 (+)에서 (-)로 바뀌는 타이밍을 의미하며 매수시점은 그 반대로 (-)에서 (+)로 전환되는 순간을 말한다. 좀 더 공격적으로 MACD 오실레이터(Oscillator)를 이용하고자 할 때는 MACD 오실레이터 값이 고점에서 추세가 꺾이는 순간을 매도 타이밍으로 삼고, 그 반대로 저점에서 상승추세로 전환하는 순간을 매입 타이밍으로 잡으면 된다. 매매타이밍 포착에는 유리하지만 빈번한 매매신호 발생으로 투자판단을 흐리게 할 소지도 존재한다. 초단기투자자가 아니라면 MACD와 시그널 지표로 추세흐름을 가늠해보는 것이 좋을 것이다. 그림은 H지수를 이용한 실제 사례를 살펴보기로 하자.

[그림3] MACD로 살펴본 일 H지수 추세

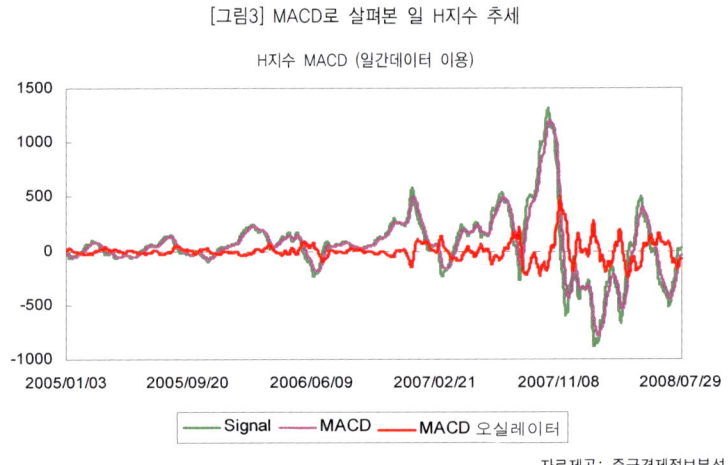

자료제공: 중국경제정보분석

[그림3]은 일 H지수 데이터를 이용한 MACD 지표이다. 2007년 10월 중순경 MACD는 이미 매도사인을 보내고 있는 것으로 나타났다. 하락징조를 2주 정도 빨리 사전 예고한 것으로 볼 수 있다. 반면 MACD 오실레이터는 8월말경 매도시그널을 낸 후 10월말은 오히려 매수시그널을 발생시키고 있다. 전문 데이트레이너가 아니라면 MACD 오실레이터는 오히려 투자자의 혼란만 초래시킬 가능성이 크다.

[그림4] MACD로 살펴본 주간 H지수 추세

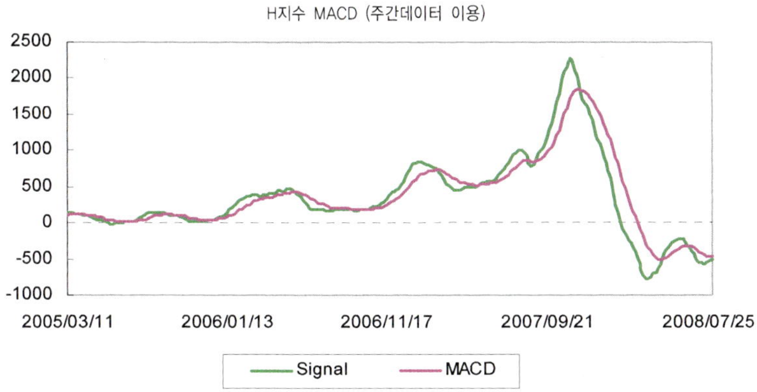

H지수 MACD (주간데이터 이용)

자료제공: 중국경제정보분석

[그림3]이 일 데이터를 통해 살펴본 MACD 지표라면 [그림4]는 주간 데이터를 이용한 자료이다. 빈번한 등락을 보이는 [그림3]과 달리 [그림4]는 완만한 시그널을 보내고 있다. 또한 MACD 지표흐름도 그림보다는 더 명확히 다가오고 있다. 2007년 10월 이후 MACD와 DIF 지표 모두 급속한 하향화 추세를 그리고 있으며

2008년 7월말 현재까지 매입 신호는 보내지 않고 있다. 그래프 흐름상 MACD 지표는 급격한 상승보다는 일정기간 등락을 반복하면서 횡보하는 모습을 그릴 가능성이 높다.

[그림5] MACD로 살펴본 주간 상해종합지수 추세

상해종합지수 MACD (주간데이터 이용)

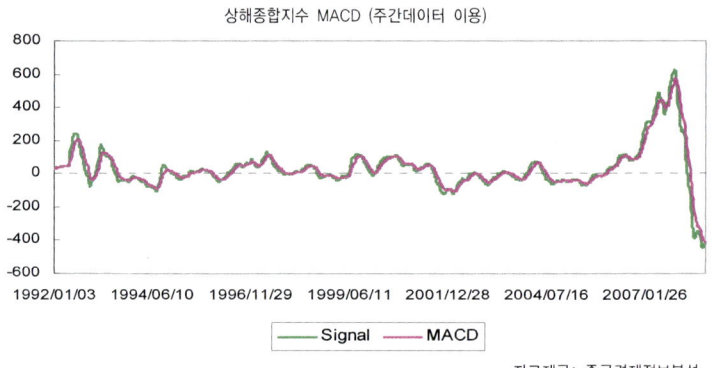

자료제공: 중국경제정보분석

[그림6] MACD로 살펴본 주간 심천성분B지수 추세

심천성분B지수 MACD (주간데이터 이용)

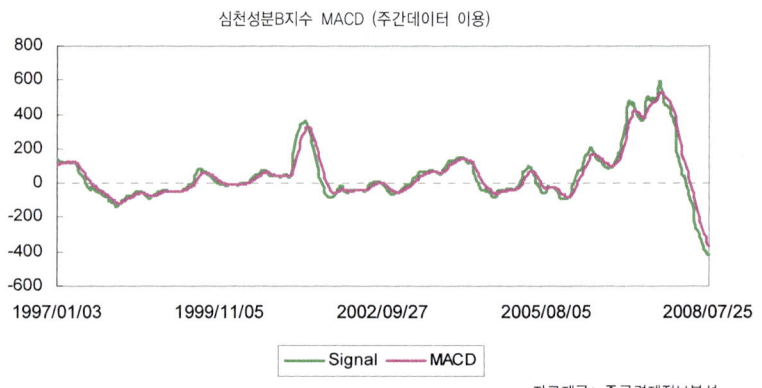

자료제공: 중국경제정보분석

[그림5]와 [그림6]은 상해종합지수와 심천성분B지수를 대상으로 MACD 지표흐름을 살펴본 것이다. 상장거래소와 시장이 모두 상이함에도 지표의 흐름은 거의 비슷한 모습을 나타내고 있다. 중국 증시라는 동질성을 가지고 있기 때문으로 판단된다. 상해종합지수는 2007년 10월경 MACD 지표가 하락세로 반전된 반면 심천성분 B주는 2007년 8월경 이미 하락시그널을 보내고 있다. B주는 국내와 해외투자자 모두 진입이 자유로운 점을 감안할 경우 해외투자자들은 이미 2007년 8월경 대폭락의 기미를 감지하였는지도 모른다. MACD 지표만으로 판단할 때 두 지수 모두 최저점을 기준으로 일정기간 등락을 반복하면서 횡보하는 모습을 그릴 가능성이 높다.

4. 이동평균선으로 살펴본 H지수

단기 주가흐름을 쉽게 파악할만한 지표로는 이동평균선이 있다. 여러분이 이용하는 홈 트레이닝 시스템(HTS)속에 이동평균선을 포함한 수많은 기술적 분석도구가 탑재되어 있을 것이다. 과거처럼 여러분들이 직접 분석지표들을 도출할 필요는 없다. 다만 지표가 의미하는 것이 무엇인지를 해석하고 투자에 적용하는 부문은 경험과 실력이 요구되는 부문이다. 그럼 장단기 이동평균선을 이용하여 H지수와 상해종합지수를 상대로 실증분석을 실시하기로 한다. 일반적으로 단기 이동평균선이 아래로부터 위로 중, 장기 이동평균선을 급속히 뚫고 상향 돌파할 경우 강력한 강세전환 신호로 받아들이고 있다. 여러분들도 한번쯤 들어보았을 골든 크로스가 바로 이때이다. 또한 단기, 중기, 장기 이동평균선 순으로 세 가지 선이 나란히 상승한다면 안정적인 상승국면으로 판단하여

도 된다. 반면 중, 장기 이동평균선의 상승추세가 상당히 진행된 후 단기 이동평균선이 더 이상 상승곡선을 그리지 않을 때에는 천장권으로 생각하고 매도 타이밍을 결정하길 바란다. 한편 세 가지 이동평균선이 서로 혼란스럽게 뒤엉켜 있을 때에는 시장상황이 불투명하므로 매입을 일단 보류하는 것이 좋다. 여기서 단기 이동평균선을 15일선으로 두고 중기를 30일선, 장기를 60일선으로 두는 것이 이동평균선을 비교적 안정적으로 운영하는 것이다. 단기 변동성이 급격히 증가할 경우 5일, 15일(혹은 10일), 30일을 선을 기준으로 매매타이밍을 설정하여도 무방하다. 구간설정은 투자자의 투자성향에 따라 조정할 필요가 있을 것이다.

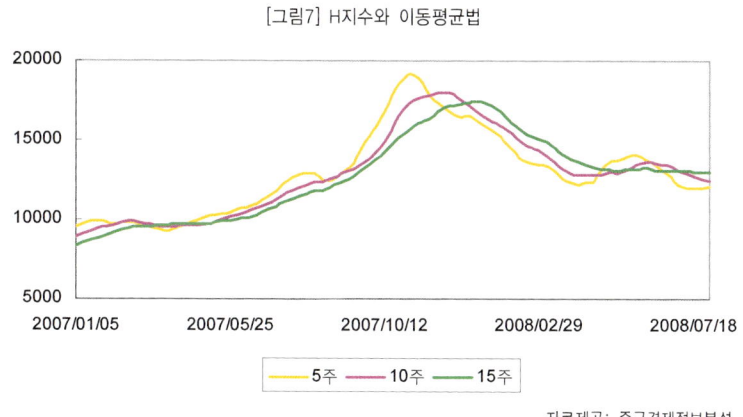

[그림7] H지수와 이동평균법

자료제공: 중국경제정보분석

[그림7]은 일간 데이터가 아닌 주간 데이터를 이용히여 주가흐름을 파악한 것이다. 본 서를 접하는 대부분의 독자들은 한 달 이내의 초단기 매매보다는 좀 더 긴 안목으로 중국과 홍콩증시를 바라

볼 것으로 생각된다. 특히 펀드투자자의 경우 일간데이터보다는 주간데이터를 이용하여 추세흐름을 살펴볼 것을 권한다. 일간 데이터를 이용할 경우 매매시그널을 비교적 빨리 잡아낼 수 있는 장점이 있다. 하지만 그 시그널이 증시상황을 정확히 나타낸다고 볼 수 없다. 정확한 타이밍을 위하여 감내할 위험을 짊어지기 보다는 대강의 추세파악으로 안정적인 투자를 하길 권한다. 2008년 7월말 현재 5주 이동평균선이 10주와 15주 이동평균선을 하회하고 있다. 아직은 좀 더 기다릴 것을 투자자에게 요구하는 신호이다.

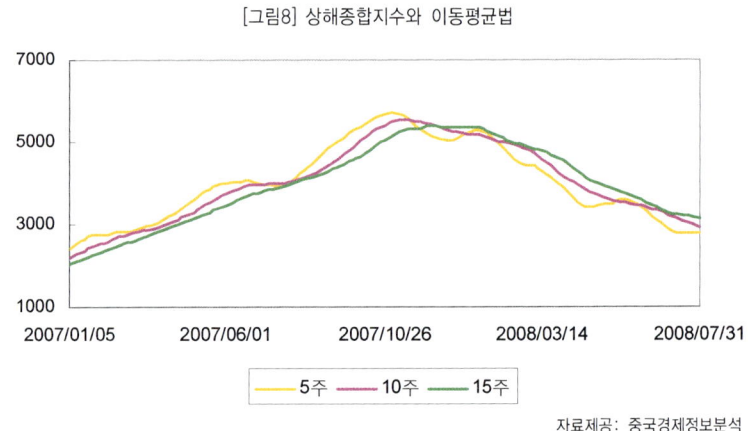

[그림8] 상해종합지수와 이동평균법

자료제공: 중국경제정보분석

[그림8]은 H지수가 아닌 상해종합지수를 사례로 이동평균선을 살펴본 것이다. H지수와 같이 5주 이동평균선이 10주와 15주를 하회하고 있다. 성급한 투자보다는 좀 더 관망할 것을 권하고 있는 셈이다. 올해로 접어들면서 5월 한때 5주 이동평균선이 10주를 소폭 상

향 돌파한 것을 제외하고는 전 구간에 걸쳐서 5주 이동평균선이 10주와 15주를 하향하고 있다. 전형적인 하락장의 모습을 그리고 있다.

5. 볼린저 밴드(Bollinger Bands)와 투자전략

볼린저밴드는 가격대 분석기법으로 이동평균과 표준편차를 이용한다. 이 분석기법은 주가는 상한선과 하한선을 경계로 등락을 반복하는 경향이 있다는 사실을 전제로 한다. 일반적으로 좁아졌던 볼린저밴드가 확대되는 순간을 매매타이밍으로 보고 있는데, 만약 밴드가 확대될 때 주가가 추세기준선 위에 있으면 매수신호로 간주하고, 추세기준선 아래에 있으면 매도신호로 본다. 일간데이터의 경우 20일을 기준으로 삼았다.

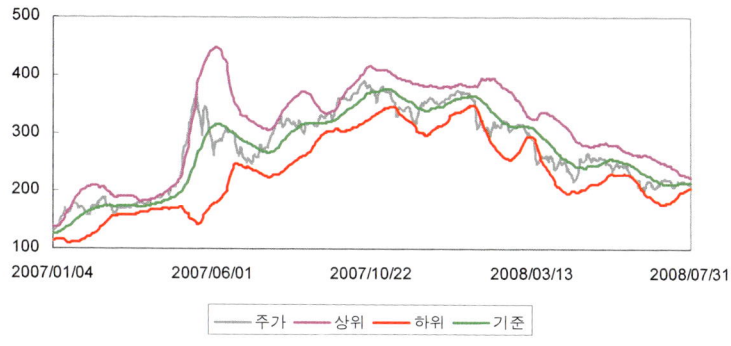

[그림9] 볼린저밴드로 살펴본 상해B주

자료제공: 중국경제정보분석

[그림9]는 2007년 초부터 2008년 7월말까지 일 상해B주 데이터를 상대로 살펴본 볼린저밴드이다. 상해B주의 경우 2007년 5월 전후로 뚜렷한 매수시그널을 보내고 있다. 2008년 3월경에도 좁아졌던 볼린저밴드가 확대되는 순간이 있었지만 매수신호로 보기는 힘들다. 그 이유는 주가가 추세중심선을 하회하고 있으며 가끔 하위구간을 하향 돌파할 때도 있다. 2008년 7월말 현재 볼린저밴드는 축소양상을 띠고 있으며 기준선 주위에서 B주 지수가 형성되고 있다. 8월 달 초단기 매수시그널이 발생할 가능성 역시 존재한다. 8월 개최 예정인 베이징 올림픽이 초단기 재료로 작용할지도 모르겠다.

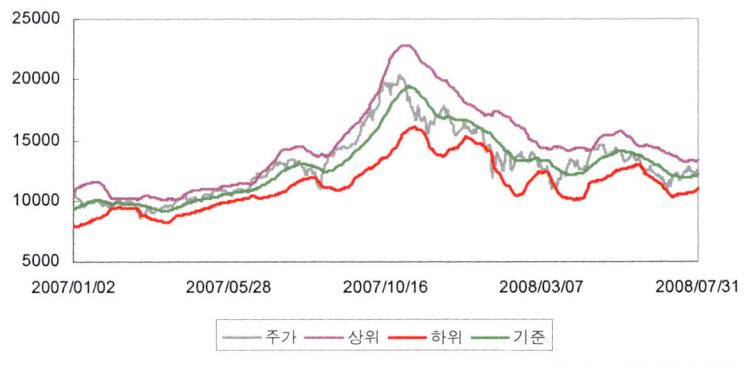

[그림10] 볼린저밴드로 살펴본 일 H지수 추세

자료제공: 중국경제정보분석

　　[그림10]은 H지수 볼린저밴드를 그린 것이다. 2007년 5월 매수시 그널을 나타내고 있으며, 그 해 11월초 매도신호를 보내고 있다. 그 이후 아직까지는 뚜렷한 매도사인은 발견된 적이 없다. 그림과 같이 좁아졌던 볼린저밴드가 확대되는 순간은 존재하였지만 당시 주가지수가 모두 기준선을 하회하고 있다. 앞서 살펴본 다른 기법과 동일하게 홍콩증시 진입을 좀 더 보류할 것을 요청하고 있다. 그럼 주간데이터를 이용할 경우 일간데이터와 무엇이 다른지 살펴보기로 하자.

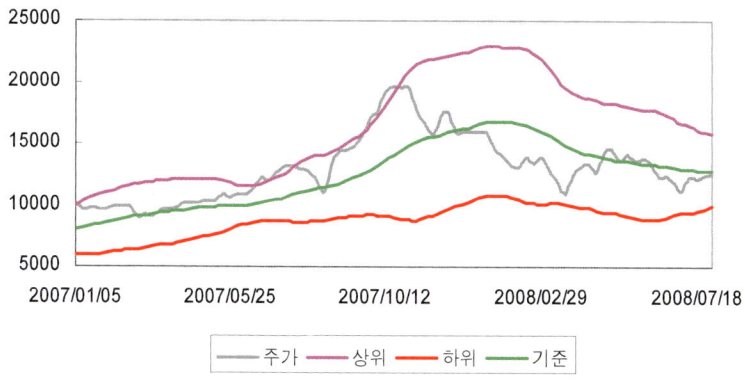

[그림11] 볼린저밴드로 살펴본 주간 H지수 추세

주가	상위
하위	기준

자료제공: 중국경제정보분석

　　주간데이터의 경우 매수시그널은 일간데이터와 거의 비슷한 시기에 나타내고 있지만 매도시그널은 좀 더 늦은 감이 있다. 2007년 11월 매도기미를 조금 나타내었지만 주가지수가 기준선을 하향 돌파한 12월까지 매도의견을 보류하고 있다. 결과론적으로 보면 12월 매도의견이 11월보다는 투자손실을 확대시켰지만 투자전략 측면에서는 11월보다 12월 매도시그널이 더 값진 것일 수도 있다. 매수뿐만 아니라 매도 역시 '돌다리도 두들겨보고 건너라.'라는 속담이 적용될 수 있다. 2007년 상반기 이전 차이나펀드 혹은 증시에 진입한 투자자라면 한번쯤 돌다리도 두들겨볼 만한 가치가 있는 행동이었을 것이다. 다만 그 이후 매도전략을 택한 것은 좀 늦은 감이 있다.

6. 매물대 분석

    이제까지는 추세를 중심으로 기술적 분석을 행하여 보았다. 이번 단락은 매물대 분석을 통하여 저항선과 지지선을 살펴보기로 한다. 분석데이터는 2008년 7월말 기준 주간데이터 2년치를 사용하였다. 대상증시는 중국 본토와 홍콩증시로 나누었다. 중국 본토의 경우 B주(상해, 심천)와 상해종합지수로 구분하였으며 홍콩증시는 H지수와 항생지수로 세분화하였다. 먼저 B주를 살펴보기로 한다.

[그림12] 상해B주 매물대 분석

상해B주 매물대 (2008년 7월말 , 2년 주간수치 기준)

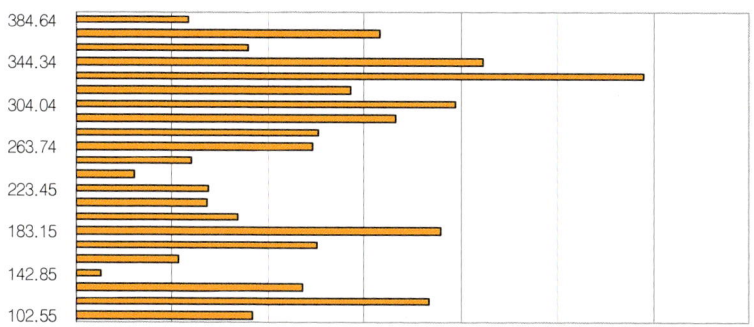

자료제공: 중국경제정보분석

　　[그림12]는 상해B주 매물대를 살펴본 것이다. 2008년 7월말 현재 상해B주 지수는 210선을 그리고 있다. 260선 이전까지는 뚜렷한 저항선이 구축되어 있지 않다. 즉 B주 증시가 상승방향으로 추세전환을 시도한다면 260선까지는 쉽게 안착할 수 있다. 그 이후 300~330선에서 강력한 저항에 직면할 것으로 판단된다. 반면 현 210 수준에서 하락세를 강화할 경우 180대가 강력한 지지선으로 작용할 것 같다. 만약 170~180대가 무너진다면 140 이하까지 밀릴 가능성이 충분히 있다.

[그림13] 심천성분B주 매물대 분석

심천성분B주 매물대 (2008년 7월말 , 2년 주간수치 기준)

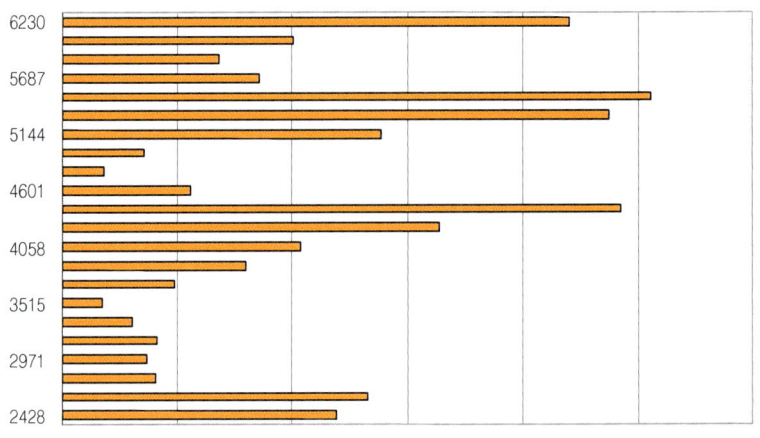

자료제공: 중국경제정보분석

[그림13]은 심천성분B주를 대상으로 살펴본 매물대 그래프이다. 2008년 7월말 현재 3,600 수준을 나타내고 있다. 2,600 수준 전후까지는 뚜렷한 지지구간이 형성되어 있지 않다. 심천성분B주를 기준으로 현수준에서 20% 이상은 큰 저항 없이 하락할 수 있는 여건이 마련된 셈이다. 반면 저항선은 겹겹이 구축되어 있는데 그 중 특히 4200~4400대 구간에서 상당한 힘겨루기 양상이 벌어질 가능성이 높다. 그 이후 5,000대 전후까지는 무난한 상승이 예상된다.

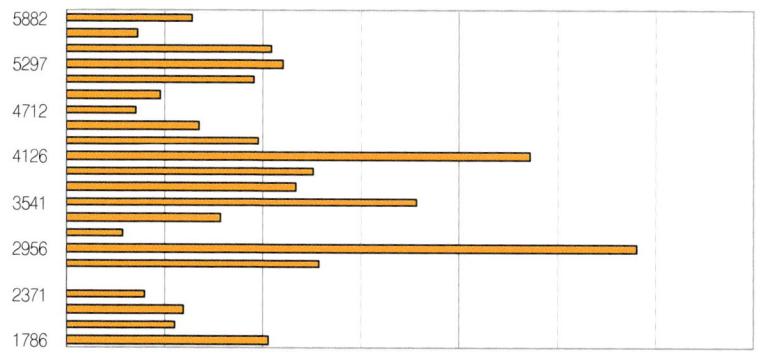

[그림14] 상해종합지수 매물대 분석

상해종합지수 매물대 (2008년 7월말 , 2년 주간수치 기준)

자료제공: 중국경제정보분석

[그림14]는 상해종합지수 매물대를 살펴본 것이다. 실제로 중국 증시 상황을 판단하는 지표는 B주 혹은 심천증시가 아닌 상해증시 기상도 일 것이다. 2008년 7월말 현재 상해종합지수는 2,700대 수준을 나타내고 있다. 1,800 전후까지는 뚜렷한 지지구간이 없는 셈이다. 반면 3,000선 전후로는 강력한 저항선이 구축되어 있다. 한번 무너진 정책지시선 3,000포인트 회복이 그만큼 난해한 것이다. 하지만 일단 3,000포인트를 돌파한다면 3,500선 이하는 쉽게 만회할 것으로 판단된다. 중국정부가 증시구제로 선회하여 단기 재료를 시장에 던진다면 그 효과는 3,000선~3,500선 사이에서 유지될 것으로 판단된다. 3,500선을 돌파한나면 4,100포인트까지는 긴 힘겨루기 양상은 있을지라도 큰 저항은 없을 것이다. 그럼 홍콩증시 상황을 간략히 살펴보기로 하자.

[그림15] 항생지수 매물대 분석

항생지수 매물대 (2008년 7월말 , 2년 주간수치 기준)

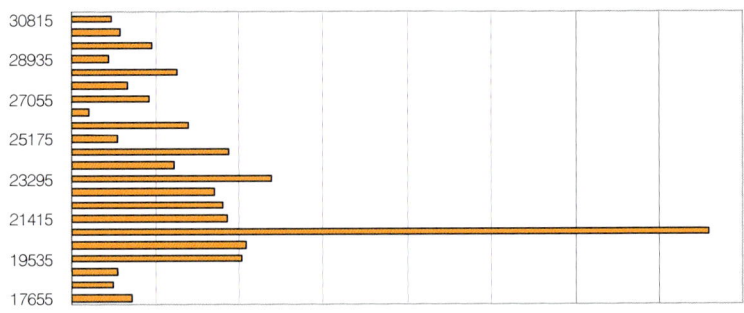

자료제공 : 중국경제정보분석

항생지수의 경우 앞서 살펴본 중국증시와 상당히 다른 양상을 나타내고 있다. 2008년 7월말 현재 주가지수 22,700 전후를 기점으로 23300선에서 강력한 저항선이 형성되어 있다. 하지만 그 강도는 중국증시 대비 그리 큰 편은 아니다. 반면 지지선은 20,800 수준에서 강력히 형성되어 있다. 항생지수가 21,000 선 부근에서 오뚝이처럼 반등을 하는 이유도 [그림15]처럼 강력한 지지대가 존재하기 때문이다. 일단 20,000선 부근으로 떨어진다면 17,000선 밑으로 고속 하강할 가능성도 존재한다.

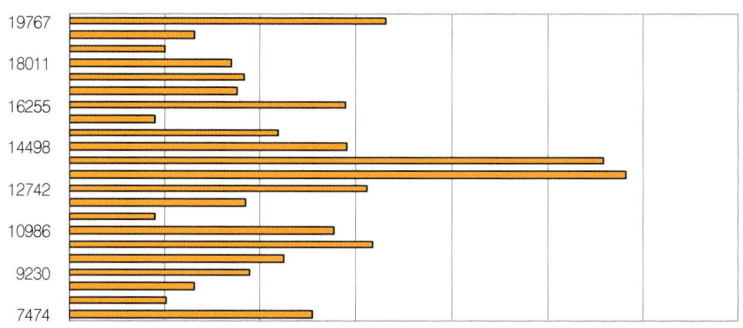

[그림16] H지수 매물대 분석

H지수 매물대 (2008년 7월말 , 2년 주간수치 기준)

19767
18011
16255
14498
12742
10986
9230
7474

자료제공: 중국경제정보분석

차이나펀드 투자자의 관심을 한 몸에 받고 있는 H지수 매물대를 살펴보자. 2008년 7월말 현재 12,500선에서 주가지수가 형성되어 있다. 13,000~14,000대 포인트 사이에서 강력한 저항선이 형성되어 있다. 이 구간의 저항강도가 높아 14,000포인트를 돌파하기는 상당히 힘들 것으로 판단된다. 추세를 구조적으로 바꿀 초대형 호재가 아니라면 당분간 14,000 수준 이상을 바라보기는 어려울 것이다. 만약 14,000포인트대를 돌파한다면 16,000포인트 이전까지는 무난한 상승을 이룰 것이다. 반면 지지선은 현 구간대가 1차 지지선 역할을 하고 있으며 그 다음은 10,000~11,000포인트 이내가 될 가능성이 높다. 10,000포인트가 일단 무너진다면 8,000포인트 수준까지는 염두에 두는 것이 좋다. 이상으로 다양한 기술적 분석 방법을 통하여 홍콩과 중국증시를 분석하여 보았다. 다음 장에서는 차이나펀드를 해부하여 보기로 한다.

중국주식투자 2009년

바이블 ❶

part_09　차이나 펀드 대해부

본 장은 크게 다섯 단락으로 나누어진다. 첫 번째와 두 번째 단락은 해외펀드 시장 동향 점검과 차이나펀드 개념 이해로 구성된다. 간혹 본인이 투자한 차이나펀드 운용기조가 어떠한지를 모르는 펀드투자자들도 존재하는 것 같다. 수익률이 펀드선택의 최우선순위이겠지만 자신의 투자철학과 펀드운용기조가 비슷한지 살펴보는 것도 중요하다. 결과에 대한 최종책임은 투자자 본인에게 있기 때문이다. 세 번째 단락에서는 환율변화가 차이나펀드 수익률과 투자전략에 어떤 영향을 미치는지 점검하여 보았다. 그 다음 단락에서는 한국증시에 존재하는 주요 차이나펀드 수익률과 그 특징을 살펴보았다. 끝으로 마지막 단락에서는 펀드 포트폴리오를 구성하여 보았다. 마지막 단락을 통하여 우리는 현 차이나펀드, 브릭스 펀드의 문제점 일부를 발견할 수 있었다.

1. 한국 내 해외펀드 시장동향

흔히 펀드는 중장기 투자에 적합한 상품으로 생각한다. 하지만 중장기 투자는 펀드보다는 직접투자에 더 어울릴 것이다. 직접투자는 펀드투자와 달리 경제와 증시환경에 따라 투자자 스스로 업종, 종목, 매매 포지션을 결정할 자유가 있기 때문이다. 물론 펀드도 가입, 환매, 추가불입 시기 등을 통하여 투자자 역량을 발휘할 공간이 있지만 직접투자보다 제약이 많은 것은 사실이다. 펀드투자는 단기와 중기투자 가운데에 놓여 있다고 볼 수 있다. 그 이유는 펀드가 시황을 중심으로 움직이는 특성이 강하기 때문이다.

도덕경은 "한 번 양 하고 한 번 음 하는 것을 도"라고 한다. 만물은 자연의 섭리를 따르기 마련이며 증시 역시 그 범주를 벗어나지 못한다. 즉 계속 상승하지도 하락하지도 않으며 서로간에 시소

게임을 반복한다. 상승장이 있으면 하락장이 있고 또 다시 상승장으로 변모하는 것이 증시의 본질이다. 양과 음이 변화하는데 그것을 무시하고 장기보유만을 고집한다면 이것 역시 이치에 맞는 행위는 아니다. 세상이 변화하면 그 변화에 맞추어갈 수도 있어야 한다.

물론 장기투자를 통하여 몇십 배 이익을 본 사례도 있을 것이다. 하지만 이는 보편성이 떨어지며 보편성이 약한 내용을 대중에게 권하는 것은 자칫 미혹(迷惑)으로 빠트릴 위험성이 존재한다. 강세장 자체가 2년 이상 지속된 경우는 흔하지 않다. 대부분의 투자자들이 강세장 초입을 지난 구간에서 투자를 결정한다. 중장기 투자를 고수하는 것이 오히려 독으로 다가올 수 있다. 본서는 일반투자자가 보편적인 상황에서 긍정적인 투자성과를 얻을 수 있는 길을 모색하고자 하는 것이지 소수의 천재적 투자자를 양산하고자 하는 것은 아니다. 그럼 한국펀드 시장 현황을 간략히 살펴보기로 하자.

한국증시는 2007년 투자패턴에 있어 구조적인 전환을 경험하였다. 해외펀드 열기를 등에 업고 투자시장 다변화를 이룬 것이다. 포트폴리오 투자 측면에서는 상당히 바람직한 현상이다. 최근 타계한 존 템플턴 경은 "산업, 위험도, 국가별로 포트폴리오를 분산해서 투자하라. 하나의 국가에 치우치지 말고 전 세계로 눈을 돌려 더 좋은 투자 기회를 발굴하라."라고 역설하였다. 다만 해외시장은 국내시장 보다 더욱 냉정한 시각과 철저한 분석이 요구된다. 해외펀드에 뒤늦게 승차한 투자자들이 줄줄이 고배를 마시는 이유도 분석보다는 소문과 열기에 잠식되었기 때문이다. 투자광풍 혹은 열기가 꼭 부정적인 것만은 아니다. 적당한 시기에 내릴 수만 있다면 가장 이상적인 재료일 것이다. 하지만 증시는 윈-윈(win-win) 게임의 장소가 아니다. 이익을 실현한 투자자가 있으면 반대로 손실을 입은 투자자도 존재한다. 또한 겜블(Gamble)의 특성상 대부분의 사람이 손해를 기록한다는 법칙도 작동한다. 우선 한국 해외 펀드시장 동향을 한번 점검해보도록 하자.

투자대상국의 자금흐름을 추정하는 것은 상당히 어려운 작업이다. 이는 소위 전문가 그룹이라 불리는 애널리스트, 펀드매니저들에도 동일하게 적용된다. 해외펀드의 주 투자대상국인 브릭스, 베트남 등에서 제시하고 있는 통계수치의 정확성 유무는 논외에 두더라도 비 통계화된 자금흐름이 증시에 상당한 영향을 미치기 때문이다. 따라서 표와 같이 국내에서 획득 가능한 범위 안에서라도 자금 흐름을 체크할 필요가 있다. 투자자들의 투자성향이 비슷하다는 것을 전제로 이를 벤치마크 지수로 활용해보는 것도 투자타이밍을 조절하는 한 방편일 것이다.

해외주식투자 규모는 신장률의 차이는 있지만 매월 증가세를 보이고 있다. 흥미로운 사실은 펀드설정잔액 증가율이 상승장 징후가 뚜렷한 2007년 5월~7월보다 하락세가 고착화된 2008년 2월 2배 이상 높게 나타난 점이다. 2008년 1월 첫 마이너스(-) 수익률을 기록했음에도 불구하고 10조 원 상당의 자금이 2월에 추가 유입된 것으로 나타났다. 2008년 1분기까지만 하더라도 세계적인 증시하락세를 단기조정 혹은 추가불입 타이밍으로 삼은 펀드투자자들이 많았다는 점을 [표1]은 시사한다. 마이너스(-) 1%대는 펀드 투자자들 입장에서는 큰 의미를 부여하지 못했던 것 같다. 물론 이는 전체기

[표1] 월별 해외펀드 규모 추이

단위: 억 원, %

연 도	설정잔액(A)		순자산총액(B)		(B-A)	(B-A)/A
	금액	증감률	금액	증감률		
2007년 4월	29,819		30,987		1,168	3.92%
2007년 5월	40,998	37.49%	43,646	40.85%	2,648	6.46%
2007년 6월	54,288	32.42%	58,215	33.38%	3,927	7.23%
2007년 7월	67,031	23.47%	71,150	22.22%	4,119	6.14%
2007년 8월	70,675	5.44%	73,282	3.00%	2,607	3.69%
2007년 9월	73,678	4.25%	84,031	14.67%	10,353	14.05%
2007년 10월	86,647	17.60%	113,177	34.68%	26,530	30.62%
2007년 11월	102,143	17.88%	123,856	9.44%	21,713	21.26%
2007년 12월	108,138	5.87%	129,833	4.83%	21,695	20.06%
2008년 1월	118,039	9.16%	116,119	(10.56%)	(1,920)	(1.63%)
2008년 2월	215,303	82.40%	221,022	90.34%	5,719	2.66%
2008년 3월	291,611	35.44%	281,562	27.39%	(10,049)	(3.45%)
2008년 4월	307,688	5.51%	313,850	11.47%	6,162	2.00%
2008년 5월	313,482	1.88%	328,219	4.58%	14,737	4.70%

자료제공: 자산운용협회

간을 대상으로 한 수치이다. 2007년 하반기 이후 가입한 경우 마이너스(-) 20% 이상의 손실을 기록한 해외펀드 투자자도 다수 존재할 것이다.

서브프라임 모기지 사태가 대중적인 재료로 인정받던 3월 비로소 수익률은 마이너스(-) 3%대를 초과하였으며 투자자들도 약간 주춤거리는 모습을 보였다. 4월과 5월 설정잔액 증가율은 5%와

2% 전후로 하락하는 그림을 그리고 있다. 여전히 증가세가 반전되고 있지는 않다. 그럼 국제금융시장 환경이 2008년 초보다 개선되고 있는 것일까? 답은 아닐 것이다. 고유가 문제를 떠나서 서브프라임 모기지를 초래한 직접적 원인은 부동산 버블 붕괴 여파가 아직 본격화되지도 않은 단계이다. 미국 재무부와 연방준비은행의 불안한 방어막이 이를 저지시키고 있을 따름이다. '투자자는 불확실성을 가장 경계한다.'라는 금융시장 격언이 있다. 터질 폭탄은 언제든지 터지게 마련이다. 2008년 3월 베어스턴스 UBS 등 대형 투자은행의 부실화 문제를 땜질씩으로 막은 후 채 반년도 되지 않아 2008년 7월 미국 양대 정부보증모기지 기관인 페니맥(Fannie Mae)과 프레디맥(Freddie Mac)에 대한 긴급자금 지원과 사실상의 국유화 논의가 진행되고 있다. 이번은 이렇게 넘긴다고 하여도 몇 달후 유사한 사태가 또 발생한다면 어떻게 할까? 막지 못하면 그 여파는 누적되어 폭발할 것이며 그때는 전세계적으로 펀드런(Fund Run) 현상이 본격화될 것이다. 시장에 대한 의심이 공포로 변하여 대규모 환매사태가 발생할 것이며 그 결과 증시가 구조적으로 붕괴될 가능성이 높다. 하락국면이 더 깊은 침체의 수렁으로 떨어지며 꼬리에 꼬리를 물고 이어지는 환매압력이 폭락을 조장할 것이다. 이는 다시 재 환매를 불러일으키는 '악의 순환' 사이클이 증시에 형성될 것이다. 우리는 진정한 폭락장을 아직 경험하지 않았는지도 모른다.

2. 차이나펀드 개념 이해

  본서는 차이나펀드의 존재형태를 크게 패시브펀드(Passive Fund, 인덱스펀드), 액티브펀드(Active Fund) 및 코덱스 차이나(Kodex China) H지수 3가지로 구분하였다. 패시브펀드가 지수를 추적하는 방어적 투자설계 이념을 가지고 있다면 액티브펀드는 시장수익률 초과를 목표로 공격적인 운용전략을 추구하고 있다. 흔히 액티브펀드를 성장형 펀드라고도 부른다. 반면 KODEX China H지수는 ETF 형태로 H주 지수를 추적하고 있다는 점에서 인덱스펀드와 비슷한 설계모형을 추구하고 있지만 투자 실무적으로는 상당한 차이를 나타낸다. 그럼 상기의 구분에 따라 세부적으로 차이나펀드를 점검하여 보기로 한다.

2.1 패시브펀드(Passive Fund, 인덱스펀드)

한국 내 차이나 펀드 시장은 패시브펀드가 아닌 액티브펀드가 주류를 이루는 것 같다. 이는 2006년 이후 홍콩과 중국증시에 폭발적으로 성장함에 따라 개별펀드 운용능력에 대한 검증 필요성이 제기되지 않았기 때문으로 판단된다. 시장수익률을 초과하는 공격적인 운용 결과 시장수익을 하회하는 성과를 도출하더라도 과거 한국증시에서 볼 수 없었던 50% 이상의 절대적 수익률은 모든 것을 정당화시켰다. 또한 자산운용회사 측면에서도 패시브펀드 보다는 액티브펀드 수수료가 높게 책정된다는 이점 역시 존재한다. 초기 시장 진입비용을 다운시킨다는 측면에서도 액티브펀드를 권장하였을 것으로 생각된다. 하지만 국제금융시장 경색과 고유가 등 대내외적인 투자환경 악화로 손실이 본격화됨에 따라 투자자들 사이에서는 꼭 액티브펀드만이 대안이었는가라는 의문점이 제기되고 있다. 현재 차이나펀드 계열로 시장에 출시된 패시브펀드로는 미래에셋맵스 차이나 H 인덱스, 대신 차이나 H주 인덱스 등이 있다. 투자대상으로 패시브펀드와 엑티브펀드 중 어느 것이 적당한지는 개별 투자자의 투자성향에 따라 다르다. 좀 더 공격적인 접근법을 선호하면 액티브펀드, 시장수익률을 추구한다면 패시브펀드가 적당할 것이다. 다만 투자자에게 다양한 선택권을 부여하지 않고 한 종류의 타입만을 강요한다면 펀드시장 발전 측면에서 바람직한 행위는 아니라고 판단된다.

2.2 액티브펀드(Active Fund, 성장형펀드)

현재 차이나펀드의 대부분은 액티브펀드로 운용되고 있다. 즉 시장수익률 초과를 목표로 공격적으로 운영되고 있는 셈이다. 다만 한국 펀드시장의 고질적인 문제인 소규모·다품종 현상이 차이나펀드에도 동일하게 적용되는 것 같다. 해외펀드의 경우 한국 기관투자자들이 갑의 위치에서 을인 개인투자자(개미라고도 부름)를 상대하는 곳이 아니다. 한국증시의 경우 기관투자자들이 개미들보다 자금과 정보력, 투자전략 등에서 우월적 위치를 점할 수 있지만 해외시장에서는 오히려 을인 개미입장에 놓여 있다. 협소한 정보망과 인재 풀, 느슨한 운용감독기능, 상대적으로 빈약한 자금력 등 수많은 난관이 존재한다. 소규모, 다품종 체제를 고수한다면 일순간 위기를 모면할 수 있어도 존경받는 펀드는 희박해질 것이다. 투자자들도 시간이 지나면 착시현상이 가진 함정을 파악할 것이며 이는 해당펀드뿐만 아니라 전체 차이나펀드에 대한 불신으로 연결될 것이다. 국제금융시장이라는 넓은 바다에서 한국 기관투자자들은 작은 나룻배에 불과하다는 사실을 명심하길 바란다.

참고로 한국 펀드시장의 기린아로 불리던 인사이트 펀드(Insight fund)는 액티브펀드의 정점이라고 볼 수 있다. 인사이트 펀드는 특정자산, 지역, 섹터에 구분 없이 매력적인 투자대상을 발굴 및 운용하여 고수익을 창출한다는 투자철학을 근간에 두고 있다. 2008년 상반기말 현재 초기 기대만큼 결과는 이상적이지 못한 것 같다. 고수익은 언제나 높은 위험을 담보로 창출된다는 단순한 사실을 외면

하지 않았나 생각된다. 또한 인사이드(insight)펀드라는 수식어처럼
깊은 통찰과 철학을 가지고 상품이 설계, 운용되었는지 점검해볼
필요도 있을 것이다. 이는 자산운용회사뿐만 아니라 투자자 역시
고민해보아야 할 사항이다. 투자대상 펀드가 자신의 투자이념과 일
맥상통하는지를 점검해볼 필요가 있다. 본인의 투자철학과 달리 운
용된다면 펀드가 가진 장점에도 불구하고 직접투자로 선회하는 것
이 정답일 것이다. 투자의 최종 책임은 누구도 아닌 본인이 짊어져
야 할 사항이다.

2.3 KODEX China H

H주(HSCEI)의 성과를 추적하는 인덱스 펀드 일종이다. 하지만
일반주식처럼 매매할 수 있다는 점에서 펀드와 다른 구조를 가지고
있다. 또한 T+2일 결제로 일반펀드보다 자금회수가 빠른 측면도
존재한다. 폐쇄형펀드와 인덱스 펀드의 특징을 조합한 형태로도 볼
수 있다. 총 거래비용은 0.66%로 2%대 전후인 펀드수수료보다 상
당히 낮은 편이며 ETF라는 특성으로 증권거래세(0.3%)가 면제되는
장점도 있다. 다만 불충분한 유동성 공급에 따른 손실위험과 예상
추적오차가 확대될 수 있다는 단점이 존재한다. 또한 홍콩과 한국
증시간의 거래시간 차이로 시장 상황을 충분히 반영하지 못한다는
문제점 역시 있다. 홍콩달러와 원화 사이의 환율변화 역시 고려할
필요가 있다.

[그림1] H지수와 KODEX 차이나 수익률 추이

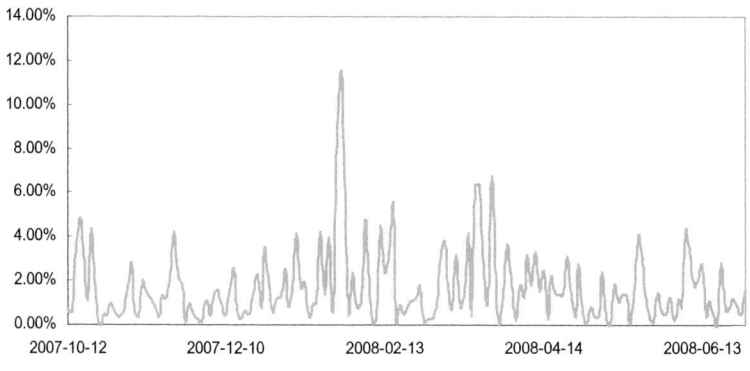

자료제공: 중국경제정보분석(CEIA)

[그림1]은 일 H지수 수익률과 코덱차이나 H ETF(KODEX China H ETF) 수익률을 나타낸 것이다. 절대치 기준 일 최대 11% 이상의 차이를 보이고 있으며 4%~5% 이상의 이격률도 상당히 많이 노출되고 있다. 벤치마크 지수인 H지수와 이격률이 1% 내외가 아닌 4%~5% 수준으로 벌어지고 있다는 점은 투자판단 기준을 모호하게 할 것이다. 또한 H지수와 환율 변동성이 과거와 달리 증가한 점을 감안하더라도 상기 수준의 괴리는 코덱차이나 H와 H지수를 별개의 상품으로 인식하게 할 가능성이 높다. 코덱차이나 H ETF 상품의 발전가능성은 수익률보다 H지수와의 이격률을 얼마나 축소시킬 수 있는지에 달려 있다.

3. 환율과 차이나 펀드

 본 단락에서는 환율이 여러분의 투자수익률에 어떤 영향을 미칠지 살펴보도록 한다. 해외투자의 경우 본국통화가 아닌 투자대상국 통화로 이루어진다. 따라서 실제 투자수익은 본국통화로 재계산할 필요가 있다. 수치상의 수익이 아닌 손안의 수익이 진정한 여러분의 투자성과인 것이다. 펀드투자 역시 직접투자와 별반 차이는 없다. 환율변환 과정을 투자자 대신 펀드운용사가 대신해줄 뿐이다. 대부분의 펀드가 환 헤지를 통하여 환율변동 위험을 해소하고 있지만 그 과정은 환차익과 환차손을 포함한 확률 행위이다. 따라서 본 단락에서는 헤지효용 문제는 일단 중립적으로 둔다.

 펀드 투자자에게는 크게 두 가지 길이 존재한다. 국내펀드에 투자할 것인지 혹은 해외펀드에 투자할 것인지가 바로 그것이다. 직접투자 역시 동일선상에서 생각해볼 수 있을 것이다. 현명한 투자자라면 반드시 어느 한 시장을 고집하지는 않을 것이다. 여러분의 최종 목적은 더 높은 투자이익을 실현하는 것이지 투자수익률 테스트는 아닐 것이다. 그럼 사례를 통하여 국내펀드와 해외펀드가 가진 투자 일면을 알아보도록 하자.

[기본조건]

투자금액 m 국내펀드수익률 y_d 해외펀드수익률 y_i 달러환율 r_p, 미래 달러환율 r_f

국내펀드 : $m \times (1 + y_d)$ 공식(1)

해외펀드 : $\dfrac{m}{r_p} \times (1 + y_i) \times r_f$ 공식(2)

공식(1)과 공식(2)는 국내펀드와 해외펀드의 투자수익을 구하는 방법을 나타낸 것이다. 여러분이 해외펀드를 선택할 때는 공식(2)의 값이 공식(1)의 값보다 클 경우를 가정한 경우이다. 다양한 샘플사례를 통하여 공식(1)과 공식(2)가 어떻게 현실화될 수 있는지 살펴보자.

▣ 환율변화에 따른 투자수익 차이

1,000만원 정도의 여유자금이 생겨서 펀드에 투자하려고 한다. 국내와 해외펀드 모두 연 10% 예상수익률을 기대하고 있으며 현재 달러당 원화 환율은 1,000원이라고 가정하여 보자. 또한 미래 달러 환율은 가변적인 상황이다. 1년 후 환율 향방에 따른 여러분의 투자수익 변화를 그림을 통하여 살펴보도록 하자.

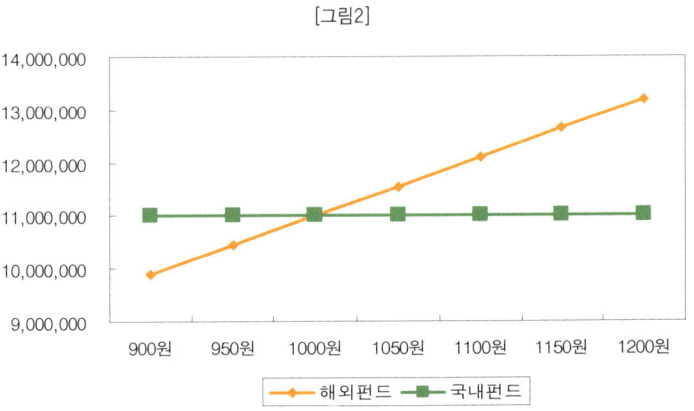

[그림2]

공식(1)과 공식(2)를 토대로 우리는 [그림2]와 같이 환율변화에 따른 투자수익을 계산해보았다. 국내펀드의 경우 환율변화와 관계 없이 투자원금에서 100만 원 증가한 1,100만 원을 1년 후 여러분 에게 안겨줄 것이다. 달러당 원화환율이 1,000원 이상일 것으로 전 망한다면 국내펀드보다 해외펀드에 투자하는 것이 여러분의 투자수 익을 더욱 확대시킬 것이다. 1,000원 이하 상황을 전제로 한다면 국내펀드가 더 유리한 선택이다. 그림 동일조건하에서 펀드수익률 을 변경하여 보자. 국내 펀드수익률을 해외펀드보다 5% 높은 15% 로 설정한다.

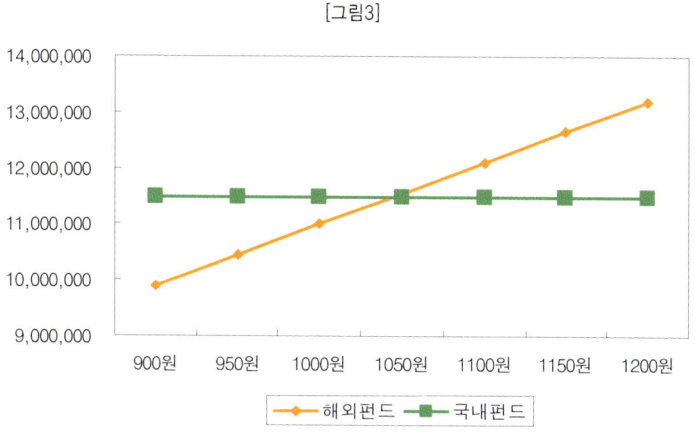

[그림3]

[그림3]에서 보듯이 예상환율이 1,046원 이하라면 해외펀드보다는 국내펀드가 여러분에게는 더 현명한 선택이다. 하지만 환율이 1,046원을 돌파한다면 5%의 운용수익률 차이에도 불구하고 여러분은 해외펀드를 선호할 것이다. 최종수익률에서 더 우수한 결과를 도출하기 때문이다. 일례로 환율이 1,100원 수준까지 상승한다면 최종수익률은 국내펀드 15%, 해외펀드 21%로 6포인트 정도 해외펀드가 앞선다. 환차익이 상대적으로 낮은 운용성과를 충분히 커버하고 있기 때문이다. 마지막으로 해외펀드수익률이 국내펀드보다 5% 높은 경우를 가정하여 보자. 그 결과는 그림과 같다.

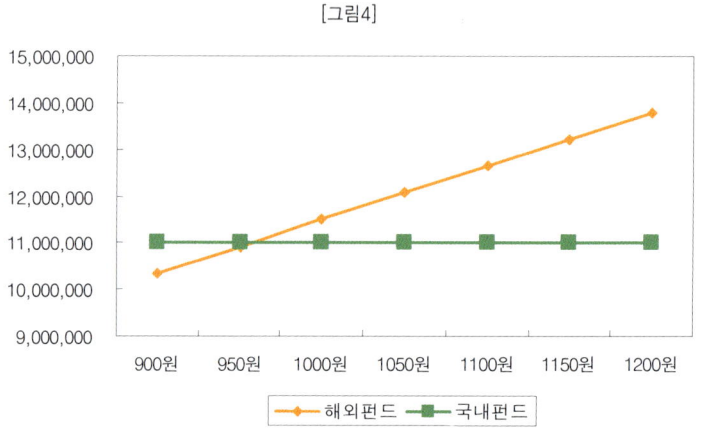

[그림4]

예상환율이 957원 이상만 된다면 해외펀드의 경쟁력이 국내펀드보다 높게 나타났다. 다만 1,000원 수준에서 950원으로 환율인하가 이루어진다면 해외펀드 수익률이 5% 높더라도 국내펀드를 선택하는 것이 더 효율적인 투자방법이다. 만약 환율이 1,100원으로 상승한다면 여러분은 27%의 해외펀드 수익률을 기록할 수 있을 것이다. 펀드운용수익률 15%에 환차익에 따른 수익률 12%가 첨가된 것이다.

해외 펀드투자자가 기대하는 최상의 사례는 바로 마지막 경우일 것이다. 높은 펀드수익률과 함께 환차익이라는 의외의 선물도 받을 수 있기 때문이다. 꿩 먹고 알 먹는 경우가 바로 그것이다. 펀드수익률 부문에서 국내펀드보다 조금 못 미치더라도 환차익이 기대된다면 해외펀드 투자에 도전해볼 수 있다. 물론 그 반대 경우도 성립된다. 이상의 결과는 펀드 수수료 차이와 외환수수료를 감안하지 않은 수치이다. 실무적으로는 이들 변수들도 면밀히 계산해 둘 필요가 있다.

4. 차이나펀드 비교분석

4.1 개별 펀드 수익률 비교

자산운용회사 혹은 개별 펀드평가 방법에는 여러 가지가 있을 수 있다. 그중 대표적인 것이 바로 수익률과 위험성을 동시에 평가하는 것으로 모든 펀드평가사들의 평가기준도 이 범주를 벗어나지 못한다. 하지만 개별투자자 입장에서는 위험성보다는 수익성 그 자체에 관심이 더 가는 것이 인지상정이다. 즉 펀드들의 운용능력은 수익률 그 자체로 평가하는 것은 심플하면서 명확하다고 볼 수 있다.

[표2] 1년 기준 주요 차이나 펀드 수익률 순위

단위: 억 원, %

펀 드 명	설정일	설정액	수익률			
			1M	3M	6M	12M
PCAChinaDragonAShare주식A- 1ClassA	2007. 5. 7	2,319	-12.91	-10.18	-20.19	0.96
미래에셋차이나솔로몬주식 1종류A	2006. 3.20	32,986	-13.91	-3.36	-30.15	0.91
봉쥬르차이나주식 2종류A	2006. 4. 4	41,888	-10.21	0.25	-23.72	0.09
KB차이나주식형자(Class-A)	2007. 6.14	8,784	-10.80	-2.34	-24.34	0.04
봉쥬르차이나주식 1	2004.11.29	22,896	-10.34	-0.04	-24.50	-0.23
슈로더차이나그로스주식종류-자(A)종류	2007. 1.31	15,602	-11.63	-2.42	-26.33	-1.06
한화꿈에그린차이나주식 1(A)	2007. 2.22	893	-9.82	-2.80	-26.18	-1.49
피델리티차이나종류형주식-자(A)	2007. 5.17	14,736	-10.39	-1.13	-26.36	-2.63
우리CS중국인덱스재간접자 1C-e	2007. 5.16	139	-11.29	-3.36	-26.21	-5.14
삼성H파트너중국주식자 1	2007. 4.23	2,551	-11.72	-3.88	-28.24	-5.41
푸르덴셜차이나주식 1(A)	2007. 3. 5	1,431	-12.16	-2.77	-27.13	-5.68
동부차이나주식 1ClassA1	2006. 5. 8	1,014	-12.42	-5.26	-28.51	-7.04
미래에셋차이나어드밴티지주식형 1	2006. 9.29	1,747	-11.41	-0.62	-28.54	-8.15
하나UBSChina주식자 1 Class A	2007. 4.16	136	-11.77	-4.78	-28.01	-10.05
하나UBS차이나포커스해외주식자	2006. 8.17	732	-11.49	-6.08	-28.25	-10.21
KB차이나포커스주식형재간접Class-A	2006.12.11	1,861	-10.75	-6.1	-27.07	-10.69
한국월드와이드차이나주식A재간접V- 1	2006. 3.20	800	-11.13	-5.04	-27.17	-11.13
미래에셋차이나디스커버리주식 1ClassA	2005.10.31	9,603	-12.3	-5.65	-32.84	-11.17
KB차이나포커스주식형재간접Class-C	2006.12.11	1,467	-10.82	-6.31	-27.43	-11.18
하나UBS중국주식해외재간접 1 CLASS C	2006. 2.27	204	-11.79	-6.91	-30.14	-13.95
미래에셋차이나솔로몬주식 2(CLASS-A)	2007. 1.18	10,195	-14.41	-4.27	-34.43	-18.97

자료제공: 중국경제정보분석(CEIA)

[표2]는 1년 기준 주요 차이나펀드 수익률 순위를 나타낸 것이다. 평가 기준일은 2008년 7월 첫 영업일로 설정하였으며 조사대상 펀드는 총 21개이다. 1년 기준 최고 수익률을 기록한 펀드는 PCA China Dragon A Share주식A- 1ClassA로 나타났으며, 연 기준 수익률은 0.96%로 추산되었다. 최고 수익률을 기록한 펀드조차 1년 정기예금에 못 미치는 저조한 실적을 기록한 셈이다. 한 가지 유의할 점은 평가시점을 어느 구간으로 정하는 것이 합리적인가라는 문제이다. 평가시기에 따라 펀드수익률은 전혀 다른 결과를 제출할 수 있기 때문이다.

대부분의 사람들이 중장기 투자를 목표로 펀드에 가입한다고 알려지고 있다. 실제 그러한지는 논란의 여지가 있지만 적어도 단타 용도로 펀드에 가입하는 사람은 거의 많지 않을 것이다. 그럼 앞서와 달리 평가기간을 2년으로도 확장하여 보자. [표2]의 21개 펀드 종목 가운데 해당 펀드는 총 5개이며, 이들 펀드의 수익률은 25%~70% 전후에 걸쳐 있다. 일례로 미래에셋차이나솔로몬주식 1종류A는 1개월 수익률은 마이너스(-)13.9%를 기록하고 있지만 2년 기준 수익률은 71.2%를 나타내고 있다. 현재 운용실적이 좋지 못하다고 과거마저 부정할 수는 없는 것이다. 1년 전에 미래에셋차이나솔로몬주식 1종류A에 가입하였다면 1%에 못 미치는 저조한 성적표를 받았을 것이다. 하지만 2년 전에 동 상품에 관심을 두었다면 70% 이상의 환상적 수익률이 여러분을 기다렸을 것이다. 이 말은 설정기간과 투자시점에 대한 고려 없이 일률적으로 특정 펀드를 매도할 수는 없다는 사실을 알려준다.

단기와 중장기 수익률을 모두 고려한다면 21개 펀드 가운데 봉쥬르차이나주식 2종류A가 상대적으로 안정적인 수익률을 나타내고 있다. 하지만 과거가 미래를 정당화시키지는 못한다는 사실은 항상 명심해두길 바란다. 신규 투자자의 경우 중장기 수익률과 더불어 최근 1개월 혹은 3개월 수익률도 함께 살펴보는 것이 좋다. 펀드매니저 능력에 큰 기복이 없다면 펀드수익률은 시장수익률 전후에서 형성되는 경향이 강하다. 펀드투자는 어떤 의미에서 선도거래와 같다. 가입시점 펀드기준가가 여러분의 투자수익률 척도가되는 것이다.

4.2 개별 펀드 분석사례

본 단락에서는 대표 차이나펀드 2개를 추출하여 조금 심도 깊게 H주와의 관계를 살펴보고자 한다. 샘플펀드 선정기준은 설정규모와 시기를 주 요소로 두고 1년 이상 수익률 역시 일부 참고자료로 사용하였다. 표에서 상기 조건에 부합하는 펀드로는 미래에셋차이나솔로몬주식 1종류A(이하 미차솔1A)와 봉쥬르차이나주식 2종류A (봉차2A)가 선택되었으며 이는 특정 펀드에 대한 호불호(好不好)와는 전혀 관계없는 사항이다.

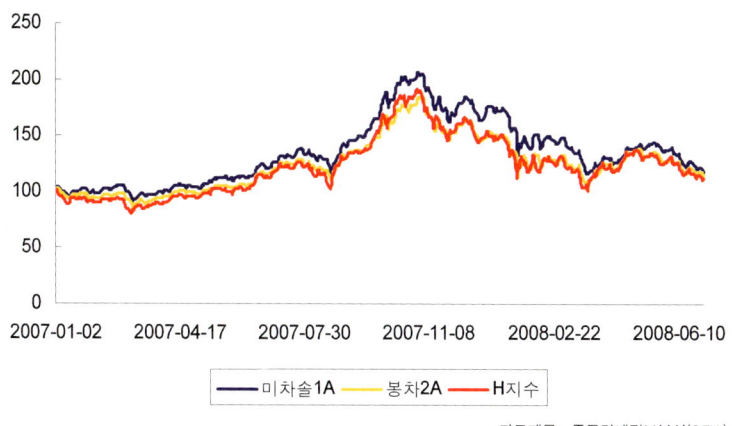

[그림2] 2007년 기준 대표 차이나펀드와 H지수 추이

자료제공: 중국경제정보분석(CEIA)

[그림2]는 2007년 1월 H지수와 당시 미차솔1과 봉차2A 기준가를 100으로 두고 2008년 상반기까지 추세흐름을 살펴본 것이다. 2007년 초를 분석시점으로 삼았을 경우 미차솔1A와 봉차2A 모두 H지수보다는 약간 긍정적인 실적을 보이고 있다. 특히 미차솔1A의 경우 2007년 12월부터 2008년 1월 중순까지 그 간격이 가장 넓게 나타났다. 즉 H주 대비 상대적으로 선방하였다고 볼 수 있다. 2008년 2월 중순에서 3월 초까지도 이와 유사한 모습을 그리고 있다. 그 이후는 H주와 봉차2A에 거의 수렴하는 모습을 나타내고 있다. 한편 봉차2A는 액티브펀드가 아닌 패시브펀드라고 불릴 만큼 H지수를 잘 추적하고 있는 것으로 판단되며 이격률 역시 상당히 낮게 형성되고 있다. 수이성 측면에서는 미자솔1이 여전히 우위에 있지만 지수추적 능력은 봉차2A가 높은 것으로 보인다. 그럼 시점을 2008년으로 살

짝 이동할 경우 어떤 그림이 도출되는지 간단히 살펴보기로 하자.

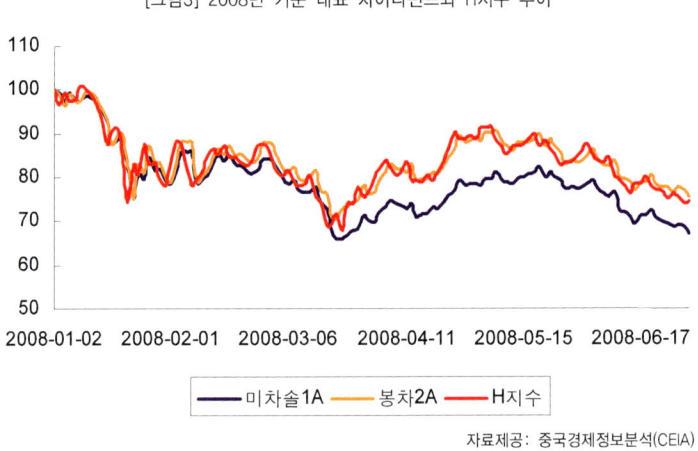

[그림3] 2008년 기준 대표 차이나펀드와 H지수 추이

자료제공: 중국경제정보분석(CEIA)

　　[그림3]은 [그림2]와 동일한 형태로 단지 기준시점을 2008년 1월 초로 변경한 그래프이다. [그림2]의 경우 미차솔1A가 전 구간에 걸쳐 약간 높은 성과를 나타낸 것을 알 수 있었다. 하지만 최근 시점인 [그림3]으로 이동할 경우 그 결과는 역전된 것으로 조사되었다. 3월초를 계기로 미차솔1A 실적이 H지수와 봉차2A를 하회하고 있으며 2008년 상반기말 현재도 여전히 그 격차가 유지하고 있다. 봉차2A는 기준시점에 상관없이 H지수를 상당히 근접 추적하고 있는 것으로 나타났다. 펀드성과는 평가시기를 어디로 고정하는가에 따라 상이할 수 있다. 펀드 투자시 이점을 십분 명심하길 바란다.

4.3 펀드별 주요 보유종목

분석의 일관성과 연속성을 위하여 앞 단락에서 살펴본 미차솔1A 와 봉차2A만을 대상으로 보유종목을 살펴보고 이것이 운용성과에 어떠한 영향력을 미칠 것인가를 나름대로 추론하여 보기로 한다. 좀 더 정확한 분석을 위하여서는 시계열적으로 펀드별 보유종목 현황을 분석·조사하여야 하지만 자료획득의 난이도와 설명상의 편의 를 위하여 일정시점으로 고정한 채 일부 단면만을 살펴보는 것으로 만족하고자 한다.

[표3] 대표 차이나펀드 보유종목 비교

펀 드 명	5대 보유종목	비 중	업 종
미래에셋차이나솔로몬주식 1종류A	차이나라이프(2628)	6.65%	보험
	미달러선물	6.43%	선물
	중국해양석유총공사(CNOOC,0883)	5.31%	석유화학
	차이나모바일(0941)	5.21%	통신
	초상은행(3968)	5.11%	은행
	소 계	28.71%	
봉쥬르차이나주식 2종류A	차이나모바일(0941)	9.98%	통신
	공상은행	8.68%	은행
	페트로차이나	8.29%	석유화학
	건설은행	8.13%	은행
	중국해양석유총공사(CNOOC,0883)	8.02%	석유화학
	소 계	43.10%	

자료제공: 미래에셋자산운용, 제로인

우리는 [표3]을 통하여 현재 운용중인 대표 차이나펀드 간의 차이를 발견할 수 있었다. 우선 상위 5종목이 개별펀드에서 차지하는 투자비중을 확인하였을 때 미차솔1A는 28.7%인 데 반하여 봉차2A는 43.1%로 거의 15포인트 정도 높게 나타났다. 즉 미차솔1A는 분산투자를, 봉차2A는 집중투자를 한 것을 알 수 있다. 또한 보유종목 면에서도 상당한 차이를 보이고 있는데, 소위 금융권으로 편입될 수 있는 종목은 두 펀드 모두 2종목 보유하고 있지만 미차솔1A는 보험과 은행, 봉차2A는 은행에 모두 집중하였다. 또한 보유종목의 성격면에서도 봉차2A는 초대형주 중심으로 구성되어 있는 데 반하여 미차솔1A는 성장주에도 상당한 관심을 보인 것을 알 수 있다. 즉 공상은행과 건설은행이 아닌 초상은행을 선택하였으며 석유화학의 경우 역시 페트로차이나보다는 CNOOC를 더 선호한 것을 알 수 있다.

이상의 차이점들이 [그림2]와 [그림3]로 표출되었으며 미차솔1A와 봉차2A의 수익률 특징을 유발하였다. 미차솔1A는 상대적으로 공격적인 투자포지션과 종목선택을 통하여 수익률 극대화를 추구한 것 같다. 증시환경이 긍정적일 때는 상기 전략이 높은 수익률을 보장해주지만 그 반대의 경우 오히려 양날의 칼로 자기 자신을 벨 수도 있다. 반면 봉차2A는 시장 대표주 중심으로 포트폴리오를 구성하였다. 다양성보다는 집중에 무게중심을 두고 안정적인 운용기조를 유지한 것 같다. 두 펀드 가운데 어느 것이 옳다고 단정하기는 힘들다. 이는 액티브펀드와 패시브펀드 가운데 어느 것이 더 이상적인지에 관한 원론적인 문제이기 때문이다.

5. 펀드 포트폴리오

    포트폴리오 투자라면 먼저 떠오르는 말이 바로 '계란을 한 바구니에 담지 말라'는 격언이다. 이는 투자 자산의 다양화를 통하여 투자위험을 분산하라는 의미이다. 펀드 투자도 시야를 좀 확대한다면 주식투자와 큰 차이는 없다. 즉 한 바구니에 동일한 펀드를 담을 필요는 없다. 여러분이 미래를 100% 예측할 수 있거나 혹은 투자펀드에 대한 확고한 자신감을 가지고 있다면 분산투자가 정답이 아닐 수도 있다. 위험이 분산되는 것만큼 수익도 평준화되기 때문이다. 예로 <월 스트리트저널>이 2000년 펀드매니저와 원숭이를 대상으로 1년간 모의투자 게임을 실시한 적이 있다. 그 결과 원숭이에게 다트를 던져 고른 투자종목들의 수익률이 펀드매니저들의 추천종목 수익률보다 더 높게 나타난 일화도 있다. 포트폴리오 투자 혹은 펀드투자 개념의 한 단면을 보여주는 것이다.

일반적으로 펀드투자는 이익보다는 안정성에 그 무게중심을 두고 있다. 일부 펀드투자자는 펀드투자를 부를 창출하는 만능열쇠 정도로 잘못 생각하는 경우가 있다. 하지만 이는 심각한 착각이다. 펀드투자를 한다는 것은 투자종목 분석에서 시황분석으로 그 대상을 옮겨간 것뿐이다. 오히려 펀드투자 상품 자체가 가지는 제약적 요소로 투자 외적인 리스크는 직접투자보다 더 높을 수 있다. 현실은 대체로 냉정한 편이며 게으른 사람에게 좋은 결과를 안겨주지 않는다. 한 종류의 펀드를 소유한 투자자에게는 본 단락이 유용하지 않을 수도 있다. 하지만 한국증시에 일정한 포지션을 가지고 있는 투자자 혹은 차이나펀드, 브릭스 펀드 등 다양한 펀드를 보유한 사람에게는 상당한 도움이 될 것으로 생각된다. 또한 전 세계 주요 기관투자자들도 세계증시를 상대로 이와 유사한 패턴으로 포트폴리오를 조정할 것이며 이는 즉시 홍콩증시에 영향을 미칠 것이다.

그럼 펀드 포트폴리오 분석을 진행하여 보도록 하자. 분석은 개별펀드들이 투자대상으로 삼고 있는 증시를 기준으로 하였다. 동일한 차이나펀드도 운용사별로 적지 않는 수익률 차이를 보이기 때문이다. 무위험 이자율은 한국 채권수익률 자료를 참조하여 6%로 설정하였다. 또한 분석대상은 중국(중국 본토와 홍콩)을 포함한 브릭스 4개국 증시와 미국 및 한국 증시로 구성되었으며 참고 데이터는 2004년부터 2008년 6월말까지 월평균 주가지수를 이용하였다. 투자자에 따라 샘플 범위를 확대 혹은 축소할 수도 있다. 다만 본 서에서는 일부 구간에 데이터가 너무 집중될 경우 결과가 왜곡될 수 있다는 측면을 감안하여 2006년 이전 자료도 포함시켰다. 또한 초기 증시별 보유수량은 1,000단위로 동일하게 고정시켰다. 투자실무에 적용할 경우 개개인별로 보유 펀드기준가를 통하여 펀드상품별 투자비중을 6개월 혹은 1년 단위로 조정해 볼 수도 있을 것이다.

5.1 보수적 시각하의 포트폴리오

분석 결과는 보수적 시각과 적극적 시각으로 나누어 살펴보았다. 보수적 시각은 연 12% 수익률, 적극적 시각은 연 30%를 기준으로 설정하였으며 본 단락에서는 우선 보수적 결과만을 다루고자 한다. 무위험수익률 2배 수준인 연 12%를 보수적으로 볼 수 있는지 논란의 여지가 있을 수 있다. 하지만 현 물가수준을 감안할 때 펀드투자자에게 연 12% 수익률은 어쩌면 너무 보수적 일수도 있다. 실제로 연 12% 목표 펀드가 출시된다면 펀드 시장이 얼마나 호응할지는 미지수이다. 여러분이 보유하고 있는 펀드들과 분석결과를 연결시켜보는 것이 더욱 생동감 있을 것이다. 포트폴리오분석은 7개 증시를 두고 약 5,000개 정도의 조합을 구성하여 살펴보았다. [표4]는 그 가운데 가장 최적의 결과를 제출하는 포트폴리오 구성을 나타낸 것이다.

[표4] 펀드 포트폴리오(목표수익률 연 12% 기준)

증 시 명	현재포트폴리오		조정범위		최적포트폴리오	
	비 중	보유수량	조정비율	조정수량	비 중	보유수량
HSCE	14.29%	1,000	17.07%	1,195	31.36%	2,195
SSEC	14.29%	1,000	17.73%	1,241	32.02%	2,241
BSESN	14.29%	1,000	(8.76%)	(613)	5.52%	387
BVSP	14.29%	1,000	(5.78%)	(405)	8.50%	595
RTS	14.29%	1,000	5.88%	412	20.17%	1,412
KOSPI	14.29%	1,000	(13.85%)	(969)	0.44%	31
DOW	14.29%	1,000	(12.29%)	(860)	1.99%	140

기존 포트폴리오			최적 포트폴리오		
평균수익률	표준편차	샤프지수	평균수익률	표준편차	샤프지수
0.02%	0.05%	(10.499)	0.02%	0.06%	(8.299)
목표수익률 달성확률: 3.89%			목표수익률 달성확률: 8.66%		

자료제공: 중국경제정보분석

[표4]의 결과는 우리가 보수적이라고 생각하는 연 12% 수익률 달성도 그리 낙관적이지 못하다는 사실을 보여주고 있다. 초기 포트폴리오, 즉 개별증시 비중을 모두 동일하게 두었을 때는 연 12% 달성확률은 3.89%에 불과한 것으로 나타났다. 반면 최적포트폴리오를 구성할 경우 8.66%로 2배 이상 상승하였다. 다만 그 확률이 10% 미만이라는 점이 마음을 무겁게 한다. 투자비중은 홍콩과 상해 증시, 즉 차이나 증시 비중은 각각 31.4%와 32.0%로 확대를 제시하고 있다. 또한 러시아 증시 역시 그 비중을 5.9% 상승시킬 것을 요구한다. 반면 한국, 미국 그리고 인도증시 비중 축소를 제

시하고 있다. 특히 한국증시는 13.9%로 그 감소폭이 가장 크다.

사프지수는 두 쪽 모두 마이너스(-) 수치를 제시하고 있는데 최적 포트폴리오가 기존 포트폴리오보다는 좀 높게 나타난다. 샤프지수는 투자자산의 초과수익률을 측정하는 지표로 그 수치가 높을수록 성공적인 투자성과를 기록한 것으로 간주한다. 일반적으로 포트폴리오(혹은 펀드)수익률에서 무위험수익률을 뺀 값을 포트폴리오(혹은 펀드)수익률의 표준편차로 나누어 계산한다. 최적 포트폴리오가 기존 포트폴리오보다 약간 높은 수치를 제시하고 있지만 마이너스(-) 8.3%라는 결과는 어떤 조합을 이루더라도 손실을 벗어날 수 없다는 점을 말해준다. 다음은 적극적 시각하의 포트폴리오 결과를 알아보도록 하자.

5.2 적극적 시각하의 포트폴리오

최적 포트폴리오를 구성하더라도 목표 수익률 12% 달성 확률은 8.7% 수준에 불과하다는 사실을 앞 단락을 통하여 확인하였다. 그럼 연 30%로 목표 수익률을 상향 조정할 경우 그 결과는 어떨까? 달성확률 0.1%로 나타났다. 이 수치는 프로그램이 제시할 수 있는 최저 확률로 연 30% 달성 가능성은 제로에 가깝다고 보면 된다. 목표 수익률 수치를 제외한 분석절차는 이전과 동일하다. 그럼 표의 결과를 한번 해석해보도록 하자.

[표5] 펀드 포트폴리오(목표수익률 연 30% 기준)

증 시 명	현재포트폴리오		조정범위		최적포트폴리오	
	비 중	보유수량	조정비율	조정수량	비 중	보유수량
HSCE	14.29%	1,000	42.42%	2,969	56.70%	3,969
SSEC	14.29%	1,000	(1.91%)	(134)	12.38%	866
BSESN	14.29%	1,000	(11.35%)	(794)	2.94%	206
BVSP	14.29%	1,000	(13.59%)	(951)	0.70%	49
RTS	14.29%	1,000	3.23%	226	17.52%	1,226
KOSPI	14.29%	1,000	(11.37%)	(796)	2.91%	204
DOW	14.29%	1,000	(7.43%)	(520)	6.86%	480

기존 포트폴리오			최적 포트폴리오		
평균수익률	표준편차	샤프지수	평균수익률	표준편차	샤프지수
0.02%	0.05%	(10.499)	0.02%	0.06%	(7.908)
목표수익률 달성확률: 0.1%			목표수익률 달성확률: 0.1%		

자료제공: 중국경제정보분석(CEIA)

　　[표]와 같이 [표5]도 샤프지수가 마이너스(-) 수치를 제시하고 있다. 즉 투자손실은 피할 수 없다고 말하는 셈이다. 실제 차이나 펀드, 인디아, 브릭스 펀드들이 마이너스 수익률을 기록하고 있다는 점에서 표에 제시된 결과는 타당성을 확보하고 있다고 판단된다. 한편 연 30%로 상당히 적극적인 행보를 보일 경우 개별증시 비중이 어떻게 변동되었는지 살펴보자. 보수적 시각 내 결과와 비교 검토해보는 것도 의미가 있을 것이다. [표5] 결과에 의하면 홍콩증시(H주) 비중이 기존보다 4배 정도 확대된 것을 알 수 있다. 여러분이 7개 증시를 투자대상으로 삼고 자금을 투입한다면 과반수 이

를 홍콩증시(H주) 한 군데에 집중하여야 되는 셈이다. 홍콩과 러시아 증시를 제외한 모든 증시 투자비중 축소를 제시하고 있다. 보수적 시각하에서 중국증시 비중확대를 권한 것과는 대비되는 결과이다.

여기서 우리는 현재 세간에 오르내리고 있는 인사이트 펀드 문제점을 발견할 수 있다. 인사이트 펀드는 투자대상과 지역에 거의 제한이 없는 것으로 알려지고 있으며 실제 운용자산의 과반수를 홍콩증시에 집중하고 있는 것으로 알려지고 있다. [표5]의 결과로 보면 보수적 운용보다는 적극적 운용을 하고 있다. 문제는 연 30% 수익률 달성 가능성이 거의 제로에 가깝다는 점이다. 물론 분석기간만을 대상으로 한 것이다. 또한 7개 증시만을 투자범위를 설정할 경우 어떤 조합도 투자손실을 비껴갈 수 없다는 사실이다. 실제 목표수익률이 어떠하든지 당분간 펀드자산에서 현금과 채권 등 안전자산 비중을 확대할 필요가 있다. 또한 증시와 그 행보를 달리하는 투자대상을 발굴하여 위험을 분산할 필요성도 존재한다.

중국주식투자 2009년

바이블 ❶

part_10 2009년 중국과
홍콩증시 예측

본 장은 계량분석 측면에서 중국과 홍콩증시를 예측하고자 한다. 지금까지 내용이 정성적 분석과 정량적 분석이 혼합된 형태라면 본 장은 철저하게 데이터로써 현상을 표현 및 예측하고자 한다. '데이터는 데이터로써 말하게 하라'는 원칙을 기반으로 둔 셈이다. 대부분의 독자들에게 본 장이 약간 힘들 수도 있다. 하지만 모형구현이 아닌 그 속의 내용과 사고만을 잡아낸다면 그리 버겁지는 않을 것이다. 본 서는 독자의 수용능력에 대한 성급한 예단과 편견으로 분석 범위를 제한하는 우를 범하지 않고자 한다. 여러분들이 경제학자가 아니라면 1%의 진리를 위하여 90%의 가능성을 버릴 필요는 없다. 또한 주식시장은 정확한 예상지수보다 지수의 상하 범위가 훨씬 더 유용한 법이다. 그럼 실제 예측결과를 두고 설명을 진행하기로 한다.

1. VAR 모형을 통한 주가지수 추정

1.1 2008/09년 H지수 추정

백터자기회귀모형(Vector autoregressive models)을 통하여 먼저 H주 지수를 추정해보도록 한다. 흔히 백터자기회귀모형을 줄여서 VAR모형이라고 한다. 투자위험 측정에 사용되는 VAR(Value at Risk)와는 전혀 다른 개념이다. VAR모형은 금융보다는 경제변수 추정과 예측에 더 어울리는 모형이다. 이는 주가지수가 관련 변수들과의 상호영향력 하에서 정형화된 패턴을 그리기보다는 임의보행(Random)하는 성질을 가지고 있기 때문이다. 임의보행(Random)이라는 용어가 어렵게 다가올 수도 있을 것이다. 쉽게 말해서 무작위의 확률 과정이라고 보면 된다. 주가지수 움직임에 관한 금융학적 분석은 다음 단락에서 다룰 몬테카를로스 시뮬레이션(Monte Carlo Simulation) 부문에서 자세히 다루도록 한다. H주지수 추정을 위하여 사용된 변수는 H지수 자신을 포함한 총 6개이다. H지수 이외에 홍콩항생, 상해종합, 다우지수와 중국 M2, 홍콩 M2를 이용하였다. 주가지수는 월평균 데이터를 사용하였다. 간혹 월말 데이터만을 추출하여 분석하는 오류를 범하기도 한다. 이는 임의성이 강하여 그 결과의 신뢰도를 상당히 떨어뜨린다. 데이터 정리에 상당한 인내가 요구되지만 월평균 데이터를 이용하는 것이 바람직하다.

[표1] VAR모형을 통한 H지수 추정결과(2008년 7월~2009년 6월)

	실제 H지수	추정H지수	추정 최대값	추정 최소값
2008년 3월	12,170	12,900	13,571	12,228
2008년 4월	13,292	12,907	13,801	12,012
2008년 5월	13,944	12,773	13,770	11,776
2008년 6월	12,657	12,489	13,573	11,404
2008년 7월		11,958	13,182	10,733
2008년 8월		11,457	12,875	10,038
2008년 9월		11,190	12,830	9,551
2008년 10월		11,077	12,946	9,207
2008년 11월		11,020	13,113	8,926
2008년 12월		11,015	13,301	8,728
2009년 1월		11,093	13,548	8,638
2009년 2월		11,249	13,845	8,654
2009년 3월		11,471	14,186	8,757
2009년 4월		11,748	14,549	8,946
2009년 5월		12,072	14,943	9,200
2009년 6월		12,427	15,347	9,506

자료제공: 중국경제정보분석(CEIA)

데이터 이용기간은 2005년 1월~2008년 6월까지로 설정하였다. 가까운 장래 수치가 현실을 더욱 잘 반영한다고 가정한다면 이용 데이터 범위를 좀 더 축소시킬 필요성도 있다. 하지만 본 단락에서 요구하는 H지수 추정기간이 2008년 하반기부터 2009년 상반기까지라는 점을 감안한다면 2005년 기점이 오히려 좁게 판단될 수도 있다. 참고로 VAR모형을 포함한 대부분의 모형이 평균회귀적 상황을 기초로 설계된 경우가 많다. H지수 추정 결과치를 살펴봄에 있어서 충분히 감안하길 바란다. 먼저 2008년 3월부터 2008년 6월까지 모형을 통하여 추정한 결과와 실제 H지수를 비교하여 보면 다음과 같다. 5월 수치를 제외한 추정H지수와 실제H지수는 상당한 유사성을 띠고 있는 것을 목격할 수 있다. 2008년 5월 수치는 추정 최대값을 약간 상회한 것으로 나타났다. 2008년 6월 이후 실제 H지수가 어떻게 형성될지는 신의 영역으로 누구도 단정하기 힘들다. 다만 VAR 모형을 통하여 우리가 추정한 결과로는 2009년 1월까지는 하향화 추세를 지속할 것 같다. 2008년 말경 H지수는 11,000포인트 수준으로 하락할 것으로 추정되었다. 2009년 1월 이후 상승세 전환이 전망되지만 그 강도는 그리 크지는 않을 것이다. 2008년 7월 H지수 평균은 12,067포인트로 VAR모형을 통한 추정치 11,958 포인트보다 109포인트 높게 나타났다. 1% 미만의 오차가 발생한 셈이다. 또한 이 수치는 추정치 최소값(10,733 포인트)과 최대값(13,182 포인트) 사이에 걸쳐져 있다. 그럼 그림을 통하여 VAR 분석결과를 좀 더 깊게 살펴보도록 하자.

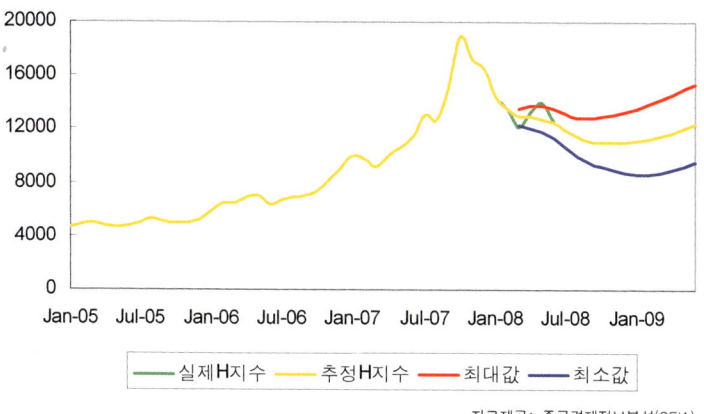

[그림1] VAR모형을 통한 H지수 추정(2008년 7월~2009년 6월)

실제H지수　추정H지수　최대값　최소값

자료제공: 중국경제정보분석(CEIA)

　　[그림1]은 [표1]에 나타난 데이터를 그래프로 표시한 것이다. 1년이라는 시간을 두고 최대값을 추정한 결과 2009년 6월경 15,347만 포인트에 도달할 것으로 나타났다. 반면 최소값은 2009년 1월 8,638포인트 조사되었다. 그림을 보면 알 수 있듯이 2008년은 하향화 추세를 지속한 후 2009년부터 반등의 실마리를 마련하는 것으로 나타났다. 실제 H지수가 추정H지수와 근접할지 아니면 최대값 혹은 최소값에 수렴할지는 아무도 모른다. 다만 VAR모형을 통하여 일관되게 제시하는 결과는 2008년은 H지수가 하락에 무게중심을 둔다는 것이다. 또한 1년을 두고 살펴본 H지수는 최소 8,000대~ 최대 15,000대 사이에서 움직일 것이라는 점이다. 혹자는 추정 폭이 상당히 넓어 그 추정치의 신뢰성이 의문시된다고 주장할 수도 있다. 어쩌면 그 주장이 사실일 수도 있다. 하지만 앞서 언급했듯이 정확

한 H지수 수치보다는 범위가 더 중요하다. 차이나펀드에 투자한 여러분 입장에서 수시로 포지션을 변경할 수는 없을 것이다. 즉 2009년 7월 이전에 H지수가 15,000포인트 전후에 근접한다면 단기 고점으로 보고 독자의 개인상황에 따라 매도 포지션 혹은 환매 포지션을 취하면 될 것이다. 그 반대로 8,000포인트 전후로 H지수가 형성된다면 단기 저점으로 확인하고 매수포지션 혹은 신규가입(추가 불입 포함) 포지션을 택하면 된다. 직감 혹은 경험적으로 알고 있는 내용일 수도 있다. 다만 앞의 시나리오가 현실화될 경우 상기와 같은 전략을 추구할 수 있는 투자자는 많지 않을 것이다. 만약 H지수가 10,000포인트를 지나 9,000포인트를 하향 돌파한다면 여러분은 공포와 패닉으로 냉정함을 잃을 가능성이 높기 때문이다. 그 반대로 15,000선을 돌파한다면 20,000포인트의 환상에 사로잡힐 것이다.

1.2 2008/9년 상해종합지수 추정

앞서 분석한 H지수 추정과 동일한 방법으로 상해종합지수를 추정하여 본다. 추정결과는 지수와 유사한 패턴을 그리고 있다. 상해종합지수 역시 2008년은 하락세를 지속할 것으로 전망되었다. 2009년 초 1,700선 부근까지 떨어진 후 2009년 3월부터 상승 반전할 것으로 추정된다. H지수보다 1개월 늦게 상승 반전한 셈이다. 그럼 표의 결과를 자세히 해석해보기로 한다.

[표2] VAR모형을 통한 상해종합지수 추정결과 (2008년 7월~2009년 6월)

	실제 상해종합지수	추정상 해종합지수	추정 최대값	추정 최소값
2008년 3월	3,915	3,792	3,976	3,608
2008년 4월	3,397	3,488	3,758	3,218
2008년 5월	3,552	3,272	3,598	2,945
2008년 6월	2,996	2,959	3,370	2,547
2008년 7월	-	2,634	3,158	2,110
2008년 8월	-	2,377	3,029	1,725
2008년 9월	-	2,168	2,956	1,379
2008년 10월	-	1,986	2,911	1,061
2008년 11월	-	1,851	2,904	798
2008년 12월	-	1,768	2,938	599
2009년 1월	-	1,729	3,001	457
2009년 2월	-	1,725	3,081	369
2009년 3월	-	1,756	3,180	332
2009년 4월	-	1,818	3,295	341
2009년 5월	-	1,907	3,424	389
2009년 6월	-	2,016	3,561	471

자료제공 : 중국경제정보분석(CEIA)

　　2008년 3월부터 2008년 6월까지 모형을 통하여 추정한 결과와 실제 상해종합지수를 비교하여 보면 상당히 유사한 흐름을 보이는 것을 발견할 수 있다. 실제 현실화된 상해종합지수는 최대값과 최소값보다는 추정치에 더 근접한다. 2008년 7월 상해종합지수 평균은 2,802포인트로 VAR모형을 통한 추정치 2,634포인트보다 168포인트 높게 나타났다. 6% 정도의 오차가 발생한 셈이다. 하지만 7

월말 상해종합지수는 2,774포인트로 장을 마감하였으며 8월 중순 2,500포인트가 무너지기도 하였다. VAR모형을 통한 8월 예상치는 2,377포인트 이다. 7월 결과를 바탕으로 보자면 무시 못할 간격이 존재하는 것은 사실이다. 하지만 증시 기조는 유사한 형태로 나타나는 것 같다. 또한 7월 실제 수치는 추정치 최소값(2,110포인트)과 최대값(3,158포인트) 사이에 놓여 있다. 투자전략 수립 면에서 참고할 만하다. 최근 2~3년간 상해종합지수 변동폭이 확대됨에 따라 VAR모형 표준편차 폭을 넓어진 것 같다. 그림을 통하여 VAR모형 추정결과를 다시 재점검하여 보자.

[그림2] VAR모형을 통한 상해종합지수 추정
(2008년 7월~2009년 6월)

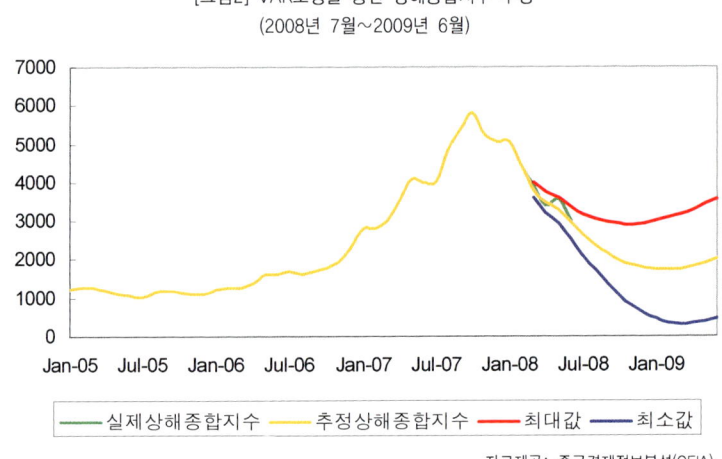

자료제공: 중국경제정보분석(CEIA)

H지수와 달리 추정 상해종합지수의 하락 기울기가 상당히 급경사인 것으로 보인다. 또한 최대값과 최소값의 차이가 갈수록 확대되고 있는 것을 목격할 수 있다. 이는 2006년 하반기 이후 관찰된 급락과 급등이 상당한 영향을 미쳤을 것으로 판단된다. 추정기간 (2008년 7월~2009년 6월) 내 상해종합지수 최대값은 3,561포인트이며 최소값은 332포인트로 나타났다. 전쟁과 같이 중국사회 전체가 흔들릴 요인이 발생하지 않는 한 이 수치에 도달할 가능성은 거의 없다. 최근 중국 부동산 시장 붕괴에 따른 금융위기 가능성이 언급되고 있는데, 그런 경우라도 이 수치에 근접할 확률은 상당히 낮다. 상해종합지수의 경우 H지수와 달리 최대값과 추정상해종합지수 두 수치를 두고 전략적 접근을 세우는 것이 타당할 것 같다. 추정결과에 대한 투자전략은 H지수와 동일하다. 즉 단기 최고점에는 매도 포지션, 그 반대의 경우는 매수 포지션을 취하면 된다.

앞서 두 단락을 통하여 추정한 결과치는 실제 수치와 상당한 차이를 보일 수 있다. 따라서 추세흐름을 이해하는 용도로만 사용하길 바란다. 또한 현실화된 결과와 비교 검토함으로써 시장의 일면을 엿보길 바란다. 사실 모형분석도 결국은 테크닉적인 측면이 강하게 작용한다. 이는 금융뿐만 아니라 경제영역도 동일하다. 모형의 오류와 함께 그 추정 결과를 어떻게 해석하는가에 따라 전혀 다른 결론이 도출되기도 한다. 본 서에 제시한 결과도 추적오차에 대한 재 수정을 통하여 달리 산출될 수 있다. 분기별로 신규 데이터를 편입시키는 방법으로 새로 모형을 추정할 수도 있다. 각 증권사마다 주가지수 범위를 예측한 리포트들을 자주 발표한다. 그때 여러분은 최소한 그 분석방법과 그 근거데이터 제공 유무를 확인하길 바란다. 리포트 자체보다는 그 분석 데이터가 말해줄 수 있는 범위가 훨씬 광범위하기 때문이다.

2. 회귀분석으로 살펴본 주가예측

VAR모형과 H주 몬테카를로 시뮬레이션의 가장 큰 단점은 바로 직관적인 설명이 쉽지 않다는 것이다. 즉 H지수 변화를 일으키는 요인에 대한 원인 규명과 적용이 쉽지 않다는 사실이다. 반면 본 단락에서 살펴볼 선형 회귀분석은 누구나 싶게 접근할 수 있으며 변수 간의 인과관계도 명확하다. 투자학적 관점에서 보면 다인수모형으로 이해할 수도 있다. 참고로 H지수 회귀분석에 이용된 데이터는 앞서 VAR모형에 사용된 자료와 동일하다. 홍콩M2 자료를 제외하고는 한 달 전 수치를 이용하여 H지수 추정공식을 도출하였다. 홍콩M2 자료는 두 달 간격을 두고 수치가 발표됨에 따른 어쩔 수 없는 조치이다. 만일 우리가 동일시간대로 두고 공식을 수립한다면 변수 간의 관계는 파악은 가능해도 예측은 불가능하다. 선형회귀분석 결과 도출된 공식은 다음과 같으며 모형적합도는 98% 정도로 추정된다.

H지수 = (−)1,445 + 0.5629 x 전월 H지수 + 0.3203 x 전월 다우지수 +
       0.9055 x 전월 상해종합지수 + 0.0229 x 전월 중국M2 − 0.1672 x
       2개월 전 홍콩M2

공식과 같이 기울기를 나타내는 1,445포인트와 2개월 전 홍콩M2 계수를 제외하고는 모두 플러스(+)를 나타내는 것으로 추정되었다. 즉 이 두 변수를 제외하고는 다른 변수들의 증가는 H지수의 상승으로 연결된다고 볼 수 있다. 2개월 전 홍콩M2와 H지수가 정반대 방향을 나타내는 이유는 다음 장 H지수와 화폐유동성 부문에서 자세히 살펴보도록 한다. 보편적으로 시중 유통자금이 은행권으로 몰리면 증시는 하락하는 것으로 알려지고 있다. 홍콩증시 역시 이런 보편성이 적용된다고 볼 수 있다. 그럼 상기 공식을 통하여 H지수를 추정하여 보자.

[그림3] 선형회귀모형을 통한 H지수 추정

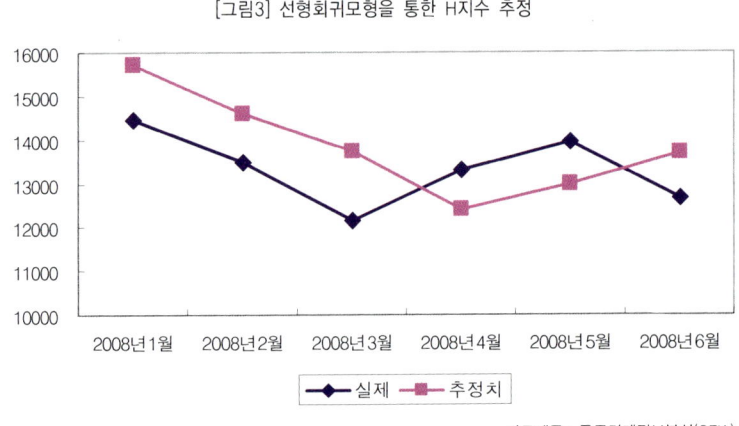

자료제공: 중국경제정보분석(CEIA)

[그림3]은 실제와 추정자료를 통하여 비교한 것이다. 이와 같은 백테스팅(Back Testing)은 모형의 적합성을 알기 위해 자주 이용된다. 두 결과치의 추세흐름을 유심히 살펴보면 이상한 점을 발견할 수 있다. 1개월 이전으로 추정치를 되돌리면 두 자료가 거의 동일한 모습을 나타나는 것이다. 공식을 이용한 7월 H지수 12,455포인트로 추정되었다. 이는 실제 6월 H지수 12,657포인트와 거의 비슷한 수치이다. 과거자료에서 미래를 엿보는 일이 쉽지 않다는 점을 반증한다. 앞서 살펴보았듯이 실제 H지수는 12,067포인트로 나타났다. 400포인트에 조금 못 미치는 차이를 나타낸 셈이다. 1개월 이전 주가지수와 자금흐름은 향후 주가향방 예측에 있어 정확한 정보를 제공하지는 못한다고 볼 수 있다. 1개월 이내 초단기 기술적 분석의 맹점이기도 하다. 하지만 증시 방향점검 가치는 충분한 것으로 판단된다.

[그림4] ARMA 모형을 통한 H지수 추정결과(2008년 7월~2009년 6월)

자료제공: 중국경제정보분석(CEIA)

[그림4]는 자기회귀이동평균모형(Autoregressive Moving -Average Model, 이하 ARMA 모형)을 통하여 2008년 7월부터 2009년 6월까지 H지수 흐름을 나타낸 것이다. 앞서 VAR 모형 내 그림과 비교 검토하길 바란다. 앞서 살펴본 인수모형이 H지수와 다양한 변수들의 관계를 통하여 주가지수를 예측하고자 하는 시도였다면 ARMA모형은 H지수 그 자체에 포커스를 둔 것이다. 기술적 분석과 가장 유사한 형태의 모형이다. VAR모형과 달리 추정H지수는 거의 변동이 없다. 다만 최대값과 최소값 수치의 차이는 상당히 벌어진 것으로 보이는데 이는 VAR 모형보다 추정값이 1,000포인트 정도 높게 설정되어 있기 때문이다. 참고로 실제 7월 H지수는 ARMA 모형 범위 내에서 형성되고 있다. 모형 결과치는 VAR 모형이 ARMA 모형보다는 더 현실적으로 느껴진다.

3. 몬테카를로 시뮬레이션을 통한 예측

3.1 H지수 흐름에 대한 해석

주가 혹은 주가지수 흐름은 일반적으로 마코브 과정(Markov process)을 따른다고 추정되고 있다. 즉 현재 H지수를 12,000포인트라고 가정하여 보자. 우리가 알고 싶어하는 향후 H지수 예측값은 일주일전 혹은 한 달 전의 H지수에 의하여 영향을 받는 것이 아닌 지금 현재 12,000포인트와 관련이 있다. 여기서 사고를 좀 더 확대하면 우리가 알고 싶어하는 주가경로에 관한 개념을 하나 발견할 수 있다. 옵션과 관련 파생상품 가격결정 모형에 토대를 제공하는 기하브라운운동(Geometric Brownian Motion)이 바로 그것이다. 옵션투자자라면 누구나 알고 있는 블랙숄즈(Black-Scholes model)

도 기하브라운운동을 기초로 성립되었다. 말로 설명하는 것보다 공식으로 나타내는 것이 훨씬 직관적이고 이해하기 쉬운 경우가 있는데 지금이 바로 그런 때이다.

$$ds = \mu s dt + \sigma s dz$$

여기서 ds는 주가지수 변화를 의미하며 s는 주가지수를 나타낸다. 한편 μ는 예상 주가지수 수익률, dt는 시간 간격을 의미한다. 즉 일 주가지수 변화를 구하고자 하면 dt는 하루라는 기간이 되는 셈이다. 또한 σ는 변동성을 말한다. 변동성에 관한 내용은 다음 장에 자세히 살펴보기로 한다. dz는 변화를 이끌어내는 움직임으로 통칭할 수 있으며 평균이 0이고 분산이 1인 마코브 확률과정을 따른다고 정의된다. 흔히 이를 와이너과정(Wiener Process)라고 부르기도 한다. dz는 달리 $\epsilon\sqrt{dt}$ 로 표현되는데 여기서 ϵ는 표준정규분포를 따르는 무작위 숫자를 나타낸다. 상기의 공식을 통하여 우리는 주가지수 변화를 초래하는 모든 변수를 파악할 수 있다.

실제 샘플 사례를 통하여 다시 한번 공식의 내용을 점검하여 보기로 하자. H지수를 12,000포인트, 예상 주가지수 수익률과 변동성을 각각 20%와 40%로 설정하고 시간 간격은 1일로 둔다. 즉 dt는 1/250(0.004)으로 표현될 수 있는데 여기서 250은 거래일수를 의미한다. $\sqrt{dt}$는 0.063으로 표현된다. 실제 EXCEL 파일에서 sqrt 함수를 이용하여 산출해보길 바란다. 그럼 내일 주가를 산출하는 공식은 아래와 같이 표현할 수 있다.

$$ds = 0.2*12000*0.004 + 0.4*12,000 dz$$
$$ds = 9.6 + 4800 dz$$
$$ds = 9.6 + 4800*0.063*\epsilon$$

남은 것은 임의의 난수를 생성하는 것이다. 다음 단락에 언급될 몬테카를로 시뮬레이션도 엄밀히 말하자면 공식을 토대로 임의의 난수를 생성하는 절차일 뿐이다. 시뮬레이션을 10만 번 수행하였다는 말은 난수, 즉 ϵ를 10만 개 만들어보았다는 것과 진배없다. ϵ값이 0.3으로 도출되었다면 내일 H지수는 오늘보다 100.32 상승한 12100.32포인트가 되는 것이다. 상기 내용이 좀 난해해 보이지만 하나씩 분해하여 보면 사실 어려울 것도 없다. 최대한 쉽게 설명하고자 하였지만 혹시 이해가 되지 않거나 좀 더 깊게 알고 싶으면 존 헐(John Hull)의 『옵션, 선물 그리고 기타파생상품(Options, Futures, and other Derivatives)』서적을 참고하길 바란다.

3.2 H주 몬테카를로 시뮬레이션 결과

몬테카를로 시뮬레이션을 통하여 H주 지수를 추정하여 본다. VAR모형과 달리 몬테카를로 시뮬레이션은 확률과정에 근거한 예측 방법이다. 개인투자자가 접근하기에는 약간 부담스러운 주제일 수도 있다. 하지만 앞서 살펴본 'H지수 흐름에 대한 해석' 부문을 참조한다면 그 원리를 이해하는 것은 그리 힘들지 않을 것이다. 우선 몬테카를로 시뮬레이션에 대한 학문적 정의를 살펴보기로 하자.

"몬테카를로 시뮬레이션은 불확실한 상황, 즉 확률적인 조건하에서 의사결정을 목적으로 난수(random number)를 생성하여 정해진 조건식에 적용하는 절차를 말한다. 즉 확률에 따른 통계적 검증을 하는 시뮬레이션 기법이다. 따라서 그 결과는 시뮬레이션 실행시마다 상이할 수 있다. 몬테카를로 시뮬레이션은 분석적 해(analytical solution) 도출이 가능한 확정모형(deterministic model)과는 달리 변수 간의 관계에 대한 설명이 불가능하다. 미래는 확률적 과정(stochastic process)를 따른다는 가정하에 확률적 추정치와 그 표준편차에 관심을 가질 뿐이다. 물론 적용단계에서 기본 조건식을 고정, 변경함으로써 확률과정에 확정모형적 색채를 가미할 수는 있다."

전달하고자 하는 내용은 간단한데 학문적으로 접근하면 상당히 난해한 용어로 변한다. 그냥 임의의 난수를 생성하여 수많은 주가지수 경로를 형성하다 보면 그 최종 결과치가 우리가 예측하고자 하는 미래의 주가와 근접하지 않을까하는 생각에서 탄생한 기법이다. 실제 사례를 두고 이야기를 진행하여 보기로 한다.

[표3] H주 지수 몬테카를로 시뮬레이션 결과

변동성	기간	횟수	추정치	표준편차	최대값	최소값
42%	6개월(125일)	1,000번	11,823	3,509	15,332	8,315
		10,000번	11,926	3,642	15,568	8,284
	1년(250일)	1,000번	12,438	5,382	17,820	7,056
		10,000번	11,873	5,347	17,220	6,526
36%	6개월(125일)	1,000번	12,150	3,169	15,319	8,981
		10,000번	11,941	3,033	14,974	8,908
	1년(250일)	1,000번	12,025	4,412	16,437	7,613
		10,000번	11,956	4,325	16,281	7,631

자료제공: 중국경제정보분석(CEIA)

[표3]은 6월말 H지수(11909.75)를 두고 6개월(125 거래일)과 1년 (250거래일)으로 구분한 H지수 추정치를 나타낸 것이다. 추정치 자체는 실무적으로 큰 의미를 부과하기 힘들며 유효성을 발견할 수 없다. 다만 최대값과 최소값 범위는 VAR모형처럼 투자전략의 주요 참고자료로 이용될 수 있을 것이다. 변동성은 2005년을 기점으로 계산시 36%, 2006년은 42%로 각각 추산되었다. 모형구현 방법에 따라 몬테카를로 시뮬레이션도 다양한 형태로 변형이 가능하지만 본 서에서는 가장 보편적인 방법을 이용하였다. 그럼 추정결과에 대한 해석을 시작하도록 한다. [표3]에서 보듯이 변동성을 크게 할수록 표준편차도 확대되는 것을 목격할 수 있다. 그 결과 H지수 예상 최대값과 최소값 범위 역시 넓어지게 된다. 학문적 수준이 아니라면 시뮬레이션 횟수가 1,000번인지 혹은 10,000번인지는 큰 의미를 둘 필요는 없다. 다만 추정오차를 감안하여 적어도 10,000번 이상을 권한다.

2008년 1분기 이후 H주 변동성이 감소하고 있는 것을 고려할 때 42% 변동성 결과보다는 36% 결과값이 더욱 신뢰도가 높을 것 같다. 따라서 36% 기준으로 설명을 진행하고자 한다. 향후 6개월 H지수 변동범위는 9,000~15,000포인트 전후에서 형성될 것 같다. 1년으로 시간대를 이동하면 7,600~16,000포인트대로 옮겨간다. 즉 앞으로 6개월간의 주가지수 흐름은 긴박할지라도 그 이후 6개월 즉 2009년 상반기까지 흐름은 조금 완만하다고 볼 수 있다. 실제 그런 결과로 연결될지는 단정하기 힘들다. 다만 현재 진행되고 있는 변동성 감소 추세를 감안한다면 그렇게 흘러갈지도 모르겠다.

[그림5] 몬테카를로 시뮬레이션 H지수 흐름

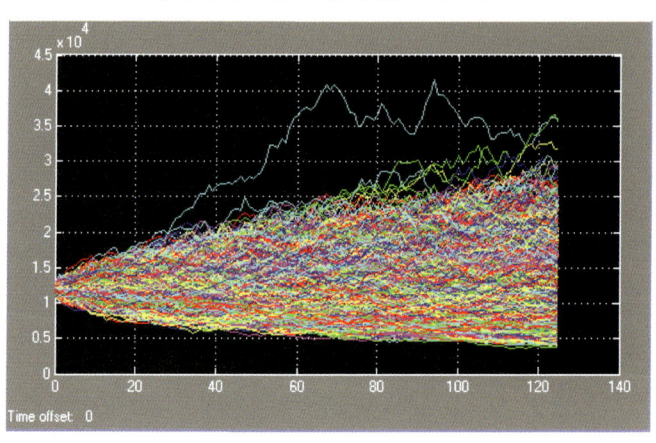

자료제공: 중국경제정보분석(CEIA)

[그림5]는 6개월 기준 H지수 경로 10,000개를 표시한 것이다. 대체로 10,000포인트~20,000포인트 사이에 집중되어 있다. 그 이상 혹은 이하 주가지수 범위는 상대적으로 적게 몰려 있다. 앞서 언급했듯이 몬테카를로 시뮬레이션은 확률적 결과치를 말한다. 확률적으로 낮지만 10,000포인트 이하가 될 수도, 혹은 20,000포인트 이상이 될 수도 있다. 여러분의 투자생활에 있어서 이 말이 어쩌면 더 유용할 수도 있겠다. 증시 판단 혹은 주가지수 추정에 있어서 미리 선입견을 가지고 한계를 설정하지 말라. 확률적으로 낮을 뿐이지 발생할 가능성이 전혀 없는 것은 아니다.

4. 종합평가

    지금까지 우리는 3가지 모형을 축으로 2008년 하반기부터 2009년 상반기까지 주가지수 흐름을 예측하였다. 모형에 따라 그 결과치는 다르지만 1년 기준 H지수 범위는 8,000포인트~16,000포인트 전후로 전망된다. 한편 상해종합지수는 1,700포인트~3,500포인트 사이로 추정되고 있다. 6개월 기준 즉 2008년 하반기만을 두고 살펴본다면 H지수는 9,000포인트~15,000포인트, 상해종합지수는 1,800~3,200포인트 이내가 될 가능성이 높다. 실제 주가지수가 어디로 흘러갈지는 누구도 단언하기 힘들 것이다. 하지만 본 장에서 살펴본 주가지수 예측범위를 염두에 두고 투자전략을 수립한다면 큰 손실은 없을 것으로 판단된다. 즉 2009년 7월 이전에 H지수가 15,000~16,000포인트 사이에 근접한다면 단기 최고점으로 보고 상황에 따라 매도 포지션 혹은 환매 포지션을 취하면 될 것이다. 그 반대로 8,000~9,000 포인트 전후에서 H지수가 형성된다면 단기 최저점으로 생각하고 매수 포지션을 택하면 된다. 흔히 주가지수 예측을 신의 영역이라고 한다. 하지만 그 영역을 파헤치기 위하여 인간으로서 최대한의 노력은 기울여볼 필요가 있지 않을까?

중국주식투자 2009년
바이블 ❶

part_11

홍콩과 중국증시를 둘러싼 5가지 질문

1. 중국경제와 증시는 반드시 일치하는가?
2. 단기와 중장기 투자 어느 것이 옳은가?
3. 직접투자와 펀드투자 어느 것이 최선인가?
4. 최적의 투자타이밍은 언제일까?
5. 홍콩 직통차는 도대체 언제쯤 가능할까?

본 장에서는 차이나 펀드 혹은 직접투자자라면 가지고 있는 의문들을 주제별로 간략히 요약하여 살펴보고자 한다. 앞 장을 통하여 언급된 내용도 있으니 그리 부담되지는 않을 것이다. 본서에서 제시한 논거와 판단이 반드시 옳다고 볼 수 없다. 독자 여러분과 토론한다는 느낌으로 진행하였으므로 편안히 살펴보길 바란다.

1. 중국경제와 증시는 반드시 일치하는가?

중국경제 전망은 투자근거와 함께 투자실패의 이유로도 자주 언급된다. 차이나펀드 투자이유로 가장 많이 언급되는 것이 장기 지속될 중국경제일 것이다. 2020년 이전 일본을 넘어 세계 2위의 경제대국이 될 가능성이 높으며 이는 모든 경제학자들이 동의하는 컨센서스(Consensus)이다. 한걸음 더 나아가 2050년에는 미국도 앞지를 것이라는 전망도 심심찮게 나오고 있다. 그럼 보편 타당한 진리처럼 인식되고 있는 경제와 증시의 동조화는 정말 현실적으로 발생할까? 일반적으로는 주가와 거시경제변수 사이에는 장기 안정적인 관계가 형성되는 것으로 알려진다. 즉 대체로 정(+)의 관계를 보이며 증시는 어떤 형태로든지 경제상황을 반영하는 것이다. 분석에 앞서 손쉽게 얻을 수 있는 간단한 통계지표로 그 관계를 우선 점검해보기로 하자.

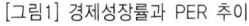

[그림1] 경제성장률과 PER 추이

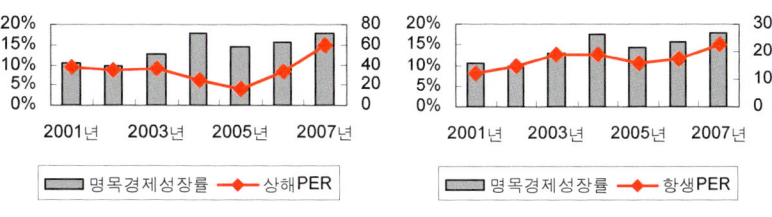

자료제공: 중국경제정보분석(CEIA)

[그림1]는 중국 명목경제성장률과 상해 및 홍콩증시 PER 수준을 그래프로 나타낸 것이다. 2004년을 제외하고는 경제성장률이 전년보다 상향될수록 PER, 즉 증시 수준이 높아지는 것을 알 수 있다. 즉 앞서 언급한 것처럼 정(+)의 관계가 상당히 강하게 작용한 것 같다. 다만 증시에 미치는 영향은 상해는 과대평가를 보인 반면 홍콩은 과거보다 조금 상향된 수준을 기록하고 있다. 이는 2001년부터 2008 상반기까지 중국 GDP증가율과 항생지수, 상해종합지수 변화율의 상관관계에서도 명확히 알 수 있다. 중국 GDP와 항생지수는 0.8 이상으로 상당히 밀접한 수치를 제시하는 데 반하여 상해종합지수는 0.4 수준으로 상대적으로 낮게 나타났다. 즉 중국경제와 증시 간의 동조화는 홍콩이 중국 본토보다 더 밀접한 관계를 가지고 있다. 그럼 거시경제변수와 증시와의 관계를 한번 살펴보기로 하자. 통화 즉 자금부분은 다른 단락을 통하여 심도 깊게 살펴보기

로 하며, 본 질문에서는 고정자산투자와 수출부문만을 언급한다.

[그림2] 주요 경제변수와 증시추이

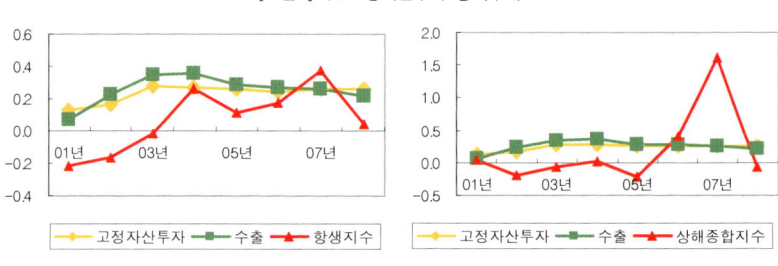

자료제공: 중국경제정보분석(CEIA)

[그림2]는 2001년부터 2008년 상반기까지 개별 변수의 증가율 사이의 관계를 나타낸 것이다. 얼핏 보기에도 고정자산투자와 항생 지수 등락 간에는 일정한 동조화가 보인다. 2008년 상반기는 예외적으로 고정자산투자 소폭 증가에도 항생지수는 대폭 하락세로 반전되었다. 하지만 2008년 이전 데이터는 연자료인 데 반하여 2008년 자료는 상반기 자료라는 점을 감안한다면 이런 결과도 일부 수긍이 갈 것이다. 상반기 GDP의 경우 이미 하락세로 반전하였다. 수출 역시 고정자산투자와 거의 비슷한 궤적을 그리고 있다. 2008년 상반기 수출증가율은 2007년 전체수치보다 4포인트 정도 감소한 것으로 나타났다. 한편 상해종합지수는 항생지수와 달리 동조화가 그리 뚜렷하지 않다. 고정자산투자 부문은 0.2 내외의 상관관계를 보이며 수출은 거의 중립적 포지션을 취하고 있다. 이상의 결과로 우리는 구체적 경제상황(고정자산투자, 수출)이 변동될 때 영향

을 받는 것은 중국증시가 아닌 홍콩증시임을 발견할 수 있다. GDP로 함축되는 전체 경제상황이 변동된다면 중국증시도 일정한 반응을 나타내고 있다. 다만 그 강도가 홍콩증시만큼 뚜렷하지는 않다.

2. 단기와 중장기 투자 어느 것이 옳은가?

증시 투자자라면 "단기와 중장기 투자 어느 것이 옳은가?"라는 문제를 한번쯤 고민해보았을 것이다. 대부분의 투자서적이 중장기 투자를 권하고 있으며 단기투자는 백안시(白眼視)하는 경향이 강하다. 이는 단기투자로 초래되는 위험요소가 중장기투자보다 선명할 뿐만 아니라 그 결과가 현실화되는 주기 역시 짧기 때문이다. 본서의 대답 역시 일반적인 범주에서 크게 벗어나지 못한다. 다만 초단기투자자 일명 데이트레이더(day trader)는 논외로 둔다.

그럼 항생지수 사례를 통하여 단기, 중기 그리고 장기투자가 가진 일면을 살펴보기로 한다. 분석에 앞서 장기와 단기로 통칭되는 개념을 우선 정리하고자 한다. 수많은 리서치 자료와 뉴스보도에서 단기, 장기라는 말을 손쉽게 사용하고 있다. 하지만 그 기간이 얼마인지는 정확히 밝히고 있지 않다. 정보 제공자와 이용자의 시간 개념이 반드시 일치될 수는 없다. 그 기준이 명확하지 않다면 정보 비대칭 현상이 발생할 수도 있다. 즉 애널리스트가 생각하는 단기는 6개월인데 여러분은 3개월로 판단한다면 3개월이라는 공백이 발생한다. 기간 인식의 차이는 단순한 시간개념이 아닌 그 리포터상의 분석근거와 결과를 모두 송두리째 뒤바꿀 수 있는 요소이다. 중국경제정보분석은 일반적으로 단기를 1년 이내, 중기는 3년, 장기는 5년 이상으로 생각하고 있다. 1~3년 사이는 중·단기의 회색지대인 셈이다.

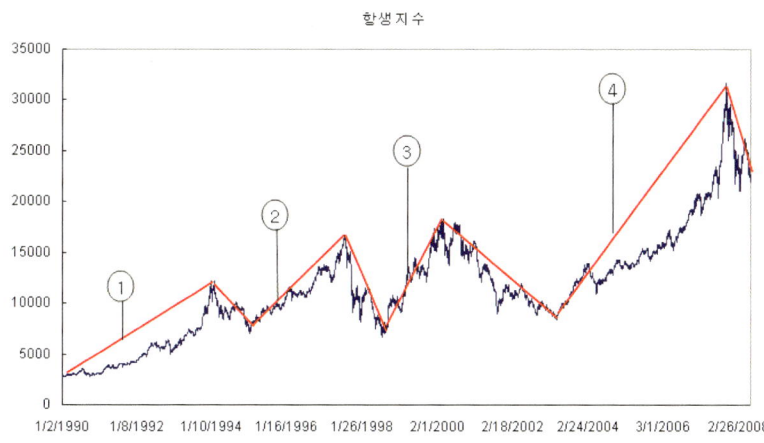

[그림3] 항생지수 구조적 전환 사례

항생지수

자료제공: 중국경제정보분석(CEIA)

[그림3] 1990년부터 2008년 6월까지 항생지수 흐름을 나타낸 것이다. 20년 남짓한 기간에 4번의 상승장을 경험하였으며 그때마다 최고치를 경신하고 있다. ③번 구간의 최고점은 ②번 구간과 별 차이는 없는 것 같다. 증시흐름의 패턴상 ①번 구간과 현재 진행되고 있는 ②번 구간이 유사한 모습을 보이고 있다. 만일 90년대 상반기와 같은 패턴을 보인다면 3년 이내에 항생지수가 40,000포인트를 넘어서는 모습을 볼 수도 있을 것이다. 그전에 현재 진행되고 있는 하락세가 좀 더 마무리되어야겠지만 단기적인 관점이 아니라면 큰 의미를 두기 힘들다. 위 그림을 보는 여러분의 의견은 어떠한가? 여러분이 5년 이상의 장기투자자라면 설혹 고점 부근에 들어갔더라도 손해를 볼 가능성은 거의 없다. 문제는 그 이하 투자자에게 발생한다. ③번 구간 고점에 투자한 사람이라면 거의 6년이 흐른 후 동일구간을 회복할 수 있었다. 무위험수익률 5% 수준을 감안한다면 오히려 25% 정도 투자 손실을 기록한 셈이다. ①번과 ②번처럼 하락장이 비교적 빨리 마무리된다면 3년 이내에 원금수준은 회복할 수도 있을 것이다. 하지만 투자이익은 기대하기 힘들다. 반면 어깨 부근 아래, 즉 23,000포인트 전후에 매집한 투자자라면 3년 이내에 일정한 수익도 기대할 수 있다.

결론적으로 단기투자자는 상승장과 허리구간 아래 매집이라는 조건이 충족되지 않는 한 이익을 실현하기 힘들다. 중기투자자는 설혹 고점에 들어가더라도 손실은 보지 않으며 장기투자자는 큰 이익은 아닐지라도 일정한 수익을 달성할 가능성이 높다. 그럼 가장 높은 수익률을 기록하는 투자자는 누구일까? 정답은 간단하다. 투자기간을 떠나 저점에서 매수하여 고점에서 매도할 수 있는 안목을 가진 투자자이다. 중국경제정보분석(CEIA)의 경우 2008년 한 해는 보수적인 접근을 권하고 있으며 중단기(2010년 전후)는 관망적 시각, 그 이후는 긍정적으로 보고 있다. 다만 상기 판단은 2008년 6월 현재를 기준으로 설정된 것으로 언제든지 조정 가능하다. 부화뇌동하지 않는 한도 내에서 본인의 투자판단을 과감히 수정할 수 있는 용기 역시 투자자에게는 필요한 요소라고 생각된다. 미 국방부가 제시하고 있는 나선형 전략을 투자에 응용하는 것도 도움이 되리라 생각된다. 전략은 고수할 때가 아름다운 것이 아니라 수정과 보완을 통하여 최선의 접점을 찾을 때 그 존재가치를 인정받는 법이다.

3. 직접투자와 펀드투자
어느 것이 최선인가?

　직접투자와 펀드투자 둘 중 어느 것을 선택할 것인가라는 문제 역시 투자기간 선택만큼 여러분을 고민에 빠트리는 주제이다. 아래의 그림을 통하여 살펴보기로 하자. 아래 그림은 2006년 주가수준을 100으로 두고 H주, 차이나모바일, 연주석탄채굴의 주가흐름을 나타낸 것이다. 차이나펀드 투자자들도 차이나모바일(0941.HK)과 연주석탄채굴(1171.HK) 종목명을 한번쯤 들어보았을 것이다. 현재 운용중인 차이나펀드 대부분이 이 두 종목을 펀드에 포함시키고 있다. 한국증시 입장에서는 삼성전자 혹은 SK텔레콤처럼 이미 시장에 알려진 대형 블루칩인 셈이다. 2007년 10월말 최고점을 기준으로 상승률을 살펴보면 다음과 같다. 차이나모바일은 4.3배로 H지수보다 높게 나타난 반면 연주석탄채굴은 3.5배로 약간 낮게 조사되었다. 참고로 H지수는 3.7배로 조사되었다.

[그림4] H지수와 블루칩 종목 주가흐름

자료제공: 중국경제정보분석(CEIA)

2007년 10월 말 이전 자료로 판단하자면 펀드투자가 직접투자보다 더 효율적일 수도 있다. 투자비용, 세제상의 혜택, 투자 접근성 등에서 직접투자보다 펀드투자가 아무래도 우위에 있기 때문이다. 물론 그 전제는 차이나펀드가 H지수를 거의 완벽하게 추적한다는 가정하에서이다. 상승장에서는 차이나펀드의 효율성이 뚜렷하였다면 하락장은 어떠할까? 그림에서 보듯이 차이나모바일과 연주석탄채굴 대비 상당히 고전하고 있다. 2008년 7월 22일 현재 연주석탄채굴과 차이나모바일이 3.0배와 2.9배를 나타내는 데 반하여 H지수는 2.3배에 머물러 있다. 즉 하락장에서는 펀드투자보다는 소수의 우량블루칩을 중심으로 직접투자를 하는 것이 더 이상적이다. 다만 직접투자의 경우 종목선택 실패에 대한 대가가 펀드보다 높으며 소액투자가 힘들다는 단점이 있다. 모든 현상이 그렇듯이 직접투자와 펀드투자 역시 일장일단(一長一短)이 존재하는 셈이다. 굳이 결론을 내리자면 블루칩 보유를 통한 중단기적 접근을 선호한다면 펀드보다는 직접투자가 더 이상적으로 판단된다. 중국증시에 익숙하지 않은 투자자라면 펀드로 중국과 홍콩증시에 대한 충분한 투자지식과 경험을 습득한 후 직접투자에 한번 도전해보는 것도 좋을 것이다.

4. 최적의 투자타이밍은 언제일까?

    증시 흐름은 과거와 유사한 패턴을 기록한다는 투자철학을 기초로 수많은 매매기법이 실무에 적용되고 있으며 그 선두에 선 것이 바로 기술적 분석이다. 최근 전문가들 사이에서 언급되고 있는 알고리즘 트레이닝도 넓은 의미에서는 기술적 분석 범주에 포함된다. 과거데이터를 기초로 투자 판단의 근거를 제시하고 있기 때문이다. 즉 과거는 과거가 아니고 현재와 미래인 것이다. 그 패턴이 완전히 동일하게 나타나는가라는 물음에는 논의의 여지가 있으며 이는 모형위험 혹은 분석위험이라는 형태로 표현된다. 다만 매매주체가 프로그램이든지 혹은 투자자이든지 그 매매습관은 정해진 패턴을 따르는 경향이 강하므로 주가지수가 전혀 새로운 형태로 전이될 가능성은 높지 않다. 즉 그 폭과 세부적인 도출 형태가 변형될 뿐이다.

Extreme Event가 발생하였을 때 과거 동일사례를 통하여 주가등락을 점치는 것이나 혹은 증시 바닥과 상투를 예측하기 위하여 과거 사례를 찾아보는 것도 이런 연유이다. 대충 최고점 대비 40% 이상 하락하였다면 무릎 이하로 떨어졌다고 보는 것이 옳을 것이다. 우리가 투자 혹은 증시역사를 점검해볼 필요가 있는 이유도 이런 맥락에서 출발한다.

이런 논지에서 "무릎에 사서 어깨에 팔아라"라는 오랜 증시격언 속에서 위 질문의 답을 찾을 수 있을 것이다. 과거와 동일한 패턴을 그린다면 과거 사례로부터 어깨와 무릎을 유출할 수 있기 때문이다. 앞서 첫 질문에서 인용한 그림을 살펴볼 경우 최근 진행된 상승장의 무릎수준은 16,000포인트 전후, 어깨수준은 23,000포인트~25,000포인트 사이인 것으로 판단된다. 즉 최고점 대비 40% 이하를 바닥, 55% 전후를 무릎, 75% 전후를 어깨로 보면 된다. 또한 하락장의 끝은 43%~59% 사이에서 형성되는 것으로 나타났다. 이를 현수준에 대입할 경우 14,000~19,000포인트 사이로 볼 수 있다. 또한 과거 평균수준으로 떨어진다면 16,000포인트 전후에서 반등의 실마리를 마련할 것이다.

하지만 기술적 분석 결과만으로 증시향방을 단정하는 우(遇)는 범하지 말아야 한다. 기술적 분석과 정성적 분석 결과가 혼합된 형태로 도출되는 것이 바람직하다. 설혹 기술적 분석 자료가 현상에 더 근접하더라도 항상 그럴 수는 없다. 가능하다면 계량분석 모형도 포함된 삼두마차 형식이 가장 이상적이지만 계량분석의 경우 전문가의 영역으로 결과도출과 해석상의 장벽이 일정부문 존재한다는 단점이 있다. 그렇다고 너무 어렵게 생각할 필요는 없다. 표면적인 사실을 경험과 냉정한 시선을 통하여 통찰할 수 있는 식견만 가진 다면 큰 투자이익은 아니더라도 손실은 거의 없을 것이다. 아직까지 워렌 버핏이 계량모형 혹은 금융모형을 직접 구현해서 투자한다는 소식은 들은 적이 없다.

5. 홍콩 직통차는 도대체 언제쯤 가능할까?

2007년 한 해 홍콩증시를 급격히 밀어올렸던 재료 가운데 가장 파괴력이 큰 것이 바로 홍콩직통차일 것이다. 여기서 홍콩직통차란 중국 본토인의 홍콩증시 직접투자를 의미한다. 하지만 꽃망울을 피워보기도 전에 원자바오 총리가 2007년 11월 초 중지를 발표하였다. 홍콩직통차 중지를 계기로 H지수는 3만 포인트대에서 수직 하락한 결과 현재 2만선도 위협받고 있다. 2007년 하반기 이전 투자자에는 행운의 상징, 그 이후 차이나펀드에 올라탄 이에게는 독배인 셈이다. 그럼 홍콩직통차는 언제쯤 재개가 가능할까? 정확한 시기는 중국 경제 및 금융환경과 원자바오 총리 의중에 달려 있겠지만 홍콩직통차 정책도입과 중지배경을 알 수 있다면 대강의 재개조건과 시기는 점칠 수 있을 것이다.

홍콩직통차 도입배경은 투기자금 유입으로 초래된 유동성 확대와 물가상승 압력을 둔화시키기 위해서이다. 부수적으로 과열국면을 보이던 본토증시 안정화와 투자시장 다변화라는 다목적 의도 역시 잠재하였다. 연구기관마다 추정규모는 다르지만 2007년 말 외환보유고 수치와 직접투자수치를 감안할 경우 중국으로 유입된 투기자금은 1,400억 달러 이상으로 추정된다. 참고로 2008년 6월 상해증권보는 보도를 통하여 핫머니 유입규모를 5,000억 달러까지 전망하고 있다. 부동산, 증시 이외에 환율과 금리 차이를 목적으로 한 투기자금까지 그 유입목적과 통로가 다양해지고 있는 상태였다. 고금리라는 정책적 기조가 표면화되고 있었기 때문이다.

그럼 왜 정책적으로 최선의 카드로 인식될 수 있는 홍콩직통차 조치가 원자바오 총리의 직접 담화라는 형식을 통하여 중단 발표된 것일까! 그 이유는 외환관리국 통제범위를 넘어선 자금 유출에서 찾을 수 있다. 공식, 비공식 통로를 거쳐 본토자금이 홍콩으로 급속히 이동됨에 따라 유통중현금(M0)이 급속히 감소하는 사태가 벌어졌다. 매월 500억 위안 이상 증가세를 보인 M0통화량이 9월 200억 위안으로 증가세가 둔화된 후 10월에는 오히려 700억 위안 감소세로 돌아섰다. 참고로 당시 심천은 중국 전체 순예출액의 과반수를 점하였던 것으로 알려진다. 홍콩직통차를 둘러싼 권력투쟁적 일면도 존재하지만 그건 공식화되지 않은 음모이론 정도로 파악해 두는 것이 적당할 것 같다.

그 중간 과정이야 어떠하든지 국가외환관리국이 벌여둔 일을 원자바오 총리가 직접 수습한 것은 사실이다. 2008년 초 전인대 개막을 계기로 홍콩증권계는 홍콩직통차 문제를 제1안건으로 제출할 것을 강력히 희망하였다. 하지만 물가상승, 거시경제 조정, 폭설문제 등 긴박한 현안이 산적한 상황하에서 홍콩직통차에 눈을 돌리기는 중국상황이 그리 긍정적이지는 못하였다. 또한 주요 기업의 IPO가 마무리된 상황에서 홍콩증시보다는 아무래도 중국증시 안정성이 더 부각되는 것은 어쩔 수 없는 선택이었을 것이다. 자칫 본토증시를 흔들어 놓을 수 있는 안건을 이익단체 간의 합의 없이 다루기는 정치, 사회적 부담도 높았을 것으로 판단된다. 그 후 티베트사태, 사천대지진 등 국내 문제뿐만 아니라 서브프라임 모기지, 고유가 등으로 홍콩직통차 논의는 점차 세인의 관심에서 멀어지고 있다.

그럼 홍콩 직통차 재개조건은 무엇일까? 그 해답은 2008년 3월 중국인민은행장인 조우샤오추엔(周小川) 발표내용을 통하여 유추할 수 있다. 여담이지만 조우샤오추엔(周小川)는 중국인민은행장 임명 이전에 3년 정도 중국증권감독위원회 최고 책임자를 역임하였다. 증권시장과도 상당한 친분을 가진 인사인 셈이다. 조우샤오추엔(周小川)는 2008년 3월 정부공작회의에서 홍콩직통차 관련 질문을 접하고 다음과 같이 대답하였다.

> "홍콩직통차라는 말 자체가 적합하지 못하다고 생각한다. 그 이유는 홍콩직통차라는 말 자체가 홍콩과 중국증시를 대비하여 위화감을 조정시킬 가능성이 존재하기 때문이다. 홍콩직통차는 큰 의미에서 대외투자의 일부분으로 해석될 수 있다. 즉 국내투자 자금은 홍콩뿐만 아니라 일본, 런던, 싱가포르 등 다양한 국가에

투자할 수 있다. 외환보유고를 포함한 중국의 과도한 저축은 국내 투자과열을 야기시킬 수 있어 중국 본토 자금의 해외투자는 그 방향 면에서는 긍정적으로 볼 수 있다. 다만 그 시기는 국제수지 불균형, 대외형세 등을 고려할 필요가 있으며 홍콩직통차 문제에 대한 발언이 증시에 미치는 영향을 고려하여 구체적인 타임스케줄 제시는 적당하지 않다."

위 답변을 통하여 우리가 알 수 있는 사실은 홍콩직통차는 폐지가 아닌 잠정중단이며 그 필요성은 통화당국도 공감한다는 것이다. 또한 재개 조건은 국제금융 경색완화, 원자재 폭등과 고유가 국면 둔화 등을 꼽을 수 있다. 국제수지 불균형은 무역수지 측면이 아닌 자본수지 부문, 정확히는 투기자금 유입규모 확대로 해석할 수 있다. 2008년 6월 현재 투기자금 유입급증에 대한 중국 통화당국의 경고메시지가 흘러나오는 점에 비추어 이 조건은 만족한 것으로 파악된다. 일례로 중국 은행감독위원회는 6월 12일 은행권 금융기관의 외환보증금 거래를 중지한다고 일방적으로 발표하였다. 외환보증금거래계좌 설립을 불허하는 한편 기존 외환보증금계좌 개설 고객의 경우 보유물량에 대한 청산을 제외한 신규 거래를 중지시켰다. 또한 기존 고객도 보유물량 청산을 유도하고 은행권 금융기관에게는 고객수량, 보증금총액, 거래총액, 고객 손익사항 등을 보고하도록 요청하였다. 상기 조치는 외환투자위험 방지라는 표면적 이유를 달고 있지만 심층적으로는 국제투기자금 유입 차단에 더 포커스를 둔 느낌이 강하다. 남은 것은 국제금융시장과 원자재 가격 안정화, 거시경제조절 정책 가시적 성과 확인뿐이다. 상기 문제들이

2008년 한꺼번에 처리될 것 같지는 않다. 다만 올해보다 2009년 홍콩직통차 문제를 협상테이블에 꺼내놓기가 편할 것이다. 2008년 상반기말 현재 1조 8,000억 달러를 초과하는 외환보유고는 이에 대한 명분을 제공해준다.

part_12 홍콩과 중국증시
10가지 주요 이슈

본 장에서는 10가지 주요 이슈들을 중심으로 홍콩과 중국증시를 살펴
보았다. 분석방법은 정성, 정량적 기법이 혼용되어 있다. 계량적 분석
법을 이용하여 이슈들을 파헤친 부문도 있지만 내용은 쉽게 이해될
것이다. 시사성과 전문성을 최대한 균형적으로 배치하려고 노력하였
다. 미시적 조정이 아닌 거시적 흐름은 단기간에 그 구조가 변화되지
않는다. 계량분석이 아닌 통계수치를 통하여 살펴본 내용들은 차후 독
자 스스로 추적하여 보길 바란다. 계량분석 내용은 대체로 중장기 데
이터를 통하여 도출된 결론으로 2009년에도 그 방향은 유효하리라 생
각된다. 그럼 첫 이슈인 '미국 부동산 버블붕괴가 홍콩증시에 미치는
영향'으로 본 장을 시작하도록 한다.

1. 미국 부동산 버블붕괴가
홍콩증시에 미치는 영향

　전 세계적으로 유동성 흐름은 현재 부동산과 주식시장을 거쳐 석유와 곡물로 옮겨간 것 같다. 부동산과 증시버블 붕괴는 이미 현실화 단계로 물밑에서 최저점 확인을 위한 작업이 진행되고 있다. 반면 석유와 곡물부문은 버블로 향한 발걸음을 여전히 지속하고 있는데 2008년 초 배럴당 100달러설이 난무하는 단계에서 상반기로 접어들자 140달러 전후가 현실화되고 있으며 골드막삭스의 경우 200달러 돌파를 점치고 있는 형국이다. 실제 유가가 200달러를 넘볼 경우 석유수출국을 제외하고 몇 개 국가가 버틸 수 있을지 의문시된다. 우리는 골드막삭스 자체가 이익을 추구하는 투자자라는 사실도 염두에 둘 필요가 있다. 독립적인 보고서 제출을 기대하는 것 자체가 순진한 생각일 것이다. 하지만 실제 석유와 곡물의 수급상황이 어떠하든지 투기세력이 존재하는 것은 누구도 부인할 수 없으며 부동산과 증시에서 참담한 손실을 기록한 헤지펀드와 세계 메이저 투자은행들도 그 대열에 한몫 거들고 있는 것 역시 공공연한 사실이다. 그럼 이번 주제인 미국 부동산 버블붕괴와 미국, 홍콩 증시 흐름을 분석해보기로 한다.

[그림1] SPCS20R, 다우존스 그리고 항생지수 흐름

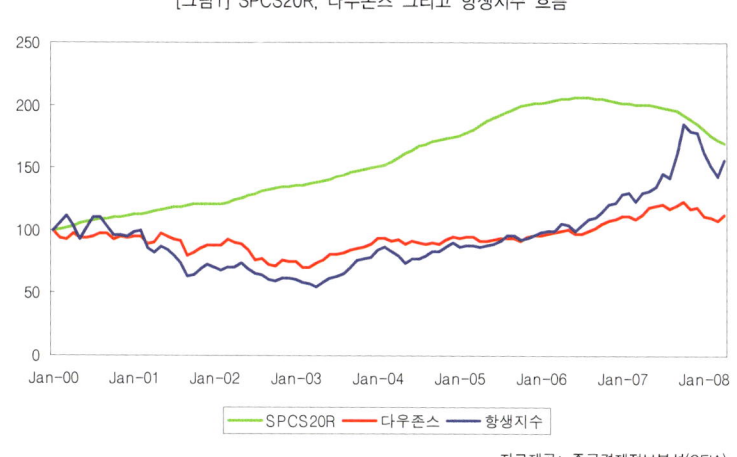

자료제공: 중국경제정보분석(CEIA)

[그림1]은 2000년 1월 수치를 100으로 두고 SPCS20R, 다우존스, 항생지수 흐름을 살펴본 것이다. SPC220R이 2006년 7월 최고점(206.52)에 도달한 후 하락세로 반전한 반면 다우존스는 2007년 하반기에시아 하락 반전한 것으로 나타났다. 부동산 시장 폭락으로 대변되는 경제침체가 증시로 현실화되기까지 1년 정도의 시간이 소

요된 것이다. 흔히 위험을 옆에 두고도 외면 혹은 축소하는 경우가 있으며 이럴 때 종종 모럴해저드가 함께 수반되기도 한다. 참고로 항생지수 역시 다우존스와 거의 비슷한 궤적을 그리고 있는 것을 발견할 수 있다.

한편 동일 데이터로 SPCS20R, 다우존스, 항생지수 간의 상관관계를 추정한 결과 우리는 아래와 같은 결론을 얻을 수 있었다. SPCS20R은 미국 부동산 경기를 살펴보는 지표로 자주 언급되는 것인 수치이다. 한국에서는 S&P 케이스-실러 주택가격지수라고 불리고 있는데, S&P 케이스-실러 20 주택가격지수가 더 정확한 문구일 것이다. 20대 도시가 아닌 10대 도시를 기초로 작성한 지표도 있기 때문이다. 참고로 SPCS20R는 2000년 1월을 100으로 두고 지표를 공포하고 있다. SPCS20R와 다우존스의 상관관계는 0.54 수준으로 상당한 유의성을 가지고 있으며 항생지수 역시 0.49로 높게 도출되었다. 그 이유는 다우존스와 항생지수 간의 높은 동조화 수치(0.93)에서 찾을 수 있을 것이다. 또한 SPCS20R과 다우존스의 상관관계는 다우존스 수치를 선행시킬 때 더 높게 조사되었다. 쉽게 말하면 SPCS20R 1월 수치와 다우존스 1월 수치보다는 SPCS20R 1월 수치와 다우존스 2월수치의 동조화 정도가 더 높으며, 다우존스를 2월, 3월로 변경함에 따라 그 동조화 정도는 한층 강화되었다.

실제 관측치를 살펴보면 1개월 선행은 0.5772인 데 반하여 2개월 선행은 0.6037, 3개월 선행은 0.6284로 추정되었다. 그동안 증시가 부동산 버블이라는 폭탄을 애써 외면한 것을 확인할 수 있는 대목이다. 2008년 4월 SPCS20R가 3월보다 하락한 것으로 조사되었으니 7월 다우존스 지수가 6월보다 떨어질 가능성이 높다고 볼 수 있다. 같은 맥락에서 7월 항생지수는 6월보다는 낮게 형성될 것으로 판단된다. 실제 이런 결과가 나타날지는 장담하기 힘들지만 본 서를 작성하고 있는 현재까지는 유효한 것 같다.

2. 부동산, 증시 그리고 유동성

    2008년 초 중국 지도층은 정부공작보고에서 인위적인 시장개입이 없음을 강조하였다. 하지만 두 달도 지나지 않아 시장개입을 단행한 이유는 무엇일까? 참고로 중국정부의 증시개입은 다양한 형태로 나타났다. 최근 사례를 간략히 살펴보면 다음과 같다. 2008년 4월22일 정치적 마지노선인 3,000포인트를 일시적으로 하회하자 중국정부는 그 다음날 인화세 인하를 전격적 단행하였다. 시장비판을 감안하여 인화세 인하와 같은 눈에 띄는 조치는 현재 취하고 있지 않지만 펀드비준, 펀드운용에 대한 직간접적인 구두개입 등을 통하여 급격한 추가 하락을 방지하는 간접개입은 여전히 진행하고 있다. 부동산 버블심화에 대한 두려움 때문일 것으로 판단된다. 2008년 4월 중국발전계획위원회 주임은 "증시에서 탈출한 자금이 은행이 아닌 부동산 쪽으로 흐르고 있다."고 우려를 표명하였다. 2008년 1분기 중국 70개 중대형도시 부동산 판매가격은 11% 신장된 것으로 나타났다. 특히 토지거래가격은 16.5% 인상된 것으로 집계되었는데, 그중 공업용지는 3.9% 신장에 그친 반면 주택용지는 21.7% 상승한 것으로 나타났다. 부동산 부문만 본다면 긴축정책 효과가 뚜렷하지 않은 상태이다. 현재 진행되고 있는 거시경제조절정책의 핵심은 부동산 부문으로 볼 수 있다. 부동산 시장의 산업파급효과가 크기 때문이다. 만약 부동산 시장이 들썩거리면 2008년 경제정책의 최우선 목표인 물가안정도 더 이상 실현시키기 힘들다고 보는 것이 타당하다. 즉 유동성이 은행은 아니더라도 부동산 쪽으로 스며드는 것은 막아야 할 필요성이 제기된 셈이다.

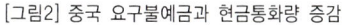

[그림2] 중국 요구불예금과 현금통화량 증감

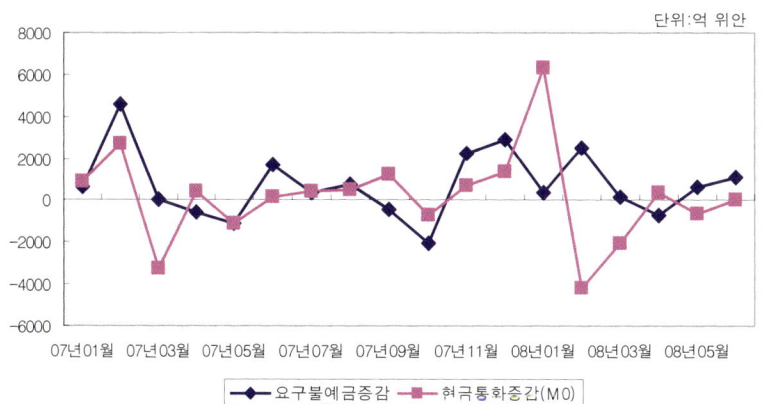

자료제공: 중국인민은행, 중국경제정보분석(CEIA)

[그림2]는 2007년 1월부터 2008년 6월말 기준 요구불예금과 현금통화 증감을 나타낸 것이다. 2007년 5월과 2007년 10월 접점을 보면 요구불예금과 현금통화(M0) 모두 감소세를 나타낸 것을 알 수 있다. 자금이 증시로 이동한 것이다. 2007년 5월은 중국정부가 증시과열 현상을 진정시키기 위하여 인화세를 0.3%로 인상한 때이다. 또한 10월은 중국증시가 최고점을 기록한 달이기도 하다. 2007년 중국정부는 요구불예금과 현금통화 모두 감소세를 보인 시점을 단기고점으로 인식했을 수 있다. 2008년 1월에는 현금통화가 급격히 상승한 반면 요구불예금은 하락세를 기록하였다. 또한 2월은 그 반대의 결과를 보이고 있다. 2008년 초 현금통화량 확대는 춘절을 감안한 조치이다. 중국통화당국은 춘절에 풀린 유동성을 2개월에 걸쳐 급속히 재흡수하는 행위를 매년 반복하고 있다. 문제는 2007년의 경우 풀린 유동성 이상으로 통화를 재흡수하였지만 2008년은 2개월이 걸쳐 진행되었음에도 모두 흡수하지 못하였다.

증시가 아닌 부동산 쪽으로 자금이 흐를 징후가 아닐까라고 우려를 재기할 만하다. 이미 유입된 투기자금도 버거운 현실에서 계속 유입되고 있는 핫머니는 더욱 정책당국을 긴장시켰을 것이다. 중국 내 투기자금 현황에 관하여서는 앞 장에서 이미 확인하였으므로 생략하도록 한다. 다만 2003년과 2004년 유입된 핫머니는 부동산 시장, 2007년은 증시를 주 타깃으로 설정하였다는 점은 기억하도록 하자. 또한 2005년과 2006년에 걸쳐 일부 부동산 자금이 해외로 유출되었지만 자산가치 증대로 여전히 상당한 자금이 존재하고 있다. 2007년 신규 유입된 자금을 합한다면 그 규모는 상상을 초월할 것이라는 사실도 명심하자. 1조 8,000억 이상의 외환보유고에는 핫머니도 함께 묻혀 있는 것이다. 과거의 투기자금 유·출입 패턴을 보면 2008년은 이익실현 세력이 자금을 일부 회수하는 국면이다. 2007년 10월부터 증시가 빠지기 시작하여 지금까진 힘을 받지 못하는 이유도 바로 여기에 있다.

중국정부 입장에서는 기존 유입된 핫머니는 은행과 채권시장 내 대기자금으로 당분간 관리하려는 의도를 2008년 초부터 강하게 어필하였다. 즉 정책적인 면에서 2008년 중국 증시상승을 기대하기는 힘든 형국이다. 중국경제정보분석이 2008년 중국 증시를 관망적 태도로 대한 것도 이런 맥락에서이다. 부동산 시장은 중국정부가 2007년 하반기 이후 구두경고와 함께 제한조치를 지속적으로 내고 있다. 증시와 부동산 시장을 관리하면서 2008년은 베이징 올림픽 준비하려는 의도가 강하였다. 서브프라임 모기지 부실사태로 국제 금융 흐름이 불안정한 것 역시 더 이상 증시에 힘을 실어주기에는 부담이 되었을 것이다. 2008년 초 정부공작보고서에서 공사채 채권 시장을 적극적으로 육성한다는 문구도 이런 배경에 기인한 것이다.

2008년 1분기까지만 해도 불안한 모습을 보이던 중국정부의 의도가 상반기로 갈수록 안정적인 모습을 보이는 것 같다. 중국정부는 작년 5월 증시과열 방지를 위하여 인상한 인화세를 2008년 4월 인상 전 수준으로 되돌렸다. [그림2]을 보면 현금통화 증감액이 (+)선으로 진입한 것을 발견할 수 있다. 유동자금이 부동산과 증시보다는 은행과 채권시장으로 유턴하는 모습을 보이고 있다. 일례로 중국 본토 투기 세력의 대명사, 혹은 중국의 유대상으로 불리는 원

조우(溫州) 투자자들이 2008년으로 접어들면서 보수적인 태도로 전환된 것으로 나타나고 있다. 그들은 이익이 있는 곳이면 투자대상(부동산, 토지, 금, 차, 주식 등)을 가리지 않고 세력 형성 후 매점매석하는 것으로 유명하다. 중국인민은행 상해 총부에 의하면 2008년 1분기 원조우(溫州) 예금액은 1,880억 위안 정도로 연초보다 240억 위안 정도 확대된 것으로 나타났다. 예금증가의 과반수가 정기예금인 것으로 알려지고 있어 투자보다는 안정자산 쪽으로 자금 포지션을 변경시키고 있지 않은가 판단된다. 그 바탕에는 위안화 가치와 금리 인상 조치도 일부 작용하였을 것이다.

2008년 7월 16일 중국발전개혁위원회 발표자료는 이와 같은 추론에 더욱 신빙성을 더해주고 있다. 1분기 11% 신장세를 보이던 중국 70개 중대형도시 부동산 판매가격은 상반기 10.2% 증가로 최종 마무리되었다. 특히 6월 수치는 8.2%로 부동산 가격 하락세가 완연하게 나타나고 있다. 그 동안 베이징올림픽을 재료로 승승장구하던 베이징 부동산 시장에서도 매도자가 매입자가 부담해야 할 거래세를 대납하는 사례도 나타나고 있다. 또한 부동산 개발업체들이 분양가를 10% 이상 다운시켜 판매하는 경우도 감지된다. 상해, 심천에 이어 베이징도 부동산 침체 국면에 빠진 것이다. 부동산 개발 부문은 아직 그 기세를 누그러뜨리지 않고 있지만 거래시장이 침체를 넘어 붕괴국면으로 접어든다면 그 여파를 피하기 힘들 것이다.

2008년 7월말 중국인민은행은 제2분기 화폐정책정책위원회에서 기존 사용하던 '긴축화폐'정책이라는 문구를 제외시켰다. 대신 정책의 연속성과 안정성으로 그 자리를 채운 것으로 나타났다. 2분기 이후 소비자물가지수 상승세가 소폭 둔화되고 있지만 과잉유동성 문제가 여전히 존재하는 상황에서 긴축통화정책 자체를 포기한 것으로 단정하기는 힘들다. 다만 긴축이라는 문구를 사용함으로써 부동산시장과 증시를 직접적인 압박하는 모양새를 회피한 것으로 보인다. 이는 중국 부동산과 증시가 과열을 지나 붕괴로 넘어갈 기미를 보이기 때문이다. 즉 과열도 반갑지 않지만 붕괴는 더욱 피하고 싶은 것이 중국정부 입장일 것이다. 따라서 통화정책에서 '긴축'이라는 두 글자를 제외시키는 한편 이자율 시장화와 이자율 정책효과를 언급함으로써 시장의 과잉 반응을 경계하는 시그널도 함께 보내고 있다.

중국도 앞서 살펴본 미국 부동산 버블 붕괴가 동일한 과정을 겪을 것이며 증시에 미치는 영향 역시 대동소이할 것으로 판단된다. 다만 미국은 2006년 중순, 중국은 그보다 1년 정도 늦게 부동산 버블 문제가 표면화되고 있다는 차이점이 존재한다. 또한 미국과 달리 모기지 대출을 바탕으로 한 신용파생상품 시장이 형성되지 않아 버블붕괴에 따른 2차 위험은 적은 편이다. 다만 모기지대출 부실화 문제로 은행권이 직격탄을 받을 가능성이 높다. 2008년 상반기 주요 은행권 순이익 규모가 전년대비 50% 이상 증가할 것으로 전망됨에도 주가가 침체국면에서 헤어나지 못하는 이유도 여기에 있다.

3. 화폐 유동성과 H지수 흐름

　주가지수를 움직이는 요인은 무엇일까? 밑바탕은 시장가치일 것이다. 하지만 가치를 평가하는 척도는 자금흐름이며, 그 결과가 주가지수의 상승과 하락으로 나타난다. 시장은 그 본질가치를 초과하여 과대 혹은 과소 평가되는 경우가 있다. 왜곡된 가격은 시장 굴곡을 거쳐 균형가격으로 수렴하게 되며 이때 보유 포지션별로 손해와 이익을 얻는 세력이 뚜렷이 나타난다. 투자자의 참여의도가 투기든지 혹은 투자든지 그 행위가 구체화되는 과정에서 자금흐름은 변화하게 된다. 따라서 자금흐름 파악을 통하여 주가지수의 향방을 예측하기도 한다. 기술적 분석의 양대 변수 가운데 하나인 거래량도 큰 의미에서는 자금흐름 규모를 파악하기 위한 도구이다. 거래금액 대신 거래량을 이용하는 이유는 주가지수 수준과 상관없는 절

대적 데이터이기 때문이다. 즉 거래금액과 달리 거래량은 일관된
비교분석이 가능하다.

[그림3] 월별 중국 주요통화지표 흐름

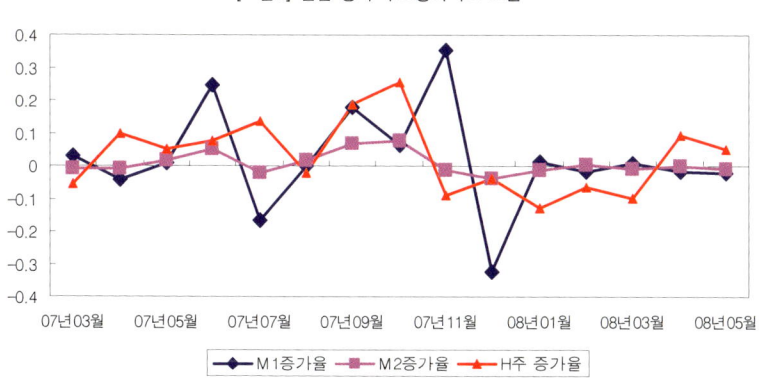

자료제공: 중국경제정보분석(CEIA)

　[그림3]은 2007년 3월부터 2008년 5월까지 홍콩 M1, M2 및 H주
지수 증감률을 나타낸 것이다. M2와 H주 지수 증감률 사이에는 상
당한 유의성을 나타내고 있다. 상관관계는 0.7 수준까지 형성되고 있
다. 동조화 정도가 상당히 뚜렷하다고 인식해도 무리 없는 수치이다.
굳이 통계적 수치를 빌리지 않더라도 시중 유동성이 풍부해지면 주
가가 탄력을 받는 것은 당연할 것이다. 2007년을 유동성 장세라고
부르는 이유도 이와 같을 것이다. 2008년 역시 2007년 하반기만큼
뚜렷하지는 않지만 비슷한 곡선을 그리고 있다. 다만 M1의 경우 유
의성을 찾아보기 힘들며 중립적 관계를 견지하고 있는 것 같다. H지
수 추정을 위해서는 M1보다는 M2가 더 효율적이라고 판단된다. 참

고로 홍콩은 전체 M2의 47% 정도가 외화로 표시된다. 즉 53% 정도가 홍콩통화인 셈이다. 홍콩M2만을 대상으로 H지수 흐름을 분석한 결과 역시 상기의 사례처럼 뚜렷한 동조화를 보이고 있다.

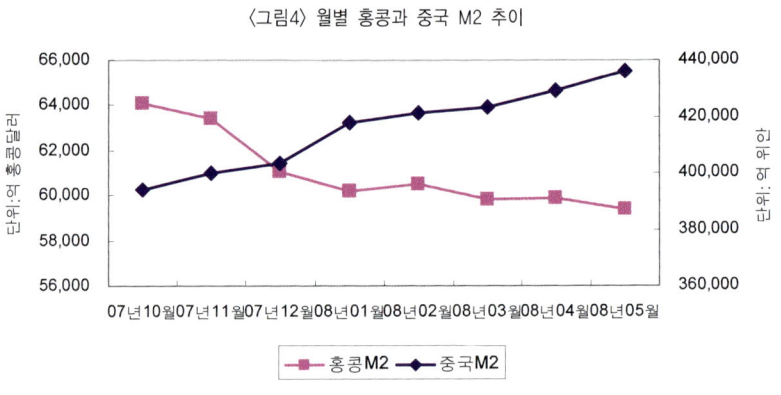

〈그림4〉 월별 홍콩과 중국 M2 추이

자료제공: 중국경제정보분석(CEIA)

[그림4]는 홍콩과 중국 본토 M2 추세흐름을 나타낸 것이다. H주지수흐름을 머리 속에 그리면서 살펴보길 바란다. 10월 이후 홍콩쪽에서는 통화량이 축소되는 데 반하여 중국은 통화량이 증가한 것으로 나타난다. 즉 홍콩증시에 투입된 본토자금이 회수되었다고 볼 수 있다. 다만 홍콩증시에서 탈출한 자금이 중국 본토로 유입은 되었지만 그 자금이 본토증시로 들어간 것은 아니다. 아마 해외투자자(중국 본토 제외)쪽 자금은 투자당사국으로 회수되었을 것이다. 차후에 다룰 주제인 홍콩증시 내 해외투자자 구성표를 참조하길 바란다. 서브프라임 모기지 사태 등으로 해외 기관투자자들의 유동성

충족 욕구가 강하게 작용하였을 것이다. 여기서 한 가지 유의할 점
은 중국 M2 절대치는 자금유출입 변화와 무관하게 꾸준히 증가세
를 보인다는 사실이다. 즉 홍콩투자 자금 유입영향이 아닌 원래 추
세적 흐름일 수도 있다. 분석 결과의 왜곡은 사실 이런 부문에서
자주 발생한다. 그럼 분석기간 연장과 아울러 증감률로 다시 한 번
확인해보자.

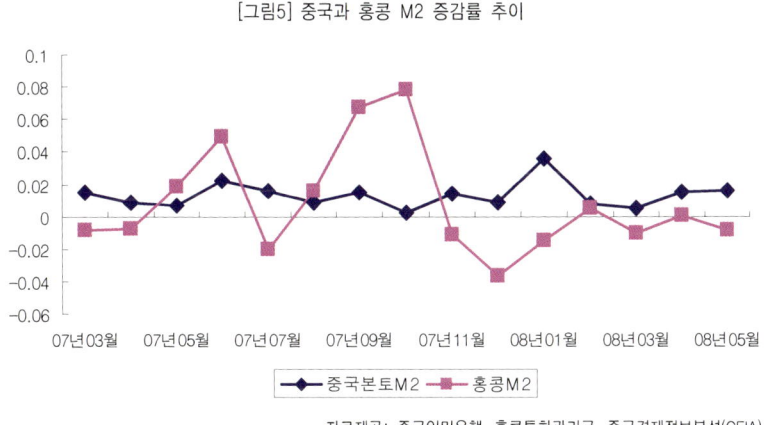

[그림5] 중국과 홍콩 M2 증감률 추이

자료제공: 중국인민은행, 홍콩통화관리국, 중국경제정보분석(CEIA)

[그림5]는 중국과 홍콩 M2 월별 증가율을 나타낸 것이다. 2007
년 3월부터 2008년 5월 증감률 수치만으로 두 변수 간의 상관관계
를 살펴보니 마이너스(-) 0.17로 조사되었다. 작년에는 8월, 10월,
11월 수치, 2008년에는 2월과 5월 값이 마이너스(-) 수치 제시에
상당한 영향을 미친 것 같다. 10월 중국 본토 M2 증가율은 감소세
를 보인 반면 홍콩 M2는 상승세를 기록하였다. 즉 본토자금의 홍

콩유출로 볼 수 있다. 반면 11월은 그 반대의 결과를 제시하고 있다. 2007년 11월 당시 H지수는 홍콩직통차 중단발표를 계기로 붕괴조짐을 나타내었다. 중국 본토 자금이 밀물처럼 빠져났을 가능성이 높다. 이상의 결과를 통하여 우리는 홍콩증시와 자금흐름간의 관계를 일부 파악할 수 있었다. 2007년과 같은 홍콩증시 급상승은 중국 본토 자금유입이 선결되어야 한다는 사실이다. 또한 중국M2 증감률을 통하여 홍콩증시로의 자금이동 징조를 유출할 수 있다는 점이다. 중국M2 증감률이 거의 마이너스(-) 상태에 있다면 이는 국외로 자금이 유출되고 있다고 판단할 수 있다. 통화량 급상승으로 과잉유동성 위험이 가중된다면 2007년 하반기처럼 자금유출 통로 공식화 논의가 일어날 수도 있을 것이다.

4. 차이나 증시와 변동성

　주식시장에서 변동성을 흔히 위험으로 간주한다. 따라서 "미국증시의 변동성이 증대됨에 따라 한국 증시도 요동친다"는 말은 미국증시의 투자위험이 증대됨에 따라 그 위험이 한국 증시로 전이되고 있다는 말과 동일한 의미를 내포한다. 그럼 변동성이라는 개념이 왜 중요한 걸까? 그 이유는 변동성이 위험뿐만 아니라 변화와 수익을 내포하고 있기 때문이다. 또한 변동성은 개별증시별로 그 특성이 조금씩 다른데 이 차이를 안다면 투자전략 수립에 상당한 이점을 가질 것이다. 다른 투자자와 달리 몇 가지 무기를 더 들고 전장에 나서는 셈이며 이는 여러분의 생존가능성을 한층 상승시켜 줄 것이다. 그럼 변동성이 가진 보편직 성질에 대하여 간략히 살펴보자.

4.1 변동성 특징

■ 두꺼운 꼬리

주가 수익률은 고첨도 현상을 나타내는 경향이 강하다. 이 말은 증시가 급락 혹은 급등할 가능성이 일반적인 상황(Normal Situation)보다 자주 발생한다는 것을 의미한다. 여러분이 접하는 분석자료의 대부분은 일반적인 상황을 기초로 작성되었다. 복잡한 이론 혹은 실증적 연구결과를 제시하지 않더라도 경험적으로 이미 이런 사실은 인지하고 있을 것이다. 리서치 자료가 자주 현실과 괴리를 보이는 이유 중 하나다.

■ 변동성군집현상

변동성군집현상은 주가수익률 급등락이 독립적으로 발생하는 것이 아니라 연속적으로 일어난다는 것을 의미한다. 쉽게 말해서 급등장 또는 하락장이 한 묶음으로 발생할 가능성이 높다는 말이다. 멀게는 IMF 당시 증시상황, 가깝게는 서브프라임 모기지 부실사태 혹은 원자바오 총리의 홍콩직접투자 중단발표 당시 중국, 홍콩증시 흐름을 보면 쉽게 이해할 것이다. 또한 단기적으로도 1~2주 정도 상승세와 하락세가 지속되는 것을 심심찮게 발견할 수 있다. 참고로 변동성군집과 수익률의 두꺼운 꼬리는 상호 연관된 현상으로 2008년 4월 23일 인화세 발표라는 Extreme Event로 상해종합지수가 4월 24일 9% 이상 반등하며 두꺼운 꼬리를 만들었으며 1주 정도 상승세를 지속하였다. 상해와 홍콩증시 모두 최근 상승보다는 하락에서 변동성 군집현상을 자주 보이고 있다.

▣ 부채효과(leverage effect)

부채효과는 블랙(black, 1976)에 의하여 처음 제시된 이래로 변동성을 설명하는 주요한 요인 중 하나로 자리잡고 있다. 블랙은 그 유명한 블랙숄즈모형을 통하여 옵션시장의 새 지평을 개척한 경제학자이다. 부채효과의 개념을 간단히 살펴보면, 주가와 변동성 변화 간에 마이너스(-) 상관관계가 존재한다는 것이다. 재무와 영업비와 같은 고정비용들이 이에 대한 부분적인 근거를 제공하고 있다. 기업은 부채와 자산을 보유하고 있는데 만일 자산의 가치가 떨어진다면 부채비율이 상승할 것이다. 기업의 수익이 일정하다면 부채비율 상승은 주가 변동성을 야기시킬 것이다.

▣ 비 거래기간

주식시장이 개장되기 전에 누적된 정보는 개장 후 주가에 영향을 미치게 되는데 만일 정보의 양이 시간에 비례하여 일정하게 축적된다면, 금요일부터 월요일까지의 수익률의 분산은 월요일에서 화요일의 수치보다 3배 높아야 된다는 결론에 도달한다. 하지만 연구결과에 의하면 변동성이 주말이나 공휴일이 겹쳐진 때가 평일보다 더 높게 나타났지만 누적된 정보의 양만큼 그 차이가 크지는 않은 것으로 나타났다. 특히 미국과 홍콩증시 간의 1거래일이라는 지역적 시간차를 감안한다면 변동성이 누적된 정보의 양만큼 그 차이가 크지는 않은 사실은 의미하는 바가 크다.

▣ 예측 가능한 사건

예측 가능한 정보의 공개와 초과 변동성 간에는 밀접한 상관관계가 있는 것으로 알려져 있다. 그 결과 상장회사의 실적공개 전후를 기하여 주가 변동성이 높게 형성되는 경향이 강하다. 예로 환율 변동성은 중앙은행의 과다한 직접개입 또는 거시경제 정보발표 시기에 상대적으로 높게 조사되었다. 한편 변동성은 장중보다는 개장과 폐장 때 상대적으로 높게 나타나는 경향이 있다. 전문 투자자들이 개장 후 1시간 혹은 폐장 전 1시간을 중요시 여기는 이유가 바로 여기에 있다.

▣ 거시경제변수와 변동성

주식시장은 경제상황과 밀접한 관계가 있는 것으로 알려지고 있다. 따라서 산업생산성, 이자율, 실업률 등 거시경제 변수로 주식시장의 변동성을 설명하는 것이 일견 타당해 보인다. 경기침체 혹은 금융위기 발생시 주식 변동성이 급격히 증가하는 데 반하여 경기활황 시에는 오히려 하락하는 것으로 알려지고 있다. 하지만 거시경제 변수 자체의 불확실성이 주식 변동성에 미치는 영향은 그리 크지 않은 것으로 조사되고 있다.

4.2 차이나증시를 통한 사례분석

상기의 기초 개념을 바탕으로 2006년 1월 초부터 2008년 6월 말까지 상해와 홍콩증시 변동성 흐름을 간략히 살펴보기로 하자. 자료는 일 데이터자료를 이용하였으며 한쪽 증시가 휴장인 날 수치는 삭제하여 통일성을 유지하였다. 아래 그림에서 보듯이 2007년 상반기 까지는 상해종합지수 변동성이 항생과 H지수보다 뚜렷이 높게 조사되었다. 하지만 2007년 하반기로 접어들면서 H지수 변동성이 상해종합지수를 월등히 앞섰으며 업종 대표주 중심으로 구성된 항생지수 역시 상해종합지수보다 높게 형성된 구간도 간혹 관찰할 수 있다. 이상과 같은 결과가 도출된 원인은 2007년 하반기 이후 중국 본토 자금유입, 서브프라임 모기지 부실사태, 홍콩직접투자 중지 결정 등으로 홍콩증시의 급등락 주기가 빈번하였기 때문이다.

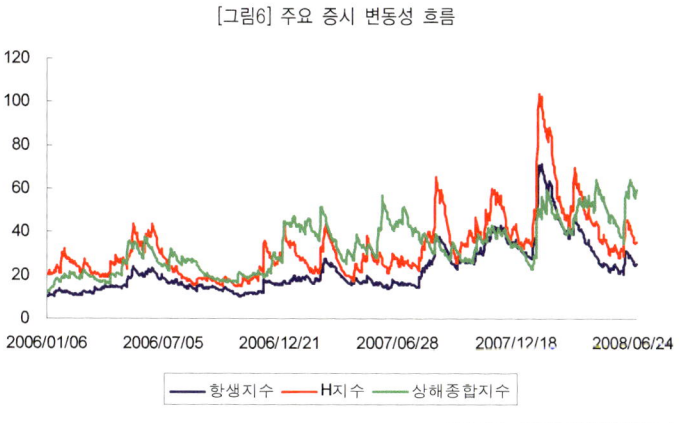

[그림6] 주요 증시 변동성 흐름

자료제공: 중국경제정보분석(CEIA)

중국증시는 내부적 요인에 의하여 좌우되는 경향이 강한 데 반하여 홍콩증시는 내부적 인수뿐만 아니라 서브프라임 모기지, 고유가 등 외부적 인수도 강력한 영향력을 발휘하는 것으로 해석할 수 있다. 그런 연후로 2007년 하반기 이후 급등락 비중이 중국증시보다는 높게 나타난 것이다. 3월 이후 홍콩증시가 단기 반등국면을 보임에 따라 H지수의 변동성이 하락세를 나타내고 있다. 6월 고유가 부각으로 변동성이 재도약하는 모습을 그리고 있지만 연초 80%~100% 수준에 비하면 전반적으로 하향화 추세를 나타내고 있다. 이상의 결과를 통하여 우리는 홍콩증시가 중국증시보다 언제나 안전한 것은 아니라는 사실을 알 수 있었다. 물론 대체로 안정적으로 운영되는 것만은 사실이다. 이는 시장성숙도, 상장회사 질, 시장 참여자 구성 등을 통하여 충분히 유추해낼 수 있는 대목이다. 그럼 그래프가 아닌 수치를 통하여 다시 한 번 상기의 결과를 재확인하여 보자.

[표1] 중국과 한국증시 변동성 추정 결과

개별 지수 변동성 추정				
계수	항생지수	H지수	상해종합지수	코스피
α	0.0852	0.1301	0.0964	0.0732
β	0.9124	0.8678	0.9092	0.9123

α: 단기 정보영향력 β: 장기 정보 영향력, GARCH(1,1)을 통해 도출한 값임.
자료제공: 중국경제정보분석(CEIA)

[표1]에서 보듯이 항생지수는 H지수와 상해종합지수보다 단기정보의 영향력이 낮은 것으로 조사되었다. 여기서 단기정보란 공시, 루머 등만을 의미하는 것이 아니라 일 증시흐름에 영향을 주는 모든 요인을 포함한 개념이다. 반면 장기정보는 추세흐름을 의미한다. 즉 H지수는 항생지수와 상해종합지수보다 단기정보에 더 민감히 반응하며 추세흐름도 불안정하다고 볼 수 있다. 이전의 연구결과에 의하면 다우존스가 항생지수보다 좀 더 장기추세 흐름을 강하게 고수하는 것으로 나타났으며 Nikkei225와 코스피는 단기정보 영향력이 항생지수보다 더 높은 것으로 조사되었다. 또한 B주가 A주보다 단기 정보에 좌우되는 경향이 강한데 그 정도도 한국 코스닥 시장을 능가하는 것으로 조사되었다. 이 말은 B주 시장은 장기 투자자보다는 단기투자자들이 많으며 투자위험도 높다는 것을 의미한다. 따라서 B주 시장에 접근하는 투자자는 단기매매 위주로 투자전략을 수립하는 것이 좋으며 수시로 개별종목 혹은 시장상황을 체크할 필요가 있다. H주지수 역시 B주 수준은 아니지만 단기적 경향이 강하다. 이 말은 차이나펀드 운용사들이 맹목적으로 중장기투자를 고수하기보다는 적절히 단기 전술을 가미하여 미세조정을 할 필요성이 높다는 점을 시사한다. 또한 여러분이 초단기 투자자라면 H지수 포트폴리오는 한국(KOSPI)보다는 좀 빠르게 가져가는 것이 좋을 것 같다. 다른 시장에서는 다른 매매습관이 필요한 법이다.

5. 동조화와 차이나 증시 투자전략

　동조화 설명에 앞서 중국 투자자와 한국투자자의 아침 생활 패턴 차이를 나타내보자. 한국 투자자의 경우 일어나면 제일 먼저 체크하는 내용이 바로 전일 미국증시와 세계경제 뉴스일 것이다. 혹시 미국증시가 폭등 혹은 폭락하지 않았는지, 유가흐름은 어떠한지, 미경제수치와 주요 인사들의 발언 내용은 어떠한지 등등 미국증시 투자전문가와 같은 생활패턴을 매일 아침마다 전체 한국투자자는 하고 있다. 이것이 바로 증시 동조화의 영향력이다. 전일 미 증시 상황을 통하여 곧 개장될 한국증시 흐름을 나름대로 유추하고 오늘의 투자향방을 결정하는 것이다.

　반면 중국 투자자들은 국내뉴스를 우선 점검한 후 CCTV 경제채널, 일간지 혹은 웹 서핑을 통하여 세계경제이슈와 함께 미국과 일본 증시 상황을 체크할 것이다. 미 증시 자체에 대한 관심은 한국보다 크지 않으며 대신 원자재를 필두로 한 실물경제 상황에 더 민감한 반응을 나타낼 것이다. 왜 이른 차이가 발생할까? 그건 중국증시가 자체 요인에 의하여 독립적인 행보를 보일 확률이 크기 때문이다. 즉 외생변수보다는 자체 내생변수 영향력이 큰 것이다.

최근 동조화라는 말이 자주 출현하고 있는데 이는 상관성을 좀 더 대중적으로 사용한 말이다. 쉽게 말해서 미국증시와 한국증시가 동일한 방향으로 움직이면 동조화가 심화되는 것이고 그 반대는 동조화가 저하된다고 볼 수 있다. 동조화 약화현상을 흔히 디커플링(decoupling) 혹은 탈동조화라고 표현하기도 한다. 변동성이 변화를 의미한다면 동조화 혹은 상관성은 관계를 나타낸다. 또한 그 관계는 고정된 것이 아니라 시간의 흐름에 따라 변화하는 시간가변적 성격을 함유하고 있다. 그럼 차이나 증시에 대한 실무사례를 통하여 동조화가 어떻게 여러분의 투자생활에 영향을 미칠 수 있는지 알아보도록 한다.

5.1 동조화 개념

[표2] 주요증시간의 상관관계표(2006년 1월초~2008년 6월말)

구 분	항생지수	H지수	상해종합지수	코스피	다우존스
항생지수	1.0000	0.9061	0.3701	0.6957	0.4694
H지수	0.9061	1.0000	0.4397	0.6566	0.4525
상해종합지수	0.3701	0.4397	1.0000	0.2647	0.1147
코스피	0.6957	0.6566	0.2647	1.0000	0.4607
다우존스	0.4694	0.4525	0.1147	0.4607	1.0000

[표2]는 주요증시간의 상관관계를 조사한 것이다. H지수와 항생지수 상관관계는 0.90 이상으로 거의 동일한 움직임을 나타낸다고 볼 수 있다. 한편 H지수와 코스피의 상관관계는 0.65 정도로 다우존스 수치(0.45)보다 높게 나타났다. 이는 H지수와 코스피 상호간에 영향력보다는 다우존스와의 동조화 과정 속에 동일한 방향으로 움직인 결과로 판단된다. 한편 예상과 달리 H지수와 상해종합지수는 0.44 정도로 조사대상 지수 가운데 가장 낮은 수치를 제시하고 있다. 즉 동시상장 종목들이 H지수에 많이 포진되어 있음에도 중국 본토와 홍콩증시는 타 증시 대비 상대적으로 낮은 동조화 현상을 나타내고 있다. 절대적 수치로는 결코 낮은 값은 아니다.

여기서 우리가 주의할 점은 상기 결과가 수익률을 기준으로 작성되었다는 사실이다. 일반 투자자의 경우 수익률 변화보다는 주가지수 그 자체에 더 눈이 가기 쉬우면 직관적으로 이해하기도 쉽다. 즉 오늘 코스피 지수가 전날 대비 50포인트 올라 2,000포인트를 기록하고 전날 다우존스 지수가 100포인트 올라 15,000포인트를 기록하였다면 우리는 두 시장 간에 강한 동조화 현상이 발생한 것으로 착각할 수 있다. 하지만 실제 수익률 기준으로 볼 때 코스피는 2.6% 상승한 반면 다우존스는 0.7% 상승에 그친 것을 알 수 있다. 이처럼 개별 주가지수 수준 차이로 우리는 시각적 오류를 범하기 쉬우면 마치 동조화가 강화 혹은 약화된 것으로 오해하는 경향이 있다. 만일 동일한 기간 내 주가지수 자체를 대상으로 H지수와 코스피 상관관계를 계산하여 보면 0.6566이 아닌 0.8290으로 나타났으며 상해종합지수와도 0.9405로 상당히 높게 조사되었다. 여러분에게 중요한 것은 수익률이지 주가지수 그 자체는 아니다.

상관관계(동조화)에 대한 파악을 이 정도로 묻어두기에는 부족한 면이 없지 않다. 상관관계도 인간관계처럼 시간에 따라 변화하는 특성이 있다. 간혹 미디어 혹은 증권가 리포트들에서 동조화 관련 내용을 다루기도 한다. 하지만 그 내용 대부분이 추세흐름 그래프와 고정된 상관관계 수치로 설명을 마무리하곤 한다. 즉 [표2]와 같이 전체 구간(본 문에서는 2006년 1월초~2008년 6월말)을 두고 형성된 두 주가지수 간의 관계를 고정된 숫자 하나로 함축한 것이다. 하지만 주가와 변동성이 시간의 흐름에 따라 움직이듯이 상관관계 역시 변화하고 있다. 과거의 관계보다 지금 현재가 투자자에게는 더 중요한 것이다. 이는 [그림7]을 보아도 잘 알 수 있다.

[그림7] H지수와 주요국 지수간의 동태적 상관관계

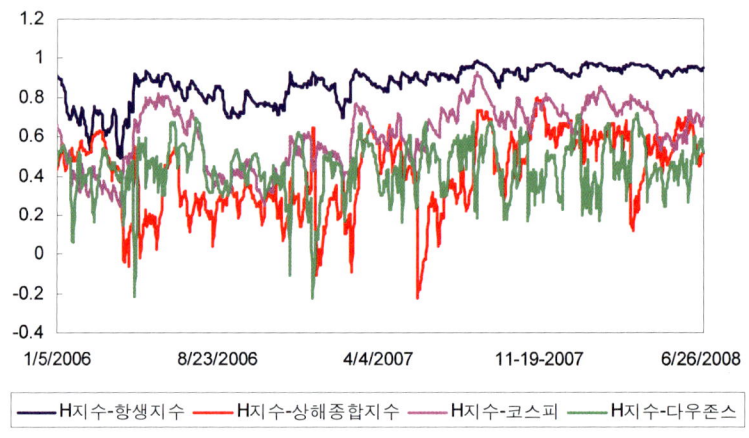

자료제공: 중국경제정보분석(CEIA)

비록 H지수와 상해종합지수가 0.4를 조금 넘는 수준을 유지하고 있지만 2007년 하반기에는 0.6을 넘어 0.8 수준까지 상승한 구간도 찾아볼 수 있다. 반면 2007년 1분기 이전에는 0.4 이하에서 상관관계, 즉 동조화가 형성되고 있었으며 간혹 마이너스(-) 수준으로 떨어진 구간도 발견할 수 있다. 한편 H지수와 코스피는 2007년 상반기 이후 대체로 동조화가 강화되는 추세를 보이고 있다. 비록 5월 동조화가 약간 무디어지는 모습을 잠시 보였지만 2008년 상반기말 현재 0.7 전후로 비교적 높은 수치를 유지하고 있다. 여기서 잠시 짚고 넘어갈 점은 2007년 상반기 이전에는 H지수 - 다우존스의 동조화가 H지수 - 상해종합지수보다 대체로 높게 형성되었지만 그 이후는 그 관계가 역전되었다는 사실이다. 즉 중국증시와의 관계가 한층 더 강화된 것으로 볼 수 있다. 그럼 여러분도 경제지 혹은 리서치 자료를 통하여 간간이 접해본 내용 하나를 [그림8]을 통하여 점검하여 보기로 한다.

[그림8] 상해종합지수와 주요국 지수간의 동태적 상관관계

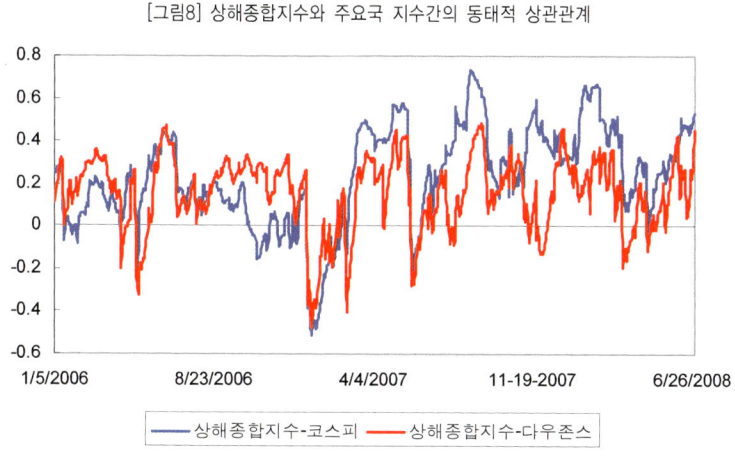

자료제공: 중국경제정보분석(CEIA)

중국증시와 한국증시의 동조화 문제이다. 간혹 한국증시가 상승세로 마감할 경우 그 원인을 중국증시에서 찾는 기사를 흔히 볼 수 있다. 그 원인이 어디에 있든지 결과적으로는 2005년보다는 2007년 두 증시 사이의 동조화가 강화된 것을 [그림8]을 통하여 관찰할 수 있다. 다만 이런 현상은 중국증시 자체의 힘이라기보다는 중국과 홍콩증시 간의 동조화 확대에 의한 결과로 판단된다. 즉 한국과 중국증시는 직접관계보다는 간접 영향권하에 있다고 보는 것이 타당하다. 경제적 유대감 이외에 차이나펀드 열기를 타고 중

국증시에 대한 관심이 고조되고 있어 향후 두 증시관계가 좀 더 직접적으로 변할 수도 있다. 과거와 달리 중국 경제와 금융정보지에서도 한국증시 상황을 간혹 취급하기도 한다. 그만큼 중국증시도 점차 해외인수에 눈을 돌리고 있다는 반증이다.

6. Extreme Event 발생시
중국과 홍콩증시 차이

극단적 사태(Extreme Event)는 추세흐름을 구조적으로 변화시킬 수도 혹은 단기전환만을 이끌어낼 수도 있다. 최근 발생한 구조적 변화의 대표적인 사례가 바로 1997년 IMF사태로 볼 수 있다. 그 이전까지 미국증시가 한국에 미치는 영향은 그리 현저하지 않았다. 하지만 IMF 사태를 계기로 한국증시는 미국과 높은 동조화를 기록하였다. 즉 그 이전과 다른 새로운 형태의 상관관계 패턴이 형성된 것이다. 흔히 상관관계 단절(Correlation Breakdown)로 명명한다. IT버블과 최근 불거진 부동산 버블은 극단적 사태(Extreme Event)가 아닌 예측 가능한 경제문제로 보는 것이 바람직할 것이다. 한편 단기전환을 초래한 경우는 아마 2001년 발생한 9.11테러 사태를 꼽을 수 있을 것이다. 그럼 중국증시는 어떤 경우를 극단적 사태로 인식할까? 짐작하시겠지만 대부분이 정책변화와 연결되어 있다. 인화세 변동, 비유통주 문제, 홍콩직통차 등에서 표면화된 급격한 정책 전환 등을 꼽을 수 있다. 중국증시를 정책시(政策市)라고 부르는 이유도 여기에 있다. 정책과 같은 체계적 요인은 일반투자자뿐만 아니라 기관투자자에게도 상당히 난감한 숙제이다. 포트폴리오 투자(펀드)를 통해서도 위험을 충분히 해소할 수 없기 때문이다. 그럼 정책적 요인이 아닌 돌발적 사태(사천대지진)를 통하여 중국과 홍콩증시 반응상의 차이를 한번 살펴보도록 하자. 정책적 요인이 아닌 돌발적 사태를 사례로 제시한 것은 증시참여자의 시각 차이를 가장 명확히 관찰할 수 있기 때문이다. 인화세 문제는 중국증시에 국한된 측면이 강하고, 비유통주와 홍콩직통차는 두 증시가 모두 민감하게 반응할 사안이기 때문이다.

[그림9] 사천대지진 당시 홍콩과 중국증시 흐름

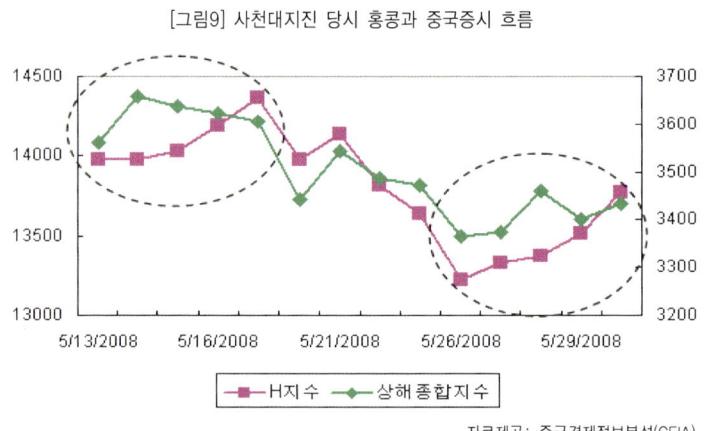

자료제공: 중국경제정보분석(CEIA)

[그림9]를 이용하여 2008년 5월 12일 사천대지진 이후 중국과 홍콩증시간의 반응 차이를 한번 복기해 보도록 하자. 사천대지진 발생 다음날 예상과 달리 본토증시는 큰 요동을 치지 않았다. 대지진과 같은 국가긴급상황에 기관투자자들이 절대 주식시장을 붕괴시키지 않을 것이라는 애국적인 소망도 감지되었다. 실제 그런 모습도 잠시 나타나는 듯하였다. 해외 리포트들도 속속 재건사업과 수혜종목 간의 관계를 부각시키기에 급하였으며 긴축경제 후퇴가능성을 점치는 분위기가 농후하였다. 중국인민은행 1분기 화폐정책집행 보고서가 근거자료로 인용되었다. 1분기 보고서가 물가통제와 화폐영역에만 포커스를 두고 긴축경제 부분은 누락시켰다는 것이다. 경제정책 조정은 국무원 권한임에도 증시는 사전 분위기를 시장친화적으로 유도하려고 노력하였다.

사천대지진 후 첫 영업일인 5월 13일 상해종합주가지수는 1.84% 하락한 반면 H지수는 오히려 2.31% 상승으로 장을 마감하였다. 그 이후 H지수는 19일까지 상승세를 지속한 것으로 나타났다. 5월 14일 상해종합지수는 2.73% 반등을 보이기도 하였다. 비록 5월 19일까지 하락세를 지속하였지만 시장이 큰 의미를 두기는 그 폭이 너무 작았다. 9.11테러사태와 같은 단기돌발악재는 발생 후 1주일이 가장 민감한 시기인데 금번 사천대지진은 오히려 의연한 모습을 나타내었다. 아이러니컬하게도 시장은 일주일이 지난 5월 20일부터 조금 히스테리적 면모를 보이기 시작하였다. 5월 26일까지 상해와 홍콩증시 모두 일주일 정도 하락세를 지속한 것으로 나타났다. 사천대지진이 발생한 시점부터 5월 27일 상승 반전하기까지 홍콩과 중국증시 모두 5.5% 전후로 동일한 낙폭을 그렸다. 왜 시장은 뒤늦게 반응한 것일까 그 원인은 크게 두 가지로 요약될 수 있다.

첫 번째는 시장이 기대하였던 긴축경제 완화라는 소식을 들을 수 없었기 때문이다. 심지어 국유자산관리위원회 주임은 기자회견에서 기존 국유기업 목표치를 고수한다고 발표하였다. 긴축경제 후퇴는 물가상승으로 연결되고 그 여파는 중국 사회 전체로 확산된다. 중국정부 입장에서는 선택의 여지가 없는 사항이다.

둘째는 시각의 차이이다. 해외투자자와 중국정부 시각은 상이하다. 지진 사태발생시 해외투자자는 소비에 주목한 반면 중국은 생산에 초점을 맞추었다. 그 차이로 주요 해외기관 리포트들은 소비촉진을 통한 긍정적인 요인을 부각하게 된 것이다. 소비중심적 세계인 미국과 생산중심인 중국 간에 괴리감이 발생한 것이다. 홍콩증시를 바라보는 소비적 사고를 생산적 개념으로 조금 이동시킬 필요성이 제기되는 대목이다. 참고로 사천지역은 중국 주요 곡창지대로 중국 돼지고기와 곡물생산량의 10%와 9% 이상을 점하고 있다. 중국 전체 GDP 비중은 3.5% 전후에 불과하지만 주민생활과 가장 밀접한 식량문제만은 상대적으로 높은 비중을 차지한다. 특히 곡물가격 폭등으로 물가불안이 가중되고 있는 지금 중국 입장에서는 더욱 속이 쓰린 대목이다.

본 서에서도 누차 언급했듯이 인플레이션은 경제를 넘어선 정치적 문제이다. 중국은 물가불안을 조장할 사천대지진을 소비적 관점에서 바라볼 여유가 없다. 소비적 시각이 홍콩증시를 여전히 주도할지라도 사천대지진과 같은 경우는 생산적 관점에서 접근할 필요가 있다. 홍콩증시를 좌우하는 H주와 레드칩은 중국 본토를 기반으로 하고 있기 때문이다. 결국 소비촉진적 요소는 자취를 감추고 복구비만 청구되고 있다. 시각의 차이만 노출시킨 셈이다.

이 점에서 한국투자자들이 해외투자자들보다 더 유리한 고지를 점하고 있다고 판단된다. 가정이지만 동일 사건이 한국에서 발생했을 경우 소비촉진을 이유로 긍정적인 리포트를 제출할 순진한 분석가들은 없을 것이다. 만약 있다손 치더라도 투자자 스스로 이 리포트에 후한 점수를 주지는 않을 것이다. 한국은 문화적으로 중국과 가깝고 중국이 향후 걸어갈 발자취를 이미 경험하였다. 중국과 홍콩증시에 관한 주요 해외기관 리포트들을 참고할 때 조금은 동양적 관점에서 재해석해 보길 바란다. 시각의 차이가 바로 수익률의 차이로 현실화되기 때문이다.

7. 누가 홍콩증시를 좌우하는가?

    한국증시와 달리 중국증시는 시장 참여자와 관련된 정보 제공에 인색하다. 이는 증권거래소 자체가 회사제로 운영되고 있을 뿐만 아니라 홍콩증시 자체가 자유화를 표방함으로 자금출처 혹은 소유권에 대한 비공개적 태도를 견지하고 있기 때문이다. 증시를 움직이는 주체가 누구인지를 일간단위로라도 파악할 수 있다면 다양한 투자전략 수립이 가능할 것이다. 정보가 부족한 개인투자자 입장에서는 상당히 아쉬운 대목이다. 일반적인 통념상 개인투자자 비중이 높으면 급등락이 빈번하게 이루어지고 추세도 단기적으로 흐를 가능성이 높다고 한다. 매매패턴 측면에서 투자자별로 구분하여 그 특성을 파악할 수는 없지만 개괄적으로나마 개인투자자, 기관투자자, 해외투자자로 나누어 홍콩증시 내 투자자들의 위치와 영향력을 살펴보고자 한다.

[그림10]은 2006년 홍콩증시 내 투자자 점유비율을 그래프로 나타낸 것이다. 그림에서 알 수 있듯이 해외기관투자자가 39% 정도로 가장 높은 비중을 차지하고 있으며, 홍콩기관투자자와 개인투자자는 26% 전후로 거의 비슷한 수준을 유지하고 있다. 만일 여러분이 홍콩에 직접 계좌를 개설하고 주식을 매매하고 있다면 아마 3% 수준인 해외개인투자자로 편입되어 있을 것이다. 다만 한국 투자자 대부분이 증권사 계좌를 통한 간접매매방식을 취함에 따라 해외기관투자자로 편성되어 있을 것이다.

[그림10] 홍콩증시 내 투자자 구성

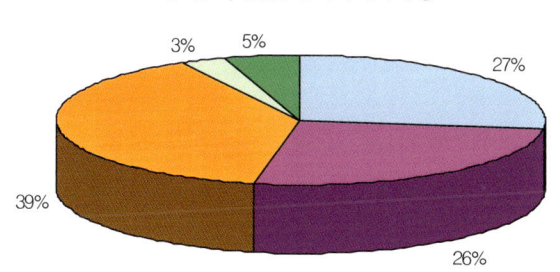

□국내개인투자자 ■국내기관투자자 ■해외기관투자자 □해외개인투자자 ■거래소회원

자료제공: 홍콩증권거래소(HKE) 현금시장 거래 서베이

우리는 상기 [그림10]을 통하여 홍콩과 한국증시가 유사한 흐름을 나타내는 이유를 발견할 수 있다. 2007년 말 기준 한국증시 내 외국투자자 비중은 32% 정도인 것으로 집계되고 있다. 해외투자자

비중이 높음에 따라 시장이 그만큼 외부인수에 좌우되는 모습을 나타내고 있다. 한편 1997년부터 2006년까지 연도별 해외투자자 구성 변화를 살펴보면 [그림11]과 같다. 홍콩증시에 참여하고 있는 해외투자자는 크게 미국, 영국, 유럽 및 그 외 지역으로 나누어 볼 수 있다. 전반적으로 영국의 비중이 축소되는 데 반하여 유럽과 미국의 비중은 확대되고 있는 것으로 나타났다. 2003년부터 싱가포르가 주요 투자자로 부상하고 있으며 중국 역시 5% 이상의 비중을 보유하고 있다. 그에 반하여 경제규모와는 달리 일본은 3% 내외 수준에 불과하며 대만 역시 미미한 수준에 그치고 있다.

[그림11] 홍콩증시 해외투자자 구성

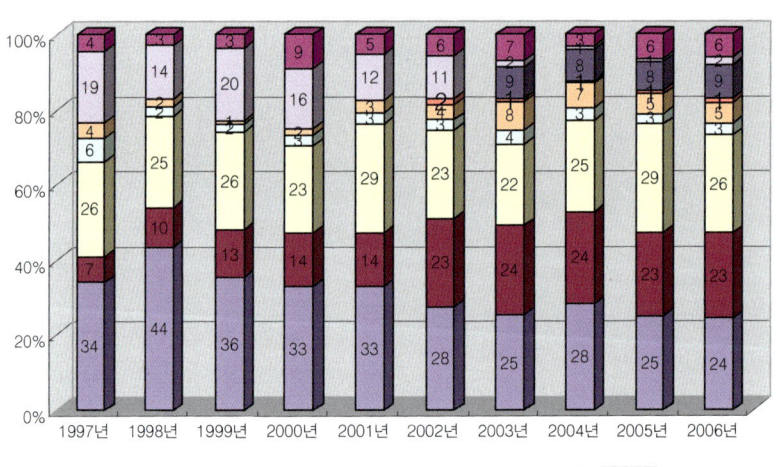

자료제공: 홍콩증권거래소(HKE) 현금시장 거래 서베이

홍콩증시 내 기타 아시아 비중은 2003년 이전에는 10% 이상을 기록하였지만 싱가포르가 따로 독립 계산된 이후 2% 내외에 머물러 있다. 기타는 조세회피지역으로 간주하면 될 것이다. 차이나펀드 투자자들 사이에 한국 자금의 영향력을 과대평가하는 경우가 있다. 15조 원 정도의 차이나펀드 규모는 국제금융시장에 있어 한 줌의 모래에 불과하다. 2007년도 홍콩증시 시가총액은 한국의 2배 이상이라는 사실을 기억하길 바란다. 이상을 자료를 통하여 우리는 홍콩증시 투자자 구성을 간략히 살펴보았다. [그림12]는 2000년부터 2006년까지 홍콩증시 내 사이버 거래비중을 살펴본 것이다.

[그림12] 홍콩증시 내 사이버 거래비중

자료제공: 홍콩증권거래소(HKE) 현금시장 거래 서베이

남색 선은 전체거래 대비 사이버거래 비중을 나타낸 것이고, 분홍색 선은 소매거래를 기준으로 표시한 것이다. 2000년 대비 소매

거래에서 사이버거래가 차지하는 비중이 8배 정도 확대된 것을 확인할 수 있다. 반면 전체 거래 기준으로는 4배 정도 신장한 것으로 나타났다. 기관보다는 개인의 사이버 거래 비중이 높은 편이다. 한국의 사이버 거래비중 60%와 비교할 경우 홍콩시장은 아직 걸음마 단계로 볼 수 있다. 한국보다 기관투자자의 영향력이 그만큼 큰 것이다. 투자전문가라면 이 점을 이용하여 틈새시장을 개척할 수도 있을 것이다.

8. 중국과 홍콩증시
누가 중화권을 대표하나?

　중국경제가 급속히 성장함에 따라 2007년 홍콩과 중국증시에 대한 한국투자자의 투자열기가 고조되었다. 중국증시와의 동조화 가능성 역시 주요 경제뉴스에서 자주 언급되곤 하였다. 코스피 주가지수가 급락할 경우 그 원인 분석을 중국 경기둔화, 상해주가지수 폭락, 차이나 쇼크 등과 연결시켜 설명하는 글들도 나타났다. 그럼 차이나 증시의 파워가 각종 미디어에서 다루어질 만큼 아시아 주요 증시를 좌우하고 있는 걸까? 이 문제에 대한 분석을 우리는 그랜저 (Granger) 인과관계 모형을 통하여 고찰하여 보았다. 참고로 이 모형을 발표한 그랜저 교수는 '공적분(cointegration)'이라고 불리는 새로운 시계열 분석방법을 처음으로 개발한 공로로 2003년 노벨 경제학상을 수상하였다. 분석방법에 대한 설명은 깊게 들어가지 않겠다. 독자 나름대로 본 서에 나타난 결과를 어떻게 투자에 연결시킬지 생각해보길 바란다.

그랜저(Granger) 인과관계 모형에 의하면 보통 확률 값이 0.05 미만일 경우 가설을 기각하는 것으로 받아들인다. 즉 확률 값이 0.05 미만일 경우에 중국증시가 개별증시에 일정한 영향을 미치는 것으로 판단할 수 있다. 학문적인 접근할 경우 영향력이라는 용어 자체가 부적합할 수 있으나 실무적인 관점에서 '영향력'으로 통칭하여도 무방할 것이다. 데이터 이용기간은 2000년 1월부터 2008년 6월까지이며 월평균 주가지수를 사용하였다. 먼저 중국증시가 홍콩, 한국 및 미국증시 변화에 실제 영향력을 미치는지 살펴보기로 하자. 가설은 '중국증시가 개별 증시에 영향을 미치지 않는다.'로 설정하였다. 또한 확률 값이 0.5 미만일 경우 95% 신뢰수준에 가설은 기각된다. 즉 중국증시가 해당 증시에 영향을 미치는 것으로 판단한 것이다.

가설: 중국증시가 개별증시에 영향을 미치지 않는다

[표3]에서 보듯이 상해종합지수는 래그1~래그6, 즉 1개월에서 6개월 홍콩, 한국, 미국 주가지수 변화에 유의한 영향력을 미치지 못하는 것으로 나타났다. 참고로 래그(lag)라는 말은 시간간격으로 생각하면 된다. 즉 당월 중국증시 변화가 그 다음달 홍콩증시변화를 초래하지 못하는 것이다. 한국과 미국 역시 동일하다. 주가지수 그 자체만으로 판단할 때는 일 데이터가 아닌 한 달 평균 데이터라는

[표3] 그랜저(Granger) 인과관계 추정결과

래 그	홍콩 항생지수		홍콩 H지수		한국(KOSPI)		미국(다우존스)	
	F값	확률	F값	확률	F값	확률	F값	확률
1	2.0045	0.1600	0.0000	0.9962	0.1901	0.6638	1.2003	0.2760
2	1.4588	0.2377	0.4171	0.6602	0.0514	0.9499	0.9708	0.3825
3	0.9799	0.4058	0.8073	0.4930	0.9177	0.4356	0.8469	0.4717
4	0.9067	0.4637	1.2182	0.3088	0.7564	0.5564	1.1738	0.3278
5	0.5027	0.7734	0.9462	0.4555	0.7007	0.6244	0.8580	0.5128
6	0.8599	0.5279	1.4027	0.2234	0.5540	0.7655	1.2003	0.2760

점에서 논란의 여지가 충분하다. 하지만 자금흐름이라는 큰 틀에서 볼 때 적지 않는 의미를 우리에게 던져준다. 중국증시가 어떤 형태로 등락하여도 중국증시 자금이 홍콩과 한국증시로 이동되지는 않을 것이라는 사실을 간접적으로 암시한다. 자본 자유화가 공식화되지 않은 중국이기에 언뜻 이해가 되는 부문이기도 하다. QFII의 경우 역시 단기 투자자금 회수에는 일정한 제약이 따른다. 상기 결론이 반드시 옳다고 볼 수는 없다. 분석에 이용된 데이터 수치가 2000년부터 2008년 6월까지로 상당히 길다는 특징이 있다. 최근 현상을 적절히 반영하지 못할 가능성이 존재하는 셈이다.

가설: 홍콩증시가 개별증시에 영향을 미치지 않는다

[표4] 그랜저(Granger) 인과관계 추정결과

래 그	상해종합지수		한국(코스피)		인도		다우존스	
	F값	확률	F값	확률	F값	확률	F값	확률
1	0.4846	0.4880	0.9068	0.3433	3.9270	0.0503	0.5274	0.4694
2	0.3639	0.6960	4.8123	0.0102	2.7021	0.0722	1.9460	0.1485
3	1.3555	0.2614	3.5079	0.0184	4.5058	0.0054	1.5530	0.2062
4	1.1681	0.3303	2.1937	0.0761	2.8251	0.0295	1.3955	0.2420
5	0.8402	0.5249	1.5723	0.1765	2.0391	0.0811	1.7279	0.1368
6	0.8527	0.5333	1.3158	0.2593	1.5329	0.1776	1.3984	0.2251

한편 [표4]는 홍콩증시를 기준으로 타국 증시와의 영향관계를 살펴본 것이다. 이번에는 친디아증시로 편입되어 차이나증시와 함께 여러분의 관심을 불러일으키고 있는 인도증시도 조사대상에 포함하였다. 분석결과 중국과 미국증시는 유효한 범위 내에서 영향을 받지 않는 것으로 나타났다. 하지만 한국과 인도증시는 홍콩증시의 영향하에 있는 것으로 조사되었다. 그 중 한국증시는 래그2와 3에서 인도증시는 래그1과 래그3, 래그4에서 유효한 수치 값을 제시하고 있다. 신뢰수준을 90%로 좀 느슨하게 들고 갈 경우 인도는 래그1에서 래그5까지 모두 유효한 범위로 볼 수 있다.

상기 결과를 이해하는 것이 조금 어려울 수 있다. 간략히 말하자면 홍콩증시 변화를 초래하는 인수는 2개월부터 한국증시에도 영향을 미친다고 보면 된다. 인도의 경우 1개월부터 영향을 미치며 그 관계는 거의 5개월 동안 지속된다고 볼 수 있다. 좀 사고를 확장하여 생각해서 홍콩증시에서 자금이 유출된다면 친디아권으로 같이 편입된 인도 증시에서도 자금이 빠져나간다고 보면 된다. 그 반대의 경우 역시 동일할 것이다. 한국도 비슷한 영향관계에 있다. 중화권을 대표하는 증시는 중국이 아닌 홍콩증시로 결론지을 수 있다.

9. 차이나 증시를 움직이는 요인

증시가 정확히 어떤 내부적 동력에 의하여 움직이는지 규명하는 것은 쉽지 않다. 흔히 중국증시를 정책시라고 한다. 이 말은 주식시장이 정부의 정책에 따라 좌우되는 경향이 강하다는 것을 의미한다. 하지만 정책의 영향을 정확한 데이터로 산출하는 것은 거의 불가능한 작업이다. 따라서 우리는 개별 증시간의 비교검토를 통하여 모호하나마 중국 주식시장을 움직이는 요인을 유추하여 보기로 한다.

금번 단락에서는 크게 두 가지 계량분석 기법을 사용해 보기로 하는데, 그 첫 번째가 요인분석(Component Analysis)이고 두 번째가 요소분석(factor Analysis)이다. 요인분석은 일반적으로 특정 변수(본 서에서는 주가지수를 말함)에 영향을 미치는 수많은 요인들

중 가장 중심이 되는 요인의 개수를 선택하기 위한 것으로 이를 통하여 우리는 주가지수의 변화를 초래하는 요인들의 범위를 대폭 축소할 수 있다. 본 보고서에서는 3개 혹은 4개로 압축할 수 있는 것으로 나타났으며, 3개 요인을 선택할 경우 약 90%의 설명력을 보유하고 있는 것으로 조사되었다.

[그림13] 주요 증시 요인분석 결과

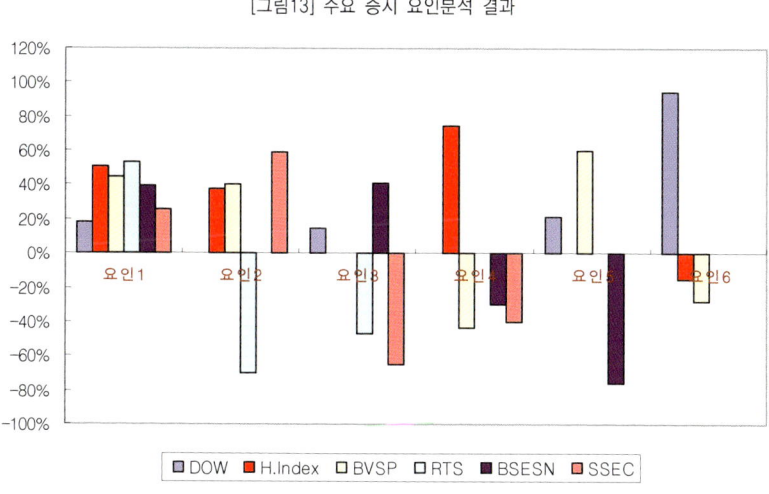

자료제공: 중국경제정보분석(CEIA)

우선 [그림13] 에서 알 수 있듯이 상해종합주가지수는 크게 3가지 요인에 의하여 좌우된다. 그 요인이 정확히 무엇을 나타내는지는 미지수이다. 다만 증시별로 미치는 영향력이 다른 것으로 유추할 뿐이다. 앞서 살펴본 정량적, 정성적 분석방법과 보편적으로 나타난 증시 특징을 감안한다면 분석결과를 훨씬 쉽게 이해할 것이다. 첫 번째 요인과 세 번째 요인이 플러스(+)를 나타낸 반면 두 번째 요인은 마이너스(-)의 영향력을 기록하고 있다. 이에 반하여 항생주가지수의 경우 5개 요인 모두 주가지수 흐름에 영향을 미치는 것으로 추정되었는데, 그 중 1번, 2번, 4번 요인이 플러스(+) 영향을 기록하고 있으며 3번과 5번이 마이너스(-) 수치를 제시하고 있다. 코스피 역시 홍콩과 비슷한 패턴을 나타내고 있으며 3번 요인의 경우 마이너스(-) 값을 나타내고 있다.

그럼 여기서 우리 모두 사고라는 것을 한번 펼쳐보기로 하자. 계량분석 혹은 통계분석도 마지막 단계에서는 기술과 감정적 요인에 의하여 좌우되는 경우가 흔하다. 상해종합주가지수에게는 마이너스(-)의 영향을 미치지만 항생지수 이하 다른 3개의 주가지수에게는 플러스(+)의 영향을 미치는 요인은 무엇을 들 수 있을까? 아마 비체계적 위험(정책적 요인 혹은 투명성)이 아닐까? 그럼 첫 번째 요인은 아마 체계적 요인 중 아시아권 주식시장에서 더 큰 영향력을 발휘하는 요소일 것이다. 세계증시 혹은 미국증시 상황일 수도 있고 혹은 자금 흐름일 수도 있을 것이다. 하여튼 우리는 본 요인분석(Component Analysis)을 통하여 개별주식시장마다 각기 다른 요인들이 잠재되어 있다는 사실을 발견할 수 있었으며 중국주식시장은 그중 좀 특별하다는 점을 새삼스럽게 다시 각인할 수 있었다.

일례로 2007년 6월 국제신용평가사인 무디스가 중국 국가신용등급을 기존의 'A2'에서 'A1'으로 상향 조정하였다. 하지만 국가신용등급 상향조정이 중국 증시에 미친 영향은 거의 없다. 한국증시와 상당히 대비되는 결과이다. 중국 투자자들은 신용등급 자체에 무관심할 뿐만 아니라 증시와 별개로 생각한다. 즉 투자자 입장에서는 사소한 뉴스 이상의 의미는 없는 셈이다. 또한 중국정부 입장에서는 일개 신용평가사가 중국을 평가하는 것 자체를 주제넘은 행동으로 생각하고 있다. 만일 중국이 국제금융시장에 국채, 공사채를 발행할 절박성이 담보되었다면 아마 그 반응은 조금 달랐을 것이다.

　그럼 요소분석(factor Analysis)을 통하여 상기 결과를 재확인하여 보기로 한다. 요인분석(Component Analysis)이 증시에 미치는 요인 개수를 추려내는 것이라면 요소분석은 그 영향요소가 증시별로 어떤 차이를 나타내는가에 더 무게중심을 둔 방법이다. 앞서 브릭스 지역 사례는 이미 확인하였으므로 이번에는 홍콩, 중국, 미국 및 한국증시가 어떻게 다른지 살펴보기로 한다.

[그림14] 주요 증시 요소분석 결과

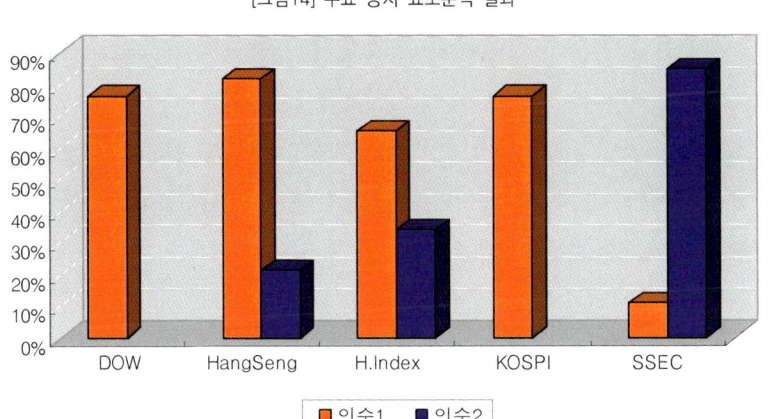

자료제공: 중국경제정보분석(CEIA)

[그림14]는 앞서 요인분석(Component Analysis)과 비슷한 결론을 나타내고 있다. 첫 번째 미지의 인수 1은 모든 증시에 플러스(+) 영향력을 미치고 있다. 그 값은 중국증시를 제외한 모든 곳에서 거의 80%이상을 나타내고 있다. H지수는 항생보다는 상당히 낮은 70% 수준을 유지하고 있는데 이는 인수2의 영향이 아닌가 생각된다. 반면 인수2는 중국과 홍콩을 제외한 증시(미국과 한국증시)에서 영향력을 행사하지 못한다. 즉 첫 번째 인수는 국제금융시장에 공통적인 영향을 끼치는 외적 요인들로 판단할 수 있다. 고유가와 서브프라임 모기지 등을 인수1으로 간주할 수 있다. 한편 두 번째 인수는 중국적 색채가 강한 요인으로 단정할 수 있다. 특히 그 요인은 항생지수보다는 H지수에서 더 높은 영향력을 발휘하였다. H지수가 무엇을 의미하는지 안다면 당연한 결과로 받아들일 수 있다. 인수1을 고유가와 서브프라임 모기지 등으로 구체화시켰다면 인수2는 홍콩직통차와 비유통주 유통해제 정도로 생각할 수도 있다.

차이나증시를 움직이는 요인 그 자체를 파악하는 것이 여러분의 수익률을 배가시킨다고 장담하기는 힘들다. 다만 증시움직임의 차이점을 인식함으로써 정보의 진위 유무를 판단할 수 있을 것이다. 일례로 국제금융시장이 경색 여파로 중국증시 대폭락이 초래되었다는 말에는 큰 비중을 두지 않아도 된다. 고유가 역시 정도의 차이는 있지만 중국증시 폭락의 본질은 아닐 것이다. 중국증시 폭락은 국제금융시장 환경으로 표현되는 외부적 요인이 아닌 자체 동력에 따라 흘러가고 있다. 즉 세계증시를 짓누르고 있는 외부환경 개선이 반드시 중국증시 상승으로 이어지는 것은 아니라는 사실이다.

10. 강세장이 더 높은
수익률을 보장하나?

　"강세장보다는 약세장에서 더 높은 수익률을 올릴 수도 있다"는 고수들의 격언을 여러분은 한번쯤 들어보았을 것이다. 하지만 일반인뿐만 아니라 소위 전문가들조차 이 말을 선뜻 받아들이기는 힘들다. 하지만 개별 증시 혹은 개별주에 따라 이 격언이 현실화되는 경우도 간혹 발생한다. 월 스트리트 저널의 유명한 주식칼럼니스트인 조나단클레멘츠는 "주식시장의 하락이 유쾌한 일은 아니다. 그러나 현명한 투자자들은 약세장을 강세장보다 더 좋아해야 한다. 주식을 싼 가격에 매입할 수 있는 기회이기 때문이다."라는 말을 남기기도 하였다.

　H지수와 다우존스 사례를 통하여 우리는 이 말의 현실성을 검증

하여 보기로 한다. 검증에 사용된 분석방법은 마코프 국면전환모형이라는 계량분석 기법이다. 마코프 국면전환모형에 대한 이론적 접근은 일반인뿐만 아니라 전문가에게도 쉽지 않은 영역임으로 학술적 설명은 제외하기로 한다. 다만 주가지수는 과거가 아닌 바로 현재의 주가에 영향을 받는다는 개념을 토대로 하고 있다. 앞서 살펴본 몬테카를로 시뮬레이션 부문에서도 마코프 개념을 잠시 언급하였다. 국면전환이란 글자 그대로 강세장에서 약세장, 혹은 약세장에서 강세장으로 증시가 이동한다는 것을 의미한다. 이 두 개념을 합치면 마코프 국면전환 모형의 이론적 개념도 그리 어렵지 않을 것이다. 증시국면 전환은 마코프 과정에 따라 이루어진다는 것을 중심에 두고 모형을 설계한 것일 뿐이다. H지수와 다우존스를 통한 실증분석 결과는 [표5]와 같다. 분석데이터는 2000년부터 2008년 6월까지 월 데이터를 이용하였다.

[표5] H지수와 다우존스 국면전환모형 추정결과

주 가 지 수		강세장 평균수익률	약세장 평균수익률	강세장 변동성	약세장 변동성	강-약세장 전환확률	약-강세장 전환확률
H지수	계 수	0.0306	0.0130	0.0588	0.1011	0.0304	0.0273
	표준편차	0.0082	0.0185	0.0063	0.0128	0.0283	0.0339
다우존스	계 수	0.0095	(0.0058)	0.0216	0.0413	0.0318	0.0192
	표준편차	0.0033	0.0064	0.0025	0.0042	0.0267	0.0218

자료제공: 중국경제정보분석(CEIA)

[표5]를 살펴보면 홍콩H주와 다우존스 모두 강세장 수익률이 약세장보다 높은 것으로 나타났다. 즉 강세장이 약세장보다 더 높은 수익률을 보장하는 셈이다. 차이점이라면 H지수는 약세장일 때도 플러스(+) 수익률을 나타내는 것으로 추정된 반면 다우존스는 마이너스(-) 수익률을 그리고 있다. 하지만 표준편차 값이 상대적으로 높아 이 추론의 유의성은 떨어진다. 한편 두 증시 모두 강세장보다는 약세장일 때 더 높은 변동성을 나타내었다. 즉 약세장일 때 투자위험이 강세장보다 2배 정도 높은 셈이다. 한편 강세장에서 약세장으로 전환할 확률이 그 반대의 경우보다 높게 나타났는데 이 역시 계수의 표준편차가 커 유의성은 떨어지는 추론이다. 다만 결과치가 의미하는 것은 나름대로 생각해보길 바란다.

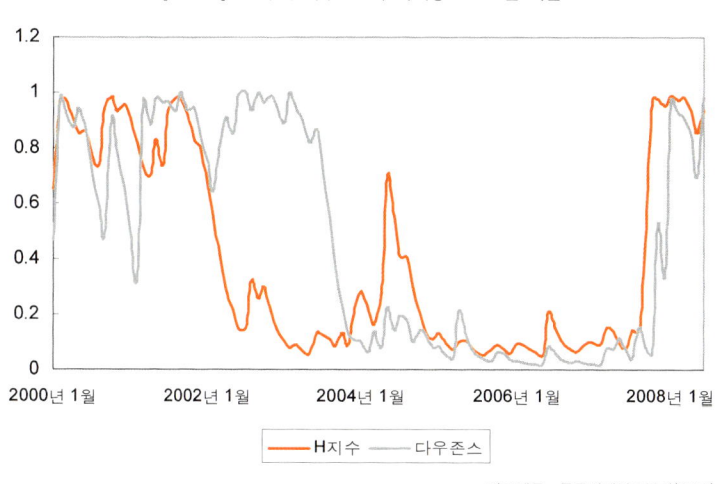

[그림15] H지수와 다우존스가 약세장으로 흐를 확률

자료제공: 중국경제정보분석(CEIA)

[그림15]는 2000년부터 2008년 6월까지 자료를 기준으로 H지수와 다우존스가 약세장으로 흐를 확률을 나타낸 것이다. H지수의 경우 2000년~2001년 말까지 약세장을 보일 확률이 80% 이상을 차지한 것을 분석되었다. 2002년 이후 강세장으로 일부 돌아선 후 2004년 다시 약세장의 모습을 보인 것으로 나타났다. 2005년부터 본격적으로 강세장을 형성하여 2007년까지 거의 3년 동안 상승세를 유지하였으나 최근 약세장 분위기를 강하게 형성하고 있다. 2008년 이후 약세장이 될 확률이 거의 90% 이상을 유지하고 있는 셈이다. 반면 미 증시는 2004년을 기점으로 강세장과 약세장이 명확히 구분되고 있다. 다만 2008년으로 접어들면서 홍콩과 동일하게 약세장 기운을 강하게 풍기고 있다. 과거의 흐름을 보았을 때 최근 지속되고 있는 약세장 국면이 단기로 그칠 가능성은 높지 않아 보인다.

부록

펀드의 이해

1. 펀드란

펀드(Fund) 또는 기금(基金, 특히 중국의 경우 기금으로 부름)은 원래 신탁 재산을 일컫는 말이었지만 요즘은 투자를 대행해 주는 투자신탁 금융상품으로 통칭된다. 자산관리 전문가는 국내 또는 해외 자산(주식, 채권, 부동산, 외환상품 등)에 분산 투자하여 발생된 이익금을 펀드 가입자에게 되돌려 준다. 즉 운용 실적에 따라 이익이 발생하면 이익을, 손실이 나면 손실을 돌려주는 구조를 가지고 있기 때문에 '실적배당형 상품'이라고 부른다. 대표적인 상품으로는 단기금융 상품에 투자하고 그 수익을 고객에게 돌려주는 펀드인 MMF(Money Market Fund)와 주식시장에 투자한 후 그 수익을 배분하는 뮤추얼 펀드(Mutual Fund, 중국은 증권투자기금으로 명칭함) 등이 대표적이다. 펀드는 투자상품으로서 예금 자보호법 대상에 해당하지 않는다.

2. 펀드 투자의 장점

▣ 전문가가 펀드를 운용한다

직접 좋은 투자대상을 발굴하여 고수익을 얻을 수도 있지만 요즘과 같이 금융환경이 복잡해지고, 기법이 다양해진 투자환경에서 초보 투자자가 전문가 그룹을 넘어서기는 힘든 것이 현실이다. 펀드에 투자하게 되면 뛰어난 금융전문가가 전문적인 조직과 인력을 토대로 좋은 시스템을 구비하고 더 많은 시간을 투자해 운용하여 주기 때문에 금융 비전문가들도 전문가의 머리와 손과 발을 빌려 투자를 할 수 있다는 장점이 있다.

▣ 소액으로도 분산투자가 가능하다

직접 투자를 하는 개인이 10개 이상의 종목에 투자하는 것은 어려운 일이다. 반면 펀드에 가입한 사람은 동시에 10개 이상의 종목을 사는 것과 같은 효과를 얻게 된다. 또한 펀드에 따라 주식뿐만 아니라 채권, 부동산, 실물 등 다양한 투자처에 투자할 수 있는 기회도 얻을 수 있다.

▣ 공동투자가 가능하다

펀드는 불특정 다수의 투자자들로부터 모집한 공동기금을 전문적인 투자기관이 운용함으로써 거래비용을 감소시킬 수 있고 자산운용의 효율성을 증대시키는 효과를 가져다준다.

▣ 위험 수위에 따라 투자를 선택할 수 있다

펀드는 투자 대상이나 스타일에 따라 매우 다양한 위험도의 상품을 판매하고 있다. 투자자는 본인의 위험수용 정도에 따라 펀드를 선택할 수 있는 기회를 갖게 된다.

3. 적립식 펀드의 장단점

　펀드는 불입방법에 따라 목돈을 한꺼번에 투자하는 '거치식 투자'와 정기적으로 나눠서 투자하는 '적립식 투자'가 있다. 2004년부터 활성화된 적립식 투자 펀드는 '매입단가 평준화 효과'로 인하여 초보 투자자들에게 큰 인기를 끌었다. 참고로 매입단가 평준화 효과에 대하여 간략히 설명하면 다음과 같다. 주식형 펀드에 3,000만 원을 투자한다고 가정하여 본다. 주가 10만 원인 주식 300주를 매입 후 그 다음달 5만 원 떨어졌다가 다시 10만 원으로 재상승하였다고 가정해 보자. 투자 후 3개월이 된 시점에서 이 펀드 수익률은 0%(300주×10만원=3,000만 원)가 된다. 하지만 3,000만 원을 3개월로 나눠 투자한다면 어떻게 될까?

　주가가 10만 원일 때 1,000만 원(100주), 5만 원일 때 1,000만 원(200주), 다시 10만 원이 될 때 1,000만 원(100주)을 투자하였다면 총 400주를 매입할 수 있다. 주가가 10만 원으로 마감하였다면 여러분은 1,000만 원의 초과 수익을 얻을 수 있다. 이런 효과를 코스트 에버리지 즉, 평균매입단가를 하락시키는 효과라고 부른다.

　투자전문가들도 정확한 고점과 저점을 예측하기는 거의 불가능하다. 초보투자자들은 말할 필요도 없을 것이다. 초보 투자자들에게 적립식 펀드를 추천하는 이유도 바로 여기에 있다. 상기 사례처럼 여러 시점에 나눠 분산투자를 함으로써 투자 위험을 다소 감퇴시키는 효과를 볼 수 있다. 다만 시장이 계속해서 상승세를 보인다거나 장기간 하락을 지속한다면 적립식 펀드가 거치식 펀드보다 불리해질 수도 있다. 활황세가 지속된다면 매입단가는 계속해서 상승하기 때문이다. 반면 하락세를 지속한다면 비록 매입단가는 낮아지겠지만 그 투자가치 역시 동반 하락할 것이다.

상기 논리에도 불구하고 판매사들이 3년 이상 적립식 펀드에 투자하길 권유하는 이유는 기존 경기흐름을 살펴봤을 때 우리나라는 3년 정도 주기로 움직이는 경향이 강하기 때문이다. 또한 펀드가입 이후 시장이 계속 하락세를 보인다 하더라도 3년 정도 투자한다면 다시 회복될 기회를 얻을 수도 있기 때문이다. 적립식 펀드와 이 거치식 펀드 모두 장단점이 존재한다. 사전에 투자형태에 대한 정확한 이해를 바탕으로 펀드투자에 임하는 것이 현명한 선택일 것이다.

4. 펀드의 구조

자산운용회사, 판매회사, 수탁회사, 사무관리회사, 채권평가회사, 펀드평가회사 등이 모두 펀드와 직간접적으로 관련이 있는 회사들이다. 투자자가 은행이나 증권회사, 보험회사 등 펀드 판매회사를 통해 펀드에 가입하게 되면 해당 신탁재산은 은행이라는 수탁회사에 보관된다. 이 자금은 은행이 가지고 있는 다른 돈과 섞이지 않게 분리 보관되며, 은행에서 임의로 사용할 수 없다. 이렇게 은행에 맡겨진 자금은 자산운용회사의 운용지시에 의해서만 사용될 수 있다. 예컨대, 자산운용회사가 수탁회사에 모 회사 종목을 사라고 지시를 한다면 수탁회사는 그대로 이행하여야 한다. 그러나 운용지시가 법률을 위반하는 등 정상적인 운용행태라고 보기 힘들 때에는 수탁회사는 시정을 요구하고 그 운용지시를 따르지 않을 수 있다. 즉 수탁회사는 펀드가 적정하게 운용되고 있는지를 감시하는 의무도 갖고 있다.

펀드수익의 가장 본질적인 역할을 하는 회사는 펀드 운용 권한을 갖고 있는 자산운용회사이다. 그리고 자산운용회사의 운용지시에 따라 수탁회사가 각종 자산에 투자를 하면 사무관리회사라는 곳에서 이들 자산에 대한 가치를 기준가로 계산해 준다. 펀드는 자산운용회사, 판매회사, 신탁자금을 보관·관리하는 수탁회사, 회계업무처리를 하는 일반사무관리회사가 기본골격을 이루고 운용되고 있다. 그 외 펀드 성과를 다양한 분석방법을 통하여 객관적으로 평가해 투자자의 투자결정에 도움을 주는 펀드평가회사도 존재한다. 펀드투자에 있어서 이렇게 다양한 구성원과 절차가 필요한 고도의 전문성과 운용에 대한 감시기능이 필요하기 때문이다.

5. 펀드의 종류

현재 시중에서 판매되고 있는 펀드는 그 종류가 매우 다양하다. 주식펀드, 채권펀드, 섹터펀드, 재간접펀드 등 그 유형뿐만 아니라 그 명칭마저도 복잡다단하다. 여러분이 펀드를 선택하기가 그 만큼 힘든 셈이다. 따라서 펀드에 투자하기 앞서 펀드 종류에 대해 대략적인 지식은 알아 둘 필요가 있다. 우선 펀드 종류는 투자대상과 투자스타일, 투자지역, 운용전략 등으로 구분하여 살펴볼 수 있다.

펀드는 어디에 투자를 하느냐에 따라 크게 주식펀드와 채권펀드로 나누어진다. 그리고 주식과 채권 비율에 따라 혼합형 펀드로도 구분된다. 하지만 최근에는 주식이나 채권이 아닌 제3의 투자 대상을 선택하는 대안펀드들도 속속 등장하고 있다. 투자자산 대부분을 주식에 투자하는 성장형 펀드라도 모든 펀드가 동일하지는 않다. 사람이 저마다 다른 개성과 스타일을 가졌듯이 펀드도 서로 다른 스타일을 갖고 있다. 성장주에 주로 투자하는 펀드가 있는 반면, 가치주에 투자를 하는 펀드도 있으며 대형주를 선호하는 펀드가 있는가 하면 중·소형주를 좋아하는 펀드도 있다. 흔히 '투자 스타일'이라고 부른다. 주식 편입 비율이 똑같이 높더라도 투자스타일에 따라 그 성과는 크게 차이가 날 수 있다. 시장 흐름에 따라 성과가 나타나는 패턴도 매우 다르다. 또한 투자지역이나 운용전략, 펀드의 쓰임새나 세제 혜택 등에 따라 더욱 세분화될 수 있다.

투자대상	주식/채권/혼합/MMF/파생상품/부동산/실물자산/특별자산
투자스타일	가치/성장, 대형/중소형, 고등급/저등급, 단기/장기
투자지역	국내/해외
운용전략	액티브/패시브
간투법상 유형	증권/파생/부동산/실물/단기금융/재간접/특별자산
	ETF/종류형/전환형/모자형/기업구조조정형/기업인수형/PEF
타법규제펀드	금전신탁/변액보험/REITs/랩어카운트/SOC/선박

6. 펀드의 가입과 환매

■ 펀드 판매사

펀드를 판매하는 판매사는 크게 은행, 증권사, 보험사 등이 있다. 현재까지는 은행이나 증권사에서 판매되는 비중이 가장 높다. 최근 보험사의 펀드판매가 허용되었지만 아직 초기단계라 그 비중이 그리 크지 않은 상태이다. 판매사는 말 그대로 펀드를 판매해주는 회사로 서비스적 차이는 발생할 수 있지만 펀드 내용에 영향을 미치는 것은 아니다. 즉 상이한 판매사에서 가입한다고 펀드 자체가 크게 달라지는 것은 아니다. 다만 상담이나 컨설팅 질에서의 차이는 있을 수 있다. 그 외 요인도 발생할 수 있을 것이다. 예로 은행을 통해 가입한다면 주거래 은행 내 고객 신용도에 도움이 될 수도 있을 것이고 수수료 혜택 등을 받을 수도 있다. 반면 증권사에서 펀드를 가입하게 되면 은행보다는 좀 더 심층적인 상담을 기대할 수도 있을 것이다. 그리고 창구가 아닌 인터넷 뱅킹이나 증권사 홈트레이딩 서비스(HTS) 등을 통하여 가입할 수도 있다. 온라인 가입은 직접 방문해도 되지 않는 편리함과 더불어 펀드 수수료 할인도 예상할 수 있다. 다만 펀드 초보투자자의 경우 가입대상 펀드가 어떤 위험성이 있는지, 어떤 식으로 운용되는지, 수수료는 얼마인지 등 상품 전반에 대한 정보부족 현상이 초래될 수 있다. 따라서 직접 상담을 받지 못하는 경우에는 펀드의 투자설명서나 약관을 꼼꼼히 살펴볼 필요가 있다. 창구에 직접 찾아가서 가입하실 경우에는 펀드에 가입하기 이전에 창구에 자리하고 있는 전문가에게 충분히 설명을 듣고 가입하는 것이 바람직할 것이다.

▣ 미성년자 거래

최근 초등학생에서부터 고등학생에 이르기까지 청소년들의 경제에 대한 관심이 부쩍 높아지고 있다. 경제교육은 어렸을 때부터 체계적으로 받는 것이 중요하다는 점에서 긍정적인 시각으로 바라볼 수 있다. 금융거래에 있어서 연령의 벽은 없다. 당연히 펀드 거래에도 연령 제한은 두지 않고 있다. 다만 다른 금융거래와 동일하게 미성년자는 혼자서 법률적인 행위를 할 수 없으므로 부모 등 법정대리인을 통해서 미성년자 실명으로 거래행위를 하여야 한다. 주민등록증이 발급되지 않은 학생은 학생증으로 실명확인을 하고 금융거래를 할 수 있다. 여기서 금융거래란 은행에서 예금을 하거나 증권회사에서 주식을 사고팔거나, 또는 은행이나 증권회사에서 펀드를 사고파는 모든 거래를 일컫는다. 참고로 투자금액은 미성년자는 5년간 1,500만 원 내에서만 증여세가 면제되므로 1,500만 원 이내에서 거래를 하면 특별한 제약은 없을 것이다.

▣ 환매

펀드에서 환매란 투자한 금액을 현금화하여 다시 회수하는 행위를 말한다. 여기서 펀드에 가입한 후 약정된 기일이 지나기 전에 너무 일찍 환매를 하게 되면 벌금을 물게 된다. 이를 환매수수료라고 한다. 환매수수료 제도를 만든 이유는 잦은 자금유출입을 사전에 방지함으로써 펀드 운용의 안정성을 도모함과 동시에 환매 청구에 따른 유가증권 매각으로 발생할 손실위험을 잔류 투자자들에게 보상하기 위한 것이다. 그래서 환매수수료는 다시 펀드로 재유입된다. 이런 환매수수료는 대부분 가입 후 90일로 제한하고 있으며 '이익금의 00%'라는 식으로 정의된다. 하지만 이 기간 내에 손해를 보고 있으면 환매수수료를 내지 않고 언제든지 투자자금을 회수할 수 있다. 그리고 세제혜택 등이 부과되는 펀드나 채권형 펀드의 경우 90일이 아니라 최장 5년까지 환매수수료를 부과하는 펀드들도 존재한다.

▣ 펀드 수익률 계산

돈을 벌기 위해 투자했다면 돈을 얼마 벌었는지 계산할 줄도 알아야 한다. 투자원금 대비 늘거나 줄어든 돈의 크기를 수익이라고 한다. 예를 들어 100만 원 투자했는데, 20만 원의 이익이 생겼다면 수익률은 20%가 된다. 반대로 100만 원이 80만 원이 됐다면 마이너스(-)20%의 수익률이 발생한다. 펀드에서 수익률을 계산하는 가장 간단한 방법은 기준가격으로 계산하는 것이다. 기준가격은 펀드의 가치라고도 부른다. 펀드 가치가 오르면 기준가격이 오르고, 펀드 가치가 내리면 기준가격도 내린다. 따라서 찾을 때의 기준가격에서 가입 시의 기준가격을 뺀 만큼이 이익의 크기가 되며, 이를 수익률로 나타내면 다음과 같다.

$$(환매시\ 기준가/가입시\ 기준가\ -1) \times 100$$

일반적으로 변동성이 작으면서 꾸준히 이자를 쌓아나가는 채권형은 연환산 해서 수익률을 보여주는데, 해당 투자기간 동안의 수익률에 (365/투자일수)를 곱하면 된다. 그러나 이러한 수익률 계산법은 투자자들이 실제로 번 돈의 크기와 다를 수 있다. 예를 들어 간략히 살펴보도록 한다.

주식시장에 연동하는 펀드A의 기준가가 1일에는 1,000원, 10일에는 1,200원, 20일에는 900원, 31일에는 1,100원으로 매우 크게 변했다고 가정한다. 이럴 경우, 한 달간 펀느A의 수익률은 10%(1,100/1,000-1)가 된다. 그런데 투자자가 1일에 100만 원을 입금하고, 주가상승에 기뻐한 나머지 10일에는 이보다 더 많은 1,000만 원을, 20일에는 주가하락 실망으로 100만 원만 입금하였다면 이 투자자의 수익률은 어떻게 될까? 펀드 수익률은 10%이지만, 총 1,200만 원을 투자한 것에 대한 수익률은 -4.26%이다. 이 수익률은 다음의 산식을 통하여 도출되었다.

100만 원×(1,100/1,000−1) + 1,000만 원×(1,100/1,200−1) + 100만 원×(1,100/900−1) = 약 1,149만 원, 1,200만 원 − 1,149만 원 = 약 51만 원 손실

상기 결과는 주가가 낮을 때는 돈을 적게 넣고, 주가가 많이 올랐을 때는 돈을 많이 넣었기 때문이다. 결과적으로 주가하락에 영향을 받은 돈이 더 많았던 것이 펀드수익률은 좋은데 투자자 수익률은 나빠진 원인이 되었다. 이런 결과는 투자시점뿐만 아니라 투자시점마다 투자하는 투자금액의 크기도 중요하다는 것을 말하여 준다. 주가가 떨어졌을 때에는 더 많은 돈을 넣고, 주가가 상승했을 때에는 더 적은 돈을 넣는 것이 유리하다고 볼 수 있다. 문제는 지금 주가가 과소평가되었는지 혹은 과대평가 되었는지 누구도 단정할 수 없다는 사실이다. 주가의 움직임을 알 수 없기 때문에 정액적립식처럼 똑같은 금액을 정기적으로 불입하는 것이 오히려 주가수준을 섣불리 예측하고 투자금액의 크기를 조절하는 것보다 유리할 수 있는 것이다.

7. 해외 펀드 투자 유의사항

▣ 환 헤지

해외 펀드투자에 있어 가장 큰 변수 가운데 하나가 바로 환율이다. 투자 지역이 전 세계에 걸쳐 있는 글로벌 펀드라면 펀드를 구성하는 통화가 다양해져 환율 변동으로 인한 효과를 서로 상쇄시킬 수 있다. 그러나 특정 국가에 투자

하는 펀드라면 해당국의 통화가치가 다른 통화와 관련해 하락하거나 상승해 투자가치에 영향을 미치게 된다. 그래서 펀드 운용에서는 이익이 났는데 환매를 하고 나면 손실이 나는 경우도 때때로 발생한다. 이런 변동을 사전에 회피하기 위하여 외화와 국내통화의 교환 비율을 미리 확정하는 계약을 맺는데 이를 환 헤지라고 한다. 환 헤지 계약은 펀드 가입과는 별도의 계약으로 이루어진다. 환 헤지 계약은 보통 1년이나 6개월 단위로 이뤄지기 때문에 1년이 지나면 따로 연장해야 하는 불편함이 있다. 또한 펀드 운용에 들어가는 비용과 별도로 환 헤지 비용을 따로 감수해야 한다.

보통 환 헤지는 외국법에 의해 만들어진 역외펀드에 가입시 해당이 되고 보통 역내 펀드의 경우 펀드의 운용 과정에서 미리 환율 변동 위험을 없애기 때문에 별도의 환 헤지 계약을 맺을 필요는 없다. 하지만 최근 환 헤지를 하지 않는 펀드들도 존재하기 때문에 이 부문을 유심히 살펴볼 필요가 있다. 환차익은 사실 펀드 운용에 있어서 위험일 수도 있지만 기회가 될 수도 있다. 양날의 칼과 같은 것이다. 기본적으로 해외주식투자 펀드는 그 나라의 성장성에 투자하는 것이며 그 나라의 화폐 가치 역시 경제와 함께 성장하게 된다. 환율 하락이 해당 국가의 경기부진 전망에서 비롯되었다면 해당 지역 주식펀드 수익률 전망 또한 밝지 않을 것이다. 이때는 투자 자체를 재검토해야 한다. 만일 해당통화 가치가 상승할 것으로 예상되는 경우에는 펀드 운용수익에 환차익까지도 기대하여 볼 수 있다.

▣ 해외펀드 투자시 세금

최근까지는 국내에서 판매되는 모든 해외펀드에 대해서 수익에 대해서 이자소득세 및 배당소득세를 부과했지만 2007년 6월 1일부터는 역내설정 해외펀드에 대해 2009년 말까지 한시적으로 주식매매차익에 대해서는 비과세 혜택이 주어졌다. 단, 6월 1일 이전에 발생한 주식매매차익에 대해서는 기존과 동일하게 과세가 된다. 비과세 적용 대상은 '국내법에 의해 만들어진 펀드가 투자한 외국 증시 상장 주식의 양도 및 평가 차익'으로 국한되고 있어 외국법에 의하여 만들어져 수입 판매되는 펀드인 역외 펀드는 대상 자체에서 제외된다. 역외 펀드에 다시 투자하는 해외펀드 역시 비과세 대상은 아니다. 해외 펀드가 투자한 자산이 비록 외국 증시에 상장된 금융상품이라도 현물 주식이 아닌 지수선물 등 파생상품, 상장지수펀드(ETF), 리츠(REITs. 부동산투자펀드) 등의 시세차익은 모두 세금이 부과된다.

예를 들어 설명해 보자. 국내 상장 주식 및 ETF, 외국 상장 주식, 비상장 외국 주식, 외국 채권, 외국 상장 리츠, 외국 상장 상품선물 등 일곱 가지의 자산에 분산 투자하는 A라는 펀드가 있다고 가정한다. 이 펀드에 투자했다가 벌어들인 1억 원의 자산별 기여도를 분석했더니 국내 상장 주식 5%, 국내 상장 ETF 5%, 외국 상장주식 40%, 비상장 외국 주식 20%, 리츠 10%, 외국 채권 8%, 상품선물 10%, 주식 배당금 2% 등이었다. 이 중 비과세 대상은 국내외 상장 주식 및 국내 상장 ETF의 수익금 50%이다. 국내 상장 주식은 일찌감치 비과세 대상으로 지정돼 있었고, 이번 조치에서 제외된 외국 상장 ETF와 달리 국내 상장 ETF 또한 비과세 대상이다. 결국 투자자는 과세 대상 수익금인 5,000만 원의 15.4%, 즉 770만 원을 세금으로 납부하면 된다. 하지만 일반투자자가 해외펀드 내에서 비과세 대상 자산을 확인하기는 쉽지 않다. 따라서 비과세 대상 자산비중은 개별펀드 판매사를 통하여 확인하는 것이 가장 빠를 것이다. 직접 쉽게 알아보고 싶으시면 '과표 기준가격'을 이용해 추정해 볼 수도 있다. 펀드의 세금 징수를 위해 계산하는 '과표 기준가격'과 '펀드 기준가격' 사이의 격차가 바로 비과세 수익이므로 이를 통해 비과세 대상 자산의 비율을 추정해 볼 수 있다.

8. 펀드 계좌 개설 안내

▣ 온라인 계좌 개설

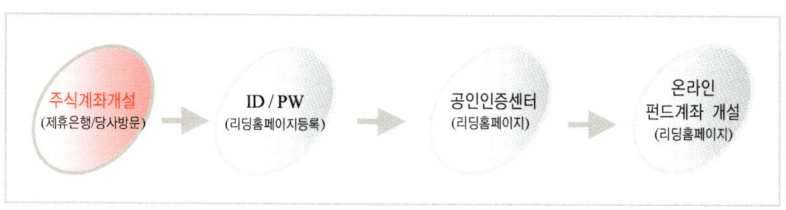

● 계좌개설 가능 은행

● 계좌개설 가능 은행

구분		구비서류
본인이 직접 은행을 방문하실 경우		실명확인증(주민등록증)
		거래인감(서명)
대리인이 은행을 방문하실 경우	대리인이 가족인 경우	대리인의 실명 확인 증표
		가족관계를 확인할 수 있는 서류 (주민등록등본, 호적등본 등 거래인감)
	대리인이 가족이 아닌 경우	본인 및 대리인의 실명 확인 증표
		위임장(은행양식)
		본인의 인감증명서, 거래 인감

▣ 오프라인 계좌 개설

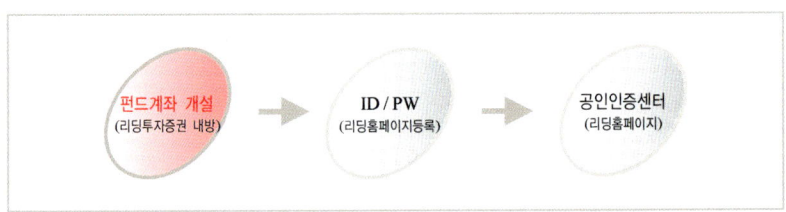

계좌 개설 구비 서류

구분		구비서류
본인이 직접 당사를 방문하실 경우		신분증
		거래인감(서명)
대리인이 당사를 방문하실 경우	대리인이 가족인 경우	대리인 신분증
		거래인감
		가족확인서류
		주민등록등본(호적등본)
	제3자 대리인인 경우	본인 및 대리인의 신분증
		본인 인감증명서
		위임장(인감 증명서상의 인감 날인)
		거래 인감

중국주식 투자 안내

1. 중국 증권 시장

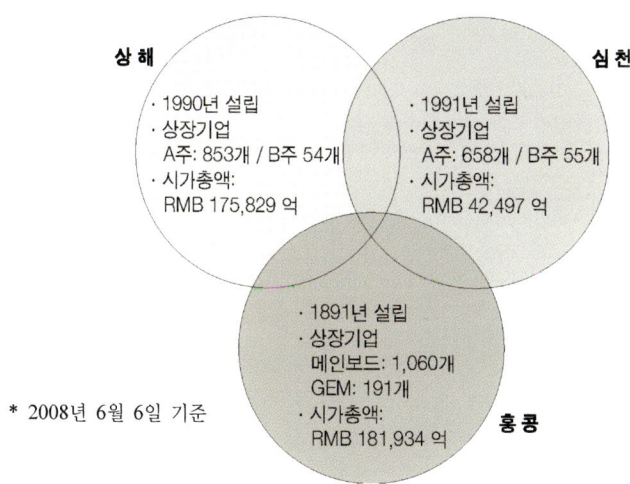

상 해

· 1990년 설립
· 상장기업
  A주: 853개 / B주 54개
· 시가총액:
  RMB 175,829 억

심 천

· 1991년 설립
· 상장기업
  A주: 658개 / B주 55개
· 시가총액:
  RMB 42,497 억

· 1891년 설립
· 상장기업
  메인보드: 1,060개
  GEM: 191개
· 시가총액:
  RMB 181,934 억

홍 콩

* 2008년 6월 6일 기준

2. 거래소별 현황

	홍콩 증권 거래소		상하이 증권 거래소		심천 증권 거래소	
	Main Board	GEM	A주 시장	B주 시장	A주 시장	B주 시장
상장기업 총수	1,060	191	853	54	688	55
H주 종목수	107	41	-	-	-	-
레드칩 종목수	88	5	-	-	-	-
상장 증권총수	6,477	195	1,104	54	862	55
시가총액(억)	RMB 180,706	RMB 1,228	RMB 174,983	RMB 846	RMB 41,617	RMB 879
평균 PER(배)	13.39	18.06	25.1	21.54	29.92	14.37
거래화폐	홍콩달러		위안화	미국달러	위안화	홍콩달러
결제일	T+3(한국기준)			T+4		T+4
거래단위	종목별 상이		100주(매도는 단주 가능)			
가격제한폭	없음		일반종목: ±10%, ST종목 ±5%			
거래시간	11시~17시		10시30분~16시			

· A주: 중국인과 QFII 기관   투자 가능 // B주: 중국인, 외국인 모두 투자 가능
· H주: 자본출처와 보사가 모두 본토인 기업 // 레드칩: 자본출처는 본토이니 본사가 홍콩에 있는 기업

3. 투자이슈

1) 올림픽

- 2008년 올림픽 및 2010년 상해 엑스포: 매년 경제성장률을 0.1%포인트 높이는 효과. 중국제품에 대한 PR 등을 통한 간접적인 경제 효과와 사회적 효과가 기대됨.
- 올림픽 이후 경제 경착륙에 대한 우려감: 직접적인 올림픽 관련 투자는 130억 위안 규모로 추정되며 철도·도로 등의 기반시설을 포함할 경우 400억 위안에 이르나 이는 2007년 고정자산투자(도시기준, 11.7조 위안)의 1%에도 못 미치는 수준임.

베이징의 GRDP는 전체의 3.6%에 불과하며 올림픽 이후에도 경기둔화 가능성은 크지 않은 것으로 평가됨.

2) A주 B주 통합(B주 개혁)

외국인 투자자를 유치하기 위해 만든 B증시의 역할 소진으로 B주를 다시 A주로 통합하기 위해 여러 방안이 논의되고 있음.

◈ 통합에 따른 영향

▶ 통합 방법에 따라 현행 A주에 비해 주가가 낮은 B주의 프리미엄 혜택 가능성

▶ 통합설 또는 통합안 발표로 B 증시의 폭등 가능성

▶ B주 단독 상장 기업들의 자금난 해소로 인한 재정 상황 개선

▶ B주 투자자들에 대한 A 증시의 유입으로 자금유동성 풍부

▶ 위안화로 통합 시 환리스크 감소

→ 여주제약(200513)이 지난 6월 5일 B주 일부를 약 30%의 프리미엄 가격으로 공개매수를 통해 소각할 것이라 발표. 당국이 승인하게 되면 B주 개혁에 대한 윤곽이 잡힐 것으로 기대됨.

3) 홍콩 직통차

- 07년 9월 본토증시의 과열을 막기 위해 중국 내국인들의 홍콩 증시 직접투자 시범 시행.

- 이후 2008년 상반기에 시행될 것으로 기대됐지만, 현재 시행 가능성 적음. (본토증시의 약세, 차스닥 출범 임박, 홍콩증시의 핫머니 유입, 환율 및 기타 문제 해결 어려움)

4) QFII/QDII

■ QFII(Qualified Foreign Institutional Investor)

해외기관투자자 자격인증 제도로, 자격요건을 갖춘 해외 기관의 A주 투자를 허용. 07년

12월 투자한도액이 100억 달러에서 300억 달러로 확대되었으며, 이로 인해 늘어나는 증시 수요는 약 1,400억 위안으로 추정된다. 자격요건 또한 완화되고 있으며, 동결되었던 QFII 허용 기관이 08년 연초 증시 하락과 함께 증가되고 있다. 4월기준 54개 QFII가 보유하고 있는 A주 시가총액은 105.7억 달러이다.

■ QDII (Qualified Domestic Institutional Investor)

중국 국내투자기관 자격 인증제도로 2006년 5월 1일부터 중국은 내국인의 펀드를 통한 홍콩 주식 간접 매매 허용과 더불어 이 제도를 시행함.(현재 중국인 개인은 홍콩 주식에 투자 할 수 없음) QDII의 시행으로 홍콩시장, 특히 중국 자본주와 H주 단독 상장 종목들에 자금의 유입이 기대됨. 2008년까지 QDII 투자 규모는 900억 달러, 이 중 300억 달러가 홍콩증시에 투자할 것으로 예상되고 있음.

5) 수급악화

- 비유통주 개혁으로 인한 보호예수 해제 물량과 IPO 관련 매각 제한 해제 물량 등으로 공급 악화. 05~06년까지 완료된 비유통주 개혁 물량이 1년 동안의 매각 제한 기간을 끝내고 08년부터 본격적으로 유통되기 시작함.
- 2월 2천억 위안의 보호예수 해제 물량으로 증시에 수급 악화 우려감 확산. 8월에 약 3,500억 위안의 물량 보호예수 해제 예상. 08년 연말까지 공급물량 약 1조 위안 예상.

- 정부 정책: QFII 확대, 신규펀드 대거 인가, IPO 심사 엄격화, 4월 '비유통주 매각 제한 해제에 대한 의견' 발표 및 후속 조치 발표로 수급악화에 대한 우려감 경감.

6) 사천 대지진

인지세 인하로 활력을 되찾은 중국 증시가 5월 12일 사천성 대지진을 기점으로 다시 약세로 돌아섬. 하지만 사천성은 중국 전체 GDP의 4.2%만 차지하기 때문에 경제 전반적인 영향은 미미할 것으로 예상. 실제로 5월 농산물 가격 전월 대비 3.2% 하락. CPI에 미치는 영향은 2월 대폭설보다 미미할 것으로 예상됨.

7) 차스닥출범

- 중국판 나스닥으로 3월 기본 구조 발표: 중소기업 200여 개사 상장, 연매출 3천만 위안 이상
- 2000년도부터 추진, 08년 6월에 출범할 것으로 계획되었으나 본토 증시의 약세로 자금 이탈이 우려되면서 연기됨. 단기적으로는 자금 이탈을 불러일으킬 수 있으나, 거시적으로는 중소기업의 경영 투명화, 연구, 투자 활성화로 경제 전반에 긍정적인 영향이 될 수 있음.

4. 해외주식투자 양도소득세 계산

현재 국내 소득세법상 해외 주식에 대한 투자 차익에 대해서 20%의 양도소득세를 납부해야 한다. (계산 방법은 아래 참조)

1) 양도세 계산 및 납부 요령

- 양도소득세 작성법

(1) 기본원리

매도금에서 매수금을 차감하여 나오는 순수익에 대해 세율을 적용한다.

※ 전체 매도금에 대해 세율을 적용한다고 생각하는 고객들이 많다. 양도세
는 양도차익에 대해 부과되는 세금이다.

(2) 간단한 수식으로 표현하면, (양도 차익 - 기본공제2,500,000원) × 20% >>>
((매도단가 × 매도수량 × 매도결제일 환율) - (매수단가 × 매수수량 × 매수결제
일 환율) - (매수 수수료 × 매수결제일 환율 + 매도 수수료 × 매도결제일 환
율) - 기본공제(2,500,000원)) × 20%이다.

(3) 양도가 이루어지는 시점은 체결이 아닌 결제일 기준으로 적용된다.

(4) 매도에는 선입선출의 원칙이 적용된다.

예를 들어 5$에 5,000주, 10$에 5,000주를 매수하고 7,000주를 매도한
경우 매도에 대응하는 매수금은 매수 평균 단가인 7.5$ × 7000주 아닌
(5$ × 5,000주) + (10$ × 2,000주)가 된다.

사례: 예정신고납부에 의한 경우 납부할 세액

예정신고납부 기한: 11월 30일

납부할 세액: 1,485,000원 (양도세 1,350,000원, 주민세 135,000원)

과세표준: (10,000,000 - 2,500,000) = 7,500,000

산출세액: 7,500,000 × 20% = 1,500,000

예정신고납부세액공제: 산출세액의 10% 1,500,000 × 10% = 150,000

납부할 양도소득세액: 1,500,000 - 150,000 = 1,350,000

납부할 주민세: 양도소득세의 10% 1,350,000 × 10% = 135,000

2) 적용세율

세율은 소득세법 제118의 2 제3호 국외자산(주식 또는 출자지분)에 따라 20%로 적용된다. 다만 예정신고의 경우 10%의 감면을 받는다.

- 확정신고 : 당해연도 양도소득금액이 있는 경우 다음해 5월 31일까지 신고하는 경우 적용 세율은 20%
- 예정신고 : 양도일이 속한 분기의 말일로부터 2개월 이내 신고 납부하는 것을 예정신고라 하며 납부할 세액의 10%를 공제 받는다. 즉, 적용 세율은 18%.

3) 환 율

환율은 결제일의 기준환율이 적용된다.

환율 검색: http://www.smbs.biz/

(환율조회 → 과거의 환율 → 통화지정 → 날짜지정 → 검색)

4) 경 비

수수료는 거래내역 항목의 수수료, ECN Fee, SEC Fee에 기재된 금액을 합하여 결제일 환율로 원화 환산 기재하면 된다.

5) 무상증자

무상증자로 받은 수량은 단가를 0으로 처리한다.

6) 기본공제

기본공제는 1년에 250만 원이다.

7) 작성절차

필요 서류: 양도소득과세표준 신고 및 자진납부계산서(제84호)

주식양도소득금액계산명세서(제84호 부표2)

(http://www.nts.go.kr/의 양도소득세 메뉴에서 다운로드 가능함.)

(1) 우선 제 84 호 서식 부표 2를 준비한다.

(2) ① 매도한 종목의 종목명을 기입한다.(EX: 만과기업, AMKOR KOREA)

(3) ② 종목코드 기입한다.(EX: 200002, AMKR)

(4) ③ 주식종류는 해외주식이므로 61로 기재하면 된다.

(5) ④ 취득유형은 1: 매매 2: 공모(IPO) 3: 유증 4: 무증 5: 주식배당이고 취득유형별로 갈라서 기입해야 한다.

EX) 만과 1만 주 매수 후 무상으로 5천 주를 받은 경우 따로 기입해야 한다.(스태츠 칩팩 직원의 ESPP는 9번(기타)으로 기입하면 된다.)

(6) ⑤ 매도 수량을 기입한다.(취득유형별)

(7) ⑥, ⑨ 양도, 취득 일자는 매매 결제일을 기입한다.

(8) ⑦, ⑩ 주당양도, 취득가액은 결제일 환율을 적용하여 원화로 환산하여 기입한다.

(9) ⑧, ⑪ 양식의 설명대로 ⑤ × ⑦, ⑤ × ⑩으로 기입한다.

(10) ⑫ 필요경비는 수수료이다. 수수료는 매도시 수수료와 매수시 수수료 모두 합산하고 원화로 환산하여 기입한다.

(11) ⑬ 매매당 순수익을 기입한다. ⑧ - ⑪ - ⑫로 계산해서 기입한다.

(12) 자진납부계산서를 준비한다.

(13) 예정 또는 확정신고에 체크한다.

(14) 성명, 주소, 주민등록번호, 전화번호를 기입한다.

(15) 위에 작성한 부표 2의 ⑬번 항목을 모두 합산하여 ④에 기입한다.

(16) ⑥ 양도소득기본공제 금액(연 250만 원)을 기입한다.

(17) ④ 양도소득금액에서 ⑥ 기본공제를 차감한 것이 ⑦ 과세표준이 된다.

(18) ⑧ 세율은 확정신고 20% 예정신고 시 18%이다.

(19) 세율을 적용하여 나온 금액을 산출세액과 (16), (18) 자진납부할 세액에 기입한다.

(20) (29)에는 (18) 자진납부세액을 기입하고, (30)의 주민세 세율은 10%, (31), (32)에 산출된 주민세를 기입한다.

(21) 신고인 성명을 기입하고 서명날인한다.

(22) 거래명세서와 위 2개의 서류를 함께 세무서에 신고한다.

5. 계좌개설 및 이용 안내

1) 국민은행 이용시

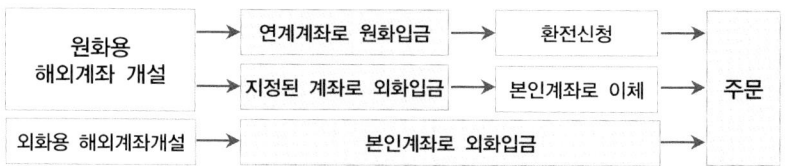

▌ 계좌개설

- 지점방문: 전국 국민은행 지점
- 개설시간: 평일 오전 9시 30분 ~ 오후 4시
- 구비서류: 실명확인증표, 거래인감(서명)

▌ 입금절차 (08:00~16:00)

- 원화입금: 계좌개설 시 발급받은 증권제휴카드 뒷면의 국민은행 연계계좌로 입금 (당일 환전 및 주문가능)
- 미국달러(USD)입금: 신한은행 256-82-000093(리딩투자증권명의)

- 홍콩달러(HKD)입금: 신한은행 249-82-000480(리딩투자증권명의)
- 엔화(JPY)입금: 신한은행 249-82-000528(리딩투자증권명의)
- 외화용 해외계좌 개설 시 본인계좌로 직접 외화 입금

▌환전 및 출금 (08:00~16:00)

- 고객센터 1544-7004 또는 GTS [0260] 화면을 통해 신청
- 환전요청시 실시간 전신환율(외화 송금 환율)로 환전 처리
- 주식매도 후 미국 5영업일, 중국 본토 4영업일, 홍콩 및 일본은 3영업일이 되는 시점에 환전 및 출금 가능
- 환전요청과 출금요청은 별개로 이루어짐

2) 우리은행 이용시

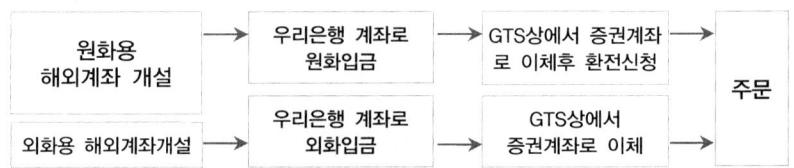

▌계좌개설

- 지점방문: 전국 우리은행 지점
- 개설시간: 평일 오전 9시 30분 ~ 오후 4시
- 구비서류: 실명확인증표, 거래인감(서명)

▌입금절차 (08:00~16:00)

- 원화용 해외계좌: 본인 계좌로 입금 후 GTS를 통해 증권계좌로 이체
- 외화용 해외계좌: 본인 계좌로 직접 외화 입금 후 증권계좌 이체

▌ 환전 및 출금 (08:00~16:00)

- 고객센터 1544-7004 또는 GTS [0260] 화면을 통해 신청
- 환전요청시 실시간 전신환율(외화 송금 환율)로 환전 처리
- 주식매도 후 미국 5영업일, 중국 본토 4영업일, 홍콩 및 일본은 3영업일이 되는 시점에 환전 및 출금 가능
- 환전요청과 출금요청은 별개로 이루어짐

중국경제정보분석(CEIA)

중국경제분석전문 업체로 주 연구분야는 중국경제와 금융, 주식시장과 상장기업 분석 등이다. 정성적 분석과 더불어 정량적 분석업무도 함께 제공한다.

홈페이지: http://www.ceia.co.kr

주요출간서적

『2008 여름상장기업분석』(공저)
『2007 겨울상장기업분석』(공저)
『중국 초우량주에 돈을 묻어라』(역서)

그 외 다수의 분석보고서가 CEIA 웹사이트에 공개되어 있음

2009년 중국주식투자 바이블①

차이나 펀드 시황분석 편

초판인쇄 | 2008년 11월 21일
초판발행 | 2008년 11월 21일

지은이 | 중국경제정보분석(CEIA)
펴낸이 | 채종준
펴낸곳 | 한국학술정보㈜
주 소 | 경기도 파주시 교하읍 문발리 513-5 파주출판문화정보산업단지
전 화 | 031) 908-3181(대표)
팩 스 | 031) 908-3189
홈페이지 | http://www.kstudy.com
E-mail | 출판사업부 publish@kstudy.com

등 록 | 제일사-115호(2000. 6. 19)
가 격 | 30,000원

ISBN 978-89-534-4212-2 13320(Paper Book)
       978-89-534-4213-9 18320(e-Book)